数字资源揭示

——海量数据环境下图书馆资源发现之路学术研讨会论文集

《数字资源揭示——海量数据环境下图书馆资源发现之路学术研讨会论文集》编委会　编

國家圖書館出版社
National Library of China Publishing House

图书在版编目(CIP)数据

数字资源揭示:海量数据环境下图书馆资源发现之路学术研讨会论文集/《数字资源揭示:海量数据环境下图书馆资源发现之路学术研讨会论文集》编委会编. --北京:国家图书馆出版社,2015.6

ISBN 978-7-5013-5556-3

Ⅰ.①数… Ⅱ.①数… Ⅲ.①数字图书馆—文集 Ⅳ.①G250.76-53

中国版本图书馆 CIP 数据核字(2015)第045960号

书　　名　数字资源揭示——海量数据环境下图书馆资源发现之路学术研讨会论文集
著　　者　《数字资源揭示——海量数据环境下图书馆资源发现之路学术研讨会论文集》编委会　编
责任编辑　高　爽　王炳乾
封面设计　耕者设计工作室

出　　版　国家图书馆出版社(100034　北京市西城区文津街7号)
(原书目文献出版社　北京图书馆出版社)
发　　行　010-66114536　66126153　66151313　66175620
66121706(传真),66126156(门市部)
E-mail　btsfxb@nlc.gov.cn(邮购)
Website　www.nlcpress.com——→投稿中心
经　　销　新华书店
印　　装　北京科信印刷有限公司
版　　次　2015年6月第1版　2015年6月第1次印刷

开　　本　787×1092(毫米)　1/16
印　　张　12.5
字　　数　250千字

书　　号　ISBN 978-7-5013-5556-3
定　　价　80.00元

论文评审专家组成员

（按音序排序）

前　言

信息技术的发展将人类带入了全新的时代，也渗透到了图书馆的方方面面。为促进信息技术与图书馆业务的加速融合，推进数字图书馆技术与服务的不断进步，国家图书馆自2013年起开始举办图书馆现代技术学术研讨会，邀请国内外图书馆领域的专家、学者和业界同仁，共同探讨图书馆现代技术的发展前瞻、探索实践和应用创新。

此次研讨会的主题为"数字资源揭示——海量数据环境下图书馆资源发现之路"，围绕数字图书馆大数据、数字图书馆检索技术、数字图书馆服务整合等内容向业界进行了广泛征文和交流探讨，内容涉及资源发现、云计算、大数据、创新服务、资源共享及服务整合等诸多方面，取得了丰硕的成果。

现将此次研讨会的优秀论文整理成册，集结出版。希望通过这些论文，分享业界同行的研究成果和实践经验，促进现代信息技术对图书馆业务的支撑与引领作用，推动图书馆事业的蓬勃发展。

本书编委会

2015年1月

目　录

图书馆资源发现系统的资源组织和检索排序研究*

王乐春　杨东波　杨　帆(国家图书馆)

1　检索结果现状及分析

1.1　主要搜索引擎检索结果现状

2014年9月13日在百度、CALIS[1]、CADAL[2]、NSL[3]、NSTL[4]和文津搜索[5]中键入“信息安全”后所返回的搜索结果首页面情况,如图1至图6所示。

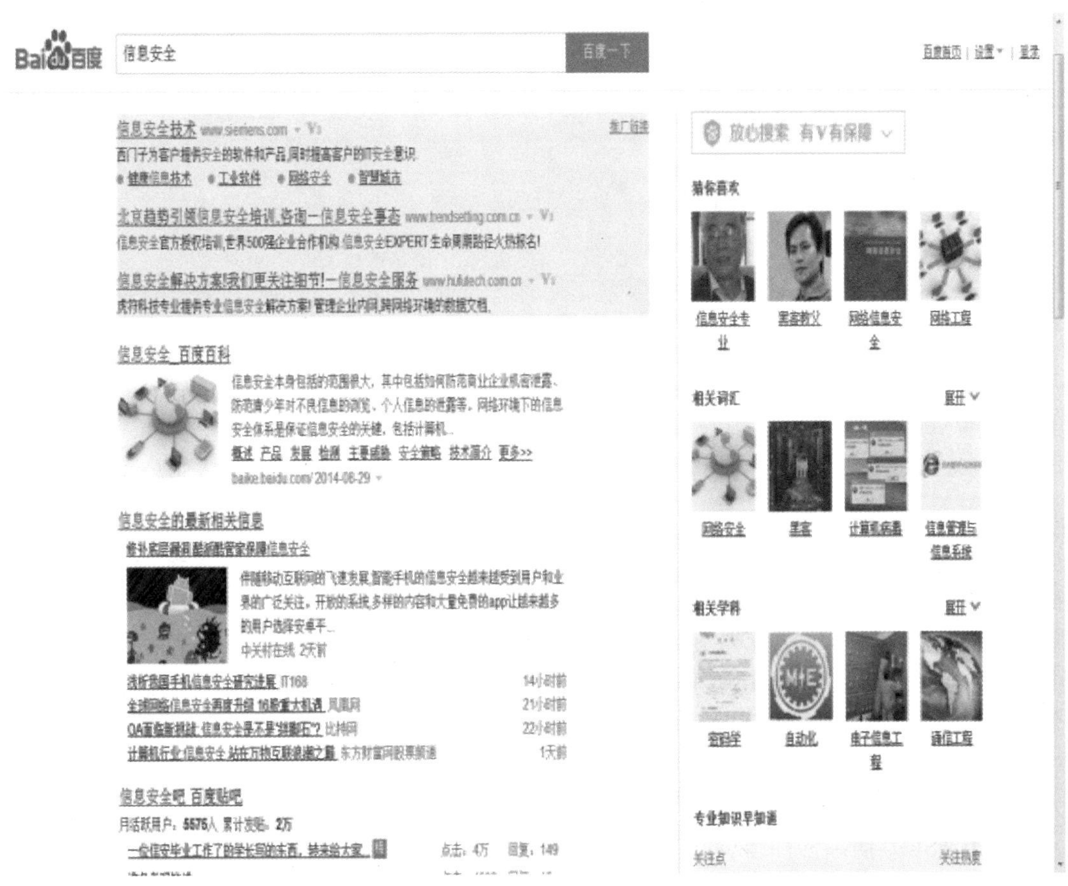

图1　百度搜索检索结果

在百度搜索结果首页中显示,共搜索出100 000 000(1亿)条搜索结果,其中头三条为广

* 本文为国家科技支撑计划课题“文化资源服务平台解决方案及标准研究”(2012BAH01F01)成果。

告信息;紧跟其后的是百度百科、最新相关信息、百度贴吧、权威网站、维基百科、百度百科、百度文库等;搜索结果页的最后三条信息仍是广告信息。而与本次搜索相关的该搜索引擎推荐的栏目还包括:猜你喜欢、相关词汇、相关学科、专业知识早知道、相关搜索;该页面中还包括大量的广告性质的推广链接。

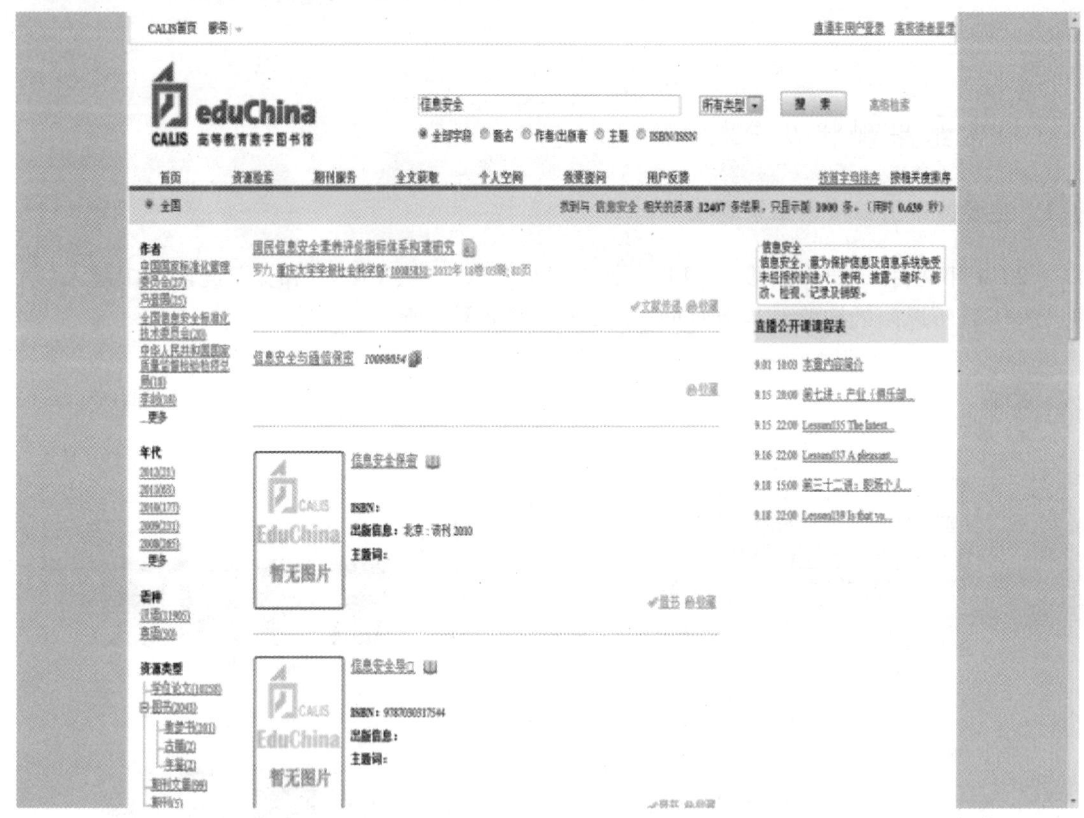

图 2　CALIS 检索结果

在 CALIS 搜索结果首页显示,共搜到 12 407 条相关资源,默认按相关度排序(还包含按首字母排序);第一条记录为学报,搜索结果涵盖图书、期刊等内容。包含“信息安全”词条解释。最左侧有详细资源分类及所含资源数量。让人印象深刻的是学位论文有 10 258 个。主题词除关联了中文词外,还关联了 Information Security 等英文单词。显著位置有和信息安全不相关的“直播公开课课程表”。

在 CADAL 搜索结果首页显示,共搜到 143 条相关资源,首页显示 36 条,2/3 为图书,1/3 为学位论文。搜索结果可以按照类型、标签和出版社分类。

使用 NSL 新版一搜即得,搜索结果首页显示,共搜到 12 774 条相关资源,默认按时间排序,最新为 2014 年资源(还包含按题名和相关度排序);首页全部为论文,全部来源维普中文科技期刊。进行了文本模式下和可视化模式下的详细分类。显著位置栏目为:“可以在如下数据库中检索”。首页最下方有一个小标签“期刊影响力排序”。

在 NSTL 搜索栏中,默认的检索资源类型为外文期刊和会议,为了一致选择全部资源进行检索,15.236 秒后,搜索结果显示,中文期刊 50 529 条,学位论文 10 123 条等。最后首页显示中文期刊 10 条,未标明排序方式,但首页所列文章都为 2014 年发表论文,涵盖多个期刊。

图 3　CADAL 检索结果

图 4　NSL 检索结果

图 5　NSTL 检索结果

图 6　文津搜索检索结果

在文津搜索结果首页中显示，获得结果为 260 000 个，按照相关性排序（还包括题目 A—Z、作者 A—Z、出版单位 A—Z 和出版日期升/逆等排序方式），首页展示 10 条结果，全部命名为“信息安全”（9 本不同作者的专著，1 篇期刊论文）。查看指定类型分为：图书、文档、论文、词条、多媒体和古文献。缩小检索范围分为:全文、年份、作者、语种。对来源数据库进行了分类。页面最后给出相关搜索。有查看其他版本和分册的特色展示。

1.2 检索结果分析

第一,搜索结果差距巨大。在键入同一个关键词后,不仅商业搜索引擎的检索结果和以学术为目标的数字图书馆检索结果差别巨大,各数字图书馆给出的检索结果也差别巨大。该差别不仅表现在返回结果的数量上,在内容上也差别巨大。

第二,搜索速度不再成为搜索面临的主要问题。除 NSTL 以外,在所有使用的各搜索引擎中,其搜索关键词提交后在秒级都反馈了大量的检索结果,反馈的搜索结果数量超出用户正常查看能力范围。经与 NSTL 机构确认,其检索速度 2015 年也将提升到秒级。目前搜索引擎的查全率、查准率和查询速度等纯技术指标已经不再是搜索引擎面临的主要问题。

第三,统一搜索已成为主流。在所有搜索引擎返回的检索结果中至少对两种以上的资源同时进行了检索,有些搜索引擎涵盖了十几个,甚至几十个资源类型和资源库。

第四,首页展示设计成为提高搜索引擎黏性的重要手段。各搜索引擎首页展示各有特色,突出了自身的资源组织能力,独特的资源评价体系,具有显性或隐形的排序特征。

总之,这些搜索引擎都在追求对搜索关键词的深刻理解;并在自己所擅长的领域里的尽可能广泛的范围内,搜寻相关的素材;对检索结果还要进行严格筛选,精心组织;最后呈现给用户的检索结果,试图在首页能够浓缩出最有价值的结果,通过首页展示反映出搜索引擎背后实体的真正实力。

2 搜索引擎

2.1 图书馆目录检索发展

目录检索是图书馆搜索引擎独特和最重要的应用场景,图书馆的检索目录可以追溯到 40 年以前,联机公共检索目录(OPAC,Online Public Access Catalog)[6]系统自从推出以来,经历了几个发展阶段,20 世纪 70 年代 OPAC 采用传统图书馆卡片目录构建思路,提供与卡片相同的记录内容、记录格式及检索点。80 年代中期经过部分调整之后,OPAC 检索系统实现了关键词检索和布尔检索,用户操作界面实现了帮助、浏览、查询、用户导航和人机交互功能,有的 OPAC 系统甚至具备高级检索和词组检索。90 年代,OPAC 结合了增强式检索和匹配技术以及检索结果相关性排序等关键技术,真正实现了人机交互,并可以改善用户的检索策略和检索过程,最终帮助读者检索到较为理想的检索结果。2000 年在进入 Web2.0 时代以后,OPAC 检索也进入了崭新的历史时期。OPAC 系统完善了检索功能,包括多字段检索、多库检索、高级检索、命令语言检索等多种检索方式;丰富了检索结果的揭示,包括多样化的书目信息、分页、分面、摘要等;完善了读者借阅、预约收藏等功能;增加了更多与读者交互的功能,如评论、评级、标签和荐购等;增加了借阅排行和馆员推荐等特色功能。总之 OPAC 系统为读者信息检索和利用图书馆馆藏带来了极大的便利。

2.2 互联网搜索引擎

在图书馆搜索引擎蓬勃发展并愈加完善时，一个发展异常迅猛的搜索引擎应用方向在形成，甚至可以说是图书馆搜索引擎的噩梦。最早的互联网搜索引擎可以追溯到1990年，第一个互联网上的搜索引擎为Archie，Archie甚至不能被称为真正意义上的搜索引擎，它用于搜索FTP服务器上的文件，而这个时候基于HTTP协议的Web还没有出现。基于HTTP协议的Web出现后，先后出现了Wanderer和ALIWEB两个搜索引擎，前者是只收集网址而没有索引文件内容，后者开始索引文件元信息（标题与标签等）。1994年4月，第一个全文搜索引擎WebCrawler推出后广受欢迎，随后Lycos、Yahoo和Excite搜索引擎相继推出，成为早期流行的搜索引擎，但是这些搜索引擎以检索结果的数量衡量检索质量存在搜索结果相关性差等问题，用户无法有效找到满意答案，于是很快退出了历史舞台。如果说Yahoo是第一代搜索引擎的代表，那么Google就代表了第二代搜索引擎。第二代搜索引擎以关键字搜索为主要特征，在短时间内可以在海量的信息里准确找到用户需要的信息。相比第一代搜索引擎，第二代搜索引擎提高了检索速度与精度，使用了网站评级算法以及数据挖掘相关技术，并引入了人工智能和机器翻译等技术，并将搜索引擎处理数据的能力提高至EB级别。

2.3 资源发现系统

随着图书馆的数字资源不断增长和互联网搜索引擎的普及，图书馆的检索系统受到了前所未有的挑战。《图书馆与信息资源的理解：给OCLC成员的报告》显示：84%的用户使用搜索引擎进行检索，1%的人从图书馆网页上进行信息检索。《OCLC白皮书关于大学生信息搜索习惯》中指出：90%以上的大学生首选搜索引擎查询网络资源，他们更倾向于凭借自己的力量，使用搜索引擎如Google scholar等来迅速获取更加全面的学习知识。

为了应对互联网搜索对图书馆检索造成的冲击，借鉴互联网搜索引擎的先进技术，结合图书馆资源组织的优势，以及自身数据的格式特点，图书馆领域提出统一资源发现系统。2009年7月，Proquest旗下的Serials Solution公司推出第一款网络级资源发现系统Summon。同月，以色列Ex Libris公司介绍了Primo Central元数据仓储的建设理念，并于2010年1月发布统一资源发现系统Primo测试版，将原有的Primo架构到Primo Central和本地馆藏资源之上。此时，EBSCO公司也发布了EBSCO Discovery Service（简称EDS）系统。OCLC于2007年11月推出Worldcat Local系统，提供对馆藏印本和电子资源的一站式检索，随着OCLC与数据库商的不断合作，Worldcat Local集成了元搜索功能，并于2010年开始提供基于海量元数据的网络级资源发现服务。

这些新型的资源发现系统和OPAC比较起来特色明显，首先，他们实现了统一发现和统一检索。统一资源发现系统实现对图书馆纸本资源和电子资源的整合，能够同时检索图书馆各种类型的资源，甚至包括那些没有被图书馆订购但被中心索引覆盖的其他资源。通过使用统一界面上的单一检索框，提供类似Google的简单检索，用户不必在各个数据库系统之间跳转，不必花费很大的精力去学习和掌握各个数据库系统的使用方法。其次，他们有效提升了检索速度。由于统一资源发现系统是基于格式统一、结构清晰的元数据中心索引进行的检索,因此检索速度可以达到秒级,甚至毫秒级。第三,他们可以有效集成多种服务。可以实现对图书馆书目系统(OPAC)、全文数据库、文摘和引文数据库,乃至原文传递、参考咨询、馆际互借等服务的集成。第四,他们有效提升了用户体验。检索结果提供特定资源推荐或者补充结果集的资源推荐;允许用户对检索结果创建标签、评分、发表评论等;提供可视化的标签云图;混搭 Wiki 词条、图书封面、网摘、目次和读者评论等。

虽然图书馆新推出的各个资源发现系统对资源的组织和揭示有了本质上的提升,单就搜索结果的用户满意度这一复合指标而言,他们与 Google 等一流的互联网搜索引擎仍有巨大差距。Google 的成功有许多因素,抛开查全率、查准率和查询速度等这些纯计算机技术范畴的指标,其制胜的优势是能够保证让绝大部分用搜索的人都能在搜索结果的第一"页"找到他想要的结果。究其原因,一是覆盖范围广,它的搜索范围覆盖全球的每一个有计算机的角落,二是 Google 对搜索结果的排序比其他搜索引擎都要好。

下面我们以国家图书馆文津搜索为例分析其资源组织和搜索排序,来探讨图书馆资源发现系统在资源组织和检索结果排序方面的发展趋势。

3 资源组织

3.1 资源现状

文津搜索是国家图书馆自主研发的资源发现和揭示系统,其需要组织的传统资源如图 7 所示,图 8 标示出了文津搜索需要整合的电子资源组成情况,其中电子图书 353.8 万种 399.4 万册;电子期刊约 5.6 万种;电子报纸约 1.5 万种;学位论文约 400.4 万篇;会议论文约 365.5 万篇;音频资料约 107.2 万首;视频资料约 10.2 万小时。表 1 列出了文津搜索需要考虑的外购资源库的情况。

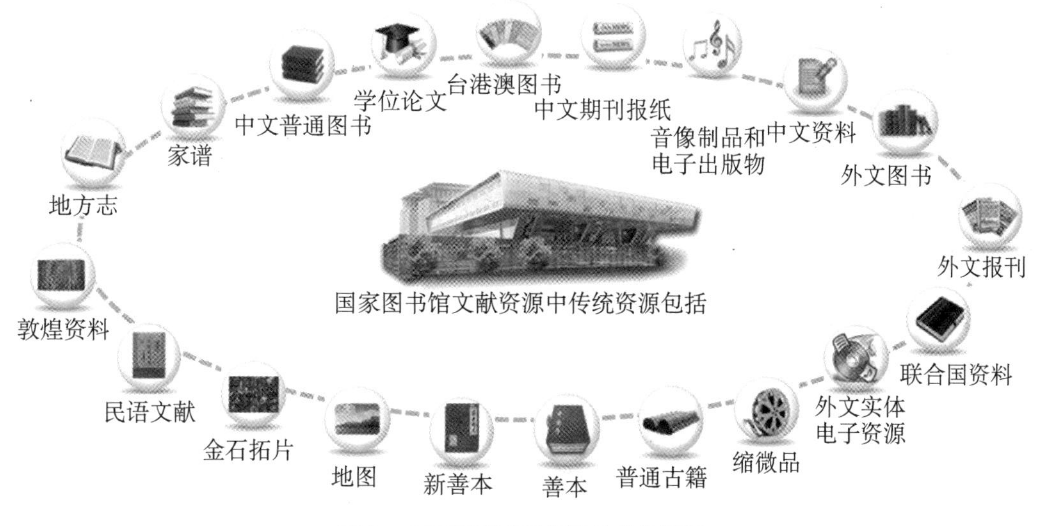

图 7 文津搜索需要组织的传统资源

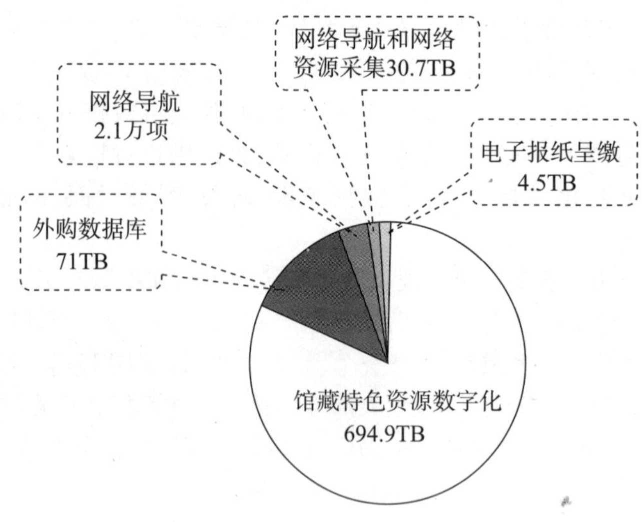

图 8　文津搜索需要组织的数字资源组成比率

表 1　外购数据库分类统计

文献类型	中文数量	外文数量	合计
电子图书	47.1 万种	249.6 万种	296.7 万种
电子期刊	2.1 万种	3 万种	5.1 万种
电子报纸	0.2 万种	1.3 万种	1.5 万种
学位论文	341 万篇	36.7 万篇	377.7 万篇
会议论文	364 万篇	1.5 万篇	365.5 万篇
音频资料	55.6 万首	0	55.6 万首
视频资料	4.9 万小时	0	4.9 万小时

3.2　资源归类组织

文津搜索对所有进入搜索引擎的元数据进行了格式转换，形成统一元数据，不仅提高了检索速度，也避免了检索中不必要的检索噪音。根据文津搜索需要组织的资源是 3.1 节所列出的所有资源，参照 ISBD 和 RDA 最新资源类型标识，经过所有数据的分析和归类，最后在文津搜索中国家图书馆文献资源类型归纳如表 2 所列内容。

表 2　文津搜索中文献资源分类列表

序号	文献资源类型	包含内容
1	图书	纸质图书包括专著、民语文献、海外中文图书、善本、新善本、普通古籍、再造善本、地方志、家谱、单独成册的联合国资料、敦煌资料等；数字图书包括纸质图书的数字化、外购电子书数据库、配合阅读器推出的电子书、网上下载的电子书、光盘或其他存储介质的图书

续表

序号	文献资源类型	包含内容
2	连续性资源	纸质连续性资源包括传统期刊、报纸等；数字连续性资源包括纸质连续性资源的数字化、外购电子期刊数据库、数字报纸与纸质连续性资源对应的光盘期刊或光盘报纸等
3	论文	纸质论文包括传统的博士论文、硕士论文、博士后报告、海外学位论文等；数字论文包括相应论文的光盘版、网上提交文档或数字化版本，同时也包括外购数据库中的期刊论文、会议论文和开放存取的论文等
4	专利标准	仅包括标准单行本和外购的专利、标准数据库
5	音频资源	包括不同载体形态的录音制品、自建录音资料、外购音频数据库、网络采集的音频等，如音乐数据库、语言类节目
6	视频资源	包括不同载体形态的录像制品、自建视频资料、外购视频数据库、网络采集的视频等，如学术性报告、专题节目、多媒体课程、舞台艺术
7	地图	纸质地图包括印刷、手绘、晒印及其他制作方法生产的古今地图、地图册及地图集划分到纸质图书类；数字地图包括纸质地图的数字化、光盘或其他载体形态的地图资料、网上地图等
8	缩微品	包括缩微胶卷、缩微胶片
9	手稿	包括原始稿、复制品及数字化
10	金石拓片	包括拓片、墓志、拓本、龜甲、獸骨等，实物和相应的数字化藏品都归入此类
11	静画资料	包括投影制品和图形资料，如投影片、幻灯片、美术复制品、闪现卡、图表、照片、招贴画、挂图、工程图等，不同载体形态
12	网络资源	包括政府信息采集、国内外图书馆信息采集、专题网络采集等
13	数据库资源	包括外购文摘/索引数据库、数值/事实数据库、工具型数据库以及其他不能归入前面12类的数据库
14	其他	不属于前13类的资源

3.3 资源组织思考

文津搜索通过元数据识别、解析、标准化、清洗等处理流程实现十几类元数据的整合，检索速度达到了亚秒级别，建立5亿条索引数据不超过24小时。文津搜索通过对元数据的操作实现了对结构化数据、半结构化数据以及非结构化数据的海量处理。纵观文津搜索资源发现系统的资源组织，可以说它整合了国家数字图书馆自建和其他方式（外购数据库和资源征集）获取的数字资源，已实现两亿多条元数据的整合，建立了分布式索引，为读者提供“一站式”检索服务。但相比一流的互联网搜索引擎而言，其在资源组织方面还有很长的路要走。

（1）资源集的构成上还不健全。文津搜索目前已经完成了两亿条元数据的整合，未来可以达到5亿条，在中文图书馆数字资源方面可以说是独一无二的，但是和面向全球的互联网搜索引擎来比，还是差别巨大。未来资源集的选取是文津搜索值得思考和研究的问题，也是每一个资源发现系统必须面临的挑战。

(2)资源更新和索引建立频率低。除了自建资源可以自控以外,文津搜索资源更新依托于数据库提供商的元数据提供情况,由于图书馆资源订购的特点,很多资源库的更新不是实时的。对广大读者来说,图书馆数字资源的检索如果没有最新的研究成果,很多研究人员势必倒向更新更快的资源提供商。

(3)检索深度亟需提升。图书馆在元数据的设计和制作上有先天的优势,因此在文津搜索中实现了元数据的整合和高速检索。对象资源的摘要和目次信息等内容,还没有进入文津搜索的索引建立范围,这些将是文津搜索要立即扩大的范围;长远来看,资源发现系统发展,势必首先要通过规范控制实现对对象数据的全文检索,再往后的发展将是通过自身的分词和自然语言理解实现在所有数字对象中的全文检索和深度数据挖掘。

4 检索结果排序

搜索引擎检索结果的排序是所有搜索系统的核心功能之一,是搜索引擎讳莫如深的部分,尤其是其缺省排序更是秘而不宣,是体现一个搜索引擎目标定位的试金石。

4.1 排序可依据的基础

元数据搜索引擎其数据基础是元数据仓储中的元数据,这些元数据有自身标准的格式,因此检索词只有落在这些元数据元素时,才能选出对应的对象资源,因此可以说各电子资源的元数据项决定了元数据搜索引擎搜索结果排序的范围和所能达到的效果。以文津搜索为例,其使用的典型对象资源的元数据著录所包含元素如表3所示。

表3 文津搜索中典型元数据著录元素

序号	文献资源类型	项数	详细内容
1	电子图书	19	题名、创建者、主题、描述、出版者、其他责任者、日期、类型、格式、标识符、来源、语种、关联、时空范围、权限、版本、价格、馆藏信息、书评
2	连续性资源	16	题名、创建者、主题、描述、出版者、其他责任者、日期、类型、格式、标识符、语种、出版频率、关联、来源、权限、馆藏信息
3	学位论文	16	题名、作者、主题、描述、导师、日期、类型、格式、标识符、来源、语种、关联、权限、时空范围、学位、馆藏信息
4	古籍	21	题名、主要责任者、其他责任者、日期、出版者、附注、相关资源、主题、时空范围、语种、类型、格式、标识符、来源、权限、版本类型、载体形态、收藏历史、文献保护、馆藏信息、其他复本信息
5	舆图	22	题名、主要责任者、其他责任者、日期、出版者、附注、相关资源、主题、时空范围、来源、语种、类型、格式、标识符、权限、版本类型、载体形态、馆藏信息、收藏历史、文献保护、其他复本信息、制图技法
6	视频资源	19	题名、创建者、主题、描述、出版者、其他责任者、日期、类型、格式、标识符、来源、语种、关联、时空范围、权限、版本、受众、馆藏信息、源载体

续表

序号	文献资源类型	项数	详细内容
7	音频资源	19	题名、创建者、主题、描述、出版者、其他责任者、日期、类型、格式、标识符、来源、语种、关联、时空范围、权限、版本、受众、馆藏信息、源载体
8	网络资源	19	题名、创建者、主题、描述、出版者、其他责任者、日期、类型、格式、标识符、来源、语种、关联、时空范围、权限、版本、馆藏信息、受众、采集地址

4.2 文津搜索检索结果排序考虑的原则

文津搜索向用户提供统一、实时、高效、精准、权威的元数据搜索服务，因此其反馈给用户的检索结果必须紧紧围绕其目标进行设计。第一，检索结果的排序必须反映统一检索和揭示特征，在首页的组织排序中要充分展现多种资源类型，包括图书、期刊、论文、古籍等，并且依据自身定义的展示策略进行归类调度，形成统一的排序结果。第二，检索结果的排序必须反映资源实时特征，搜索引擎揭示的资源要反映时效性，要反映出最新馆藏、时下热点，既要依据更新时间、上线时间，又要依据资源本身的出版时间，形成依据时间轴的排序结果。第三，检索结果的排序必须反映高效性，搜索结果有很好的分类和导航功能，可以引导用户迅速找到其目标结果，因此搜索结果排序中既要有单个资源的对象展示，也要有依据类别统计的排序展示，并且要有其独特的相关推荐，使读者如果在第一页找不到所需资料的情况下，迅速找到进一步寻找资源的入口。第四，检索结果的排序必须反映精准性，搜索引擎揭示的资源要和用户所寻找的资源密切相关，密切相关不能简单理解为完全匹配，完全匹配只是相关性的一个重要指标，相关度排序还要考虑是匹配的哪个字段，是作者字段、题名字段、关键词字段、还是摘要字段，排序展示要依据重要性给出优先级，相关性排序还要考虑该关键词出现的频率等因素，精准性还要考虑搜索词的规范表达，形成规范控制的相似词，以及对应的外文词，并且依据词意的内涵和外延，扩大或缩小范围后，提出进一步精准搜索的推荐内容。第五，检索结果的排序必须反映权威性，其给出的排序顺序不仅要反映该资源的影响因子、引用次数、是否为经典论文等资源对象本身权威要素，还要考虑对象资源的来源、位置、资源库是否公开等因素。

4.3 检索排序思考

在文津搜索结果排序中首选是相关性排序显示，其次可以根据用户需求，实现题目的拼音顺序排序，作者的拼音顺序排序，出版单位拼音顺序排序，实时性可以根据出版日期的升/逆序排序。导航可以引导读者根据年份、作者、语种等分类到相应的来源数据库进行针对性查找。文津搜索和其他图书馆资源发现系统一样，在面临海量检索结果的现实挑战面前，排序展示具有多个方面需要深入研究，需要用互联网思维完善资源发现系统，这样的资源发现系统才能在未来信息化环境中存活、壮大和发展。

(1)资源发现系统排序需要体现其背后资源的特点和自身对资源的组织理念。检索结果排序展示给用户，并非只是展示资源发现系统背后的资源量，更需要能够反映出背后依托资源的特点,以及该机构对这些资源的掌控力,对这些资源的组织管理理念,和在此基础上提供分析和服务的能力。在某种程度上说通过搜索引擎的检索结果排序,能够体现出该机构所面向群体的定位,对某类资源的重视程度,和未来自身资源建设的重点发展方向。

(2)资源发现系统排序展示需要向个性化定制发展。从相关调研和文献[7][8]来看,国外已经开始在用户行为、用户期望、用户体验、用户信息素养等方面关注发现系统,并挖掘发现系统之外的一些价值。搜索引擎根据用户的使用情况和检索行为,建立用户的个性化数据,为用户提供检索帮助,干预检索结果提供完全定制的搜索排序结果,是解决资源量海量增加和提高用户检索满意度的有效和快捷的实现方式,是资源发现系统必然的发展方向。

(3)资源发现系统需要更专业的单资源排序算法和多资源调度算法。根据对国内外检索系统的调研,专业领域的搜索引擎给出的搜索结果更客观,也更具有针对性,揭示和关联也更有深度,排序也更具有权威性;而通用的或大众化的搜索引擎给出的搜索结果,往往泛泛而谈,重复率极高,更模糊和混乱,给出的检索结果排序更倾向于分类导引,但导引方向更偏向于经济收益。资源发现系统的排序算法需要借鉴专业搜索的排序算法,提高对资源的理解和组织能力,使单资源的排序更科学、更专业;同时针对多种资源之间的排序,要制定科学策略,采用更具有自身特点的调度算法,实现自身资源揭示的目标。

(4)资源发现系统排序展示要引进分析修正反馈机制。搜索系统是一个活的演进体,这在互联网搜索引擎领域已经形成了一致性的结论,它是在不断完善和修正的过程。资源发现系统也不能做成一个封闭实体,必须和整个信息世界紧密交互,建立完善的分析、修正和反馈机制,这些反馈交互不仅仅是资源的实时更新,使用者的大数据分析结果,还包括外部各专业权威发布、各资源提供商的修正、各种专业统计排名,甚至包括政府政策导向等。敏锐地反映这些变化,最终体现在资源的排序展示上。

5 结语

图书馆在引进统一资源发现系统后,要牢牢抓住在资源组织和排序展示上的主动权,在资源组织上图书馆应联合系统商通过各种手段对信息资源进行多层次网络型的组织,在检索效果上,图书馆要能够对词频、字段、主题、获取次数、是否被同行评议、被引次数、文献类型、近义词的模糊归类等影响因素设置权重,配置参数,根据用户的需求对检索结果的排序进行不断优化和调整,提高检索结果的满意度。

检索结果不应是简单的链接和普通页面展示,而是开放、多维和可视化的检索结果;也不再是简单的资源罗列,而应是充分融入人类智慧,把更多知识融入到搜索结果中来。每个用户用更短的时间得到真正需要的信息和资料。

参考文献

[1]高等教学数字图书馆 CALIS e 读信息安全搜索[EB/OL].[2014－09－13]http://www. calis. edu. cn/educhina/pages/portal. jsp.

[2]大学数字图书馆国际合作计划 CADAL 信息安全搜索[EB/OL].[2014－09－13]http://www. cadal. net/xmjj/.

[3]中国科学院文献情报中心 NSL 信息安全搜索[EB/OL].[2014－09－13]http://www. csdl. ac. cn/.

[4]国家科技数字图书馆 NSTL 信息安全搜索[EB/OL].[2014-09-13]http://www.nstl.gov.cn/.

[5]国家图书馆.国家数字图书馆 NLC 文津搜索信息安全搜索[EB/OL].[2014-09-13]http://www.nlc.gov.cn/.

[6]乔欢,刘漫,陈志新.OPAC 历史沿革及其发展趋势[J].国家图书馆学刊,2006(58).

[7]BACON V,BOYER G. Beyond Discovery Tools:The Evolution of Discovery at ECU Libraries[J]. Against the Grain,2013,25(4).

[8]LOWN C,SIERRA T,BOYER J. How Users Search the Library from a Single Search Box[J]. College & Research Libraries,2013,74(3).

论图书馆特藏资源整合服务的必要性和发展策略

——以国家图书馆国际组织与外国政府出版物特藏资源整合服务实践为例

乔洪奎(国家图书馆)

引言

特藏资源建设是图书馆建设不可或缺的一环。进入21世纪以后,文献资源的出版形式发生了很大变化,实体型文献数量急剧减少,网络信息资源日趋丰富。以国际组织与外国政府出版物特藏资源为例:联合国文件已启用数据库的形式提供服务,不再出版印刷型。而近年来兴起的开放存取运动,使得很多国际组织和外国政府的重要文献资源可以通过网络免费获取。面对如此丰富、低获取成本的信息资源,对资源的分布、来源、存在状况、内容、质量、稳定性等问题进行准确的评估,为公众及学界提供积极有效的信息资源导航,并进一步挖掘、探索特藏资源的发展策略,已成为十分迫切的课题。

本文系国家图书馆馆级课题"国际组织与外国政府出版物特藏资源建设及整合服务研究"的部分研究成果,主要以入藏的国际组织与外国政府出版物特藏资源为研究对象,以本馆特藏资源整合服务实践为例,借鉴国外开放获取的实践经验,探讨该领域的服务拓展和创新空间,如何发挥特藏资源优势,推动特藏资源建设和利用。

1　特藏资源整合服务的必要性

1.1　特藏资源的概念

图书馆特藏资源,是指图书馆经过长期积累形成的具有一定规模和独特风格的文献资源,是图书馆开展特色服务、满足读者更高需求的必要条件。1907年,美国"教育委员会"在进行特藏调查时,曾对特藏有过以下几点定义:(1)国外文献或国内早期文献;(2)在某一主题上具有完备性;(3)具有重要历史价值及稀有性。如何利用资源独特性实现其功能独特性,扩大阅读范围和空间,发挥其积极的社会作用是特藏文献开发利用中应当考虑的因素。

1.2　国际组织与外国政府出版物特藏资源的特性

从国内近年来对国际组织与外国政府出版物的定义、来源、文献类型等进行的研究成果可以看出,该领域出版物具有下述特点[1]:

(1)文献形式的多样性:出版物类型包括图书、期刊、文件、缩微平片、光盘、数据库等,按载体形态可分为印刷型、缩微型和电子型。

(2)内容范围的广泛性:国际组织按各自宗旨目标在国际范围内执行不同领域的职责,不同国际组织所出版的文献涉及了政治、经济、金融、贸易、法律、教育、卫生、交通、环境等各个领域,并多以法律法规文件、定期研究报告、统计出版物、工作报告等多种形式出版。

(3)信息的可靠性和权威性:在国际组织和外国政府出版物中,许多是记载政府、机构工作和活动的文献,包括各种统计数字、报表等原始资料,因此具有较高的可靠性。另一方面,参与出版物编撰的经常是某领域的国际专家,其论点、建议常被广泛接受和采纳,具有很高的权威性。

(4)出版机构的非盈利性:国际组织和政府公益性强,其出版目的主要在于向公众进行宣传和作为史料进行存档而非盈利,因此更有利于信息资源的传播。

(5)特藏资源的稀缺性:目前国内能够较全面地提供该领域信息资源的图书情报机构数量有限,并且分布较为分散,难以形成联动效应。

1.3 国际组织与外国政府出版物特藏资源整合服务的意义

特色馆藏资源(Special Collections,简称特藏)作为图书馆馆藏资源构成中的重要组成部分,其独特性体现在多个方面,如年代、版本、主题、收藏者、文献类型等,常见的有年代久远的古籍善本,也有珍贵的名人捐赠,既可以是某种载体类型文献的汇集,也可以是不同学科或专题资料的集中。特藏资源是图书馆吸引用户、提高社会影响力的核心资源,它不仅能充分展示图书馆的个性,也是图书馆提高信息服务竞争力的重要品牌。特藏资源往往体现了图书馆在某项资源建设方面的优势,利用这项优势资源才能为其特定的信息用户提供更好的服务,因此,将这些资源进行集中形成特色特藏是有必要、有价值的,从而实现特色资源从资源独特性到功能独特性的转变。国际组织与外国政府出版物就是国家图书馆重要的特藏资源之一。

2 国外信息资源开放获取的经验与启示

2.1 国外图书馆对政府信息资源整合利用的经验

在国外,一般以是否将政府信息存档到本地数据库中为标准,将公共图书馆网站政府公开信息的整合方式分为两种类型:形式整合和内容整合[2]。

2.1.1 形式整合

形式整合主要是指对网上政府网站链接进行的整合,如提供网址导航,并且提供检索功能指引用户找到信息源[3]。用户可以找到所需政府信息的线索,但不能在整合平台上直接获取政府信息的文本,而是要到原网站上获取。

最常见的是对政府网址信息进行的整合。比如美国国会图书馆中专门的“连续出版物和政府出版物部”(Series and Government Publications Division),他们主要负责政府信息的选存、保管、编目、上架和提供公众链接。他们对政府信息的整合主要是对政府网址进行的分类、导航并提供链接,但是并没有提供统一的检索入口[4]。实际上是对政府网址进行的分类导航,为用户提供所需信息的线索,而并没有对信息进行抓取、深入挖掘、存档等[5]。

另外一种是对政府出版物书目进行的整合。图书馆澳大利亚项目是1981年由澳大利亚国家图书馆启动,与澳大利亚800多个图书馆和书店合作,共享书目数据信息,并储存在澳大利亚国家书目数据库中。用户可以通过图书馆澳大利亚项目的检索平台检索收藏政府出版物的图书馆地址,不仅可以看到政府出版物书目信息,而且可以获得图书馆联系方式[6]。

2.1.2 内容整合

内容整合是指不仅对政府信息的网址进行整合,而且对信息内容进行整合后存档到本地数据库中,并提供一站式检索。它是一种比较安全的整合[7]。

澳大利亚保存和获取网络文献资源项目(Preserving and Accessing Networked Documentary Resources of Australia,简称PANDORA)是1996年澳大利亚国家图书馆(National Library of Australia,简称NLA)牵头与9个图书馆和文化机构合作启动的项目[8]。它以收集、保存与澳大利亚相关的网站和出版物为目标,旨在通过保存活动为未来的用户提供这些资源的存取与利用。收集的相关网站主要包括非常有代表性的学术、商业、组织机构网站,也包括政府网站。NLA开展的工作主要有:对网上信息资源进行选择、获取、收集、抓取、管理、存档;使用网址收集和管理软件采集信息,并建立PANDORA存档(PANDORA Archive);对政府信息资源整合、提供一站式检索并存储到本地数据库。

PANDORA存档的不仅是政府信息的内容,而且也存档了政府信息网页的形式,是一种比较完全、深入的内容整合。

2.2 对国内图书馆信息资源整合的启示

众所周知,图书馆是公共信息资源的集中储存与提供流通服务的专门社会设施。所以,图书馆信息资源的开放获取构成了全社会公共信息开放获取的重要组成部分。国外图书馆对政府信息资源利用的经验值得我们借鉴。从形式整合到内容整合,正是图书馆对信息资源利用方式的深入。国家图书馆对国际组织与外国政府出版物特藏资源整合有相似之处。

联合国及其专门机构等国际组织和各发达国家政府几乎都建立了自己的网站,网络信息资源日趋丰富。如何利用这些如此丰富的资源,我们也应该从形式到内容上加以揭示。

3 国家图书馆创建该领域特藏资源整合服务平台的实践

3.1 整合服务

3.1.1 整合服务背景

国家图书馆国际组织与外国政府出版物特藏资源是在特定的历史背景下形成,但是随着信息环境的不断变化,该特色资源的采访、编目、读者服务等业务工作也面临着许多新的问题与挑战,如信息技术的发展使印本文献出版量下降,网络资源大规模增加;较为闭塞的宣传途径影响了文献利用率;不同类型文献资源均需要有效的组织管理方法;整合资源创新读者服务模式的时代要求等。因此有必要就国际组织与外国政府出版物特藏资源在新形势下的资源建设、信息组织以及整合服务进行综合、系统、全面的研究。

3.1.2 整合服务研究重点

国际组织与外国政府出版物的资源整合服务的研究主要侧重以下三个方面:

(1)以用户需求为导向的资源建设模式:对新的信息环境下,国际组织与外国政府出版物特藏资源利用情况进行调研,并在此基础上力求能够对其馆藏资源建设进行全面、系统的研究,既包括传统实体型文献,又包括新型网络信息资源;

(2)对独特的信息组织方式进行研究:例如根据实际,对不同机构、不同类型出版物采取不同的索取号分配体系,对各体系进行调研、分析;

(3)对本馆该特藏资源的整合服务工作进行研究,对未来的资源利用和用户服务制定可行的策略。

平台的核心栏目是"资源库",整合了"国际机构"栏目列出的所有机构所提供的各类型资源,包括实体文献和电子资源,有助于读者了解该领域内的所有可用资源;此外,特别对数据库这一重要的网络信息资源进行了单独整合,以便用户能够更好地利用该类资源。特色化数据库建设是图书馆生存之本,没有特色就没有竞争优势和发展潜力。该平台选择本馆独有的、具有资源优势的专题和项目,开发建设特色数字化数据库,使馆藏文献信息资源适应学科发展要求。在数据库的使用上,建有网上资源导航系统。

3.2　功能设计与实现

目前,该平台主要实现了如下功能:

(1)资源整合功能

平台将实体资源与网络资源结合起来,将分散的多元化的特藏信息形成集中的一站式服务平台。包括国际机构介绍、资源库建设与链接等栏目。

(2)资源导航功能

一方面,实现对网络资源的导航:针对该领域网络资源庞大繁杂的特点,整合服务平台提供了有效的资源导航,提高用户查找、利用网络信息资源的效率。

另一方面,实现了对丰富馆藏资源的导航:主要通过特藏阅览室介绍、经典出版物介绍、新书推荐等栏目进行特藏资源推介,引导读者了解、利用本馆馆藏。

(3)资源检索功能

该平台将重要机构信息源集合的同时,提供了有效的资源检索功能,根据检索目录的不同,该平台初期实现了以下检索:国图 OPAC 检索、各国际机构出版物目录式检索、国内各类托存图书馆馆藏 OPAC 检索、可免费开放使用的数据库资源站内检索。

(4)用户交互功能

用户可以通过该平台就资源建设和利用提出自己的意见和建议,进行在线咨询,从而实现馆员与读者之间的良好互动,更好地了解并满足用户的信息需求。

4　国家图书馆对国际组织与外国政府出版物特藏资源整合服务发展策略

正是出于对信息资源整合的需求,国家图书馆开始建设"国际组织与外国政府出版物网络资源整合服务平台"[9],实现对该部分特色馆藏资源实体与虚拟信息的组织、揭示、开发及利用,扩大该特色馆藏的社会影响,提高读者利用率,更好地满足专业读者群的信息需求。

4.1　以网络资源为核心,建立特色资源导航

国际组织与外国政府出版物网络资源整合服务平台是对联合国等重要国际组织和外国政府实体与网络资源进行全面系统整合而构建的,集资源导航与检索、用户交互于一体的网

络服务平台。我们应该以该平台为依托,进一步加强资源整合服务的广度和深度,推广特色馆藏资源在全国范围的利用,而要想更大程度地发挥平台作用,必须坚持以网络资源为核心,充分实现文献的利用价值;适应现代信息技术发展,为读者提供一站式信息服务台[10]。

4.2 以满足用户需求为目标、推广国家图书馆特色馆藏资源

目前,该平台为国内数十家托存图书馆提供学习、交流以及资源共享的全新平台。特藏资源的读者群主要是具有专业需求的读者,诸如科研机构研究人员、高校师生以及图书馆员等。为了进一步推广特藏资源,应该通过读者阅读调研、分析读者统计数据、与网阅读者互动等方式,加强宣传并主动提供咨询辅导。例如印制联合国网络资源使用说明手册向读者免费发放,与文化教育培训部合作举办展览,结合联合国日开展宣传活动,走出图书馆主动向国家机关、高校、科研机构提供用户辅导服务等。

4.3 以法律为基石,建立健全长期保存机制

在信息时代环境下,通过下载等途径获取网络资源以弥补馆藏文献的不足是图书馆文献资源建设的重要方式,为此必须加强网络资源的本地化长期保存策略研究。但是版权等法律问题是图书馆进行获取前必须首先考量的因素,网络资源的采集和利用必须合法。目前国际组织和外国政府出版物网络资源可分为免费使用、付费使用、授权使用等几种使用形式。为此,必须主动积极和各国际组织机构谈判合作,建立网络资源的长期保存机制。

4.4 深度挖掘,最终实现从形式整合到内容整合

国家图书馆拟建立国际组织与外国政府出版物联合目录,此项工作将是国家图书馆国际组织与外国政府出版物信息资源整合服务平台下一步工作的重点。鉴于目前对于国际组织和外国政府出版物网络资源的开发还多局限于网站导航和书目信息的整合,尚未进入更深层次的内容整合阶段;为此,必须充分研究本地化长期保存机制及资源开发。对整合后的信息资源进行选择、获取、收集、抓取、管理、存档;使用网址收集和管理软件采集信息,并建立规范的存档系统;对政府信息资源进行整合、提供一站式检索并存储到本地数据库。

5 结语

特藏资源作为图书馆的重要组成部分,是图书馆资源建设中必不可少的一环。只有发挥其优势,才能更好地为读者服务,提升图书馆的影响力和竞争力。将特藏资源进行有序整合,更利于资源的开发利用,同时也能够吸引更多的读者来阅读、学习。目前,特藏资源的建设与利用仍处在发展阶段,制定完善的策略还需要更多的摸索和尝试。本文以国家图书馆国际组织与外国政府出版物特藏资源整合服务为例,在整合特藏资源的意义、研究特藏资源的发展策略方面做了探讨,希望能够管中窥豹,引起业界对特藏资源的重视。今后将在更大范围对本地化保存、共建共享方面做更深入的探讨,进一步推动特藏资源的建设和利用,更好地为读者服务。

参考文献

[1][10]见国家图书馆2012年馆级课题“国际组织与外国政府出版物整合服务研究”。

[2][3][5][7][8]汪海波,胡昌平.公共图书馆网站政府公开信息整合研究[J].图书馆理论与实践,2011(8).

[4]李国新,等.公共图书馆与政府信息公开[J].中国图书馆学报,2008(3).

[6]高红,等.我国公共图书馆政府信息服务的现状与国际经验借鉴[J].图书情报工作,2008(7).

[9]国际组织与外国政府出版物网络资源整合服务平台[DB/OL].(2014-06-05).http://www.nlc.gov.cn/gjzzywgzfcbw/2014-6-5.

大数据在图书馆的应用实践研究
——以武汉图书馆为例

王　红(武汉图书馆)

互联网以及各类移动终端的日益普及将人类带入了一个全新的大数据时代,大数据是继云计算、物联网、移动互联网之后信息技术融合应用的新焦点,将引发各领域、各行业管理模式、服务模式、商业模式的变革和创新,对经济社会发展及人们生活方式产生深刻影响。从图书馆自动化发展史看,信息技术是图书馆管理、服务发展的第一推动力。在互联网飞速发展的今天,图书馆必须摒弃传统图书馆的简单服务模式,加速与社会发展进步相融合,以读者需求为导向,把新技术更快地与图书馆的应用与服务相结合。

在当今的图书馆管理系统中,每天都产生大数据,这些数据背后往往隐含着诸如读者兴趣、借阅习惯、信息需求及学科关联等重要信息,图书馆对大量数据的分析与潜在价值的挖掘变得不可避免。大数据的发展顺应了图书馆服务创新的理念,对图书馆来说,在大数据时代的竞争就是避免边缘化,开展必要的大数据分析服务,使图书馆真正有能力从以自我为中心变为以读者为中心。大数据要求图书馆对用户数据进行分析、处理和预测,以使图书馆实行更好的服务模式来应对未知的危机及挑战,通过大数据可以更精确地了解读者的行为,进而确定读者的需求,变革服务方式。大数据技术应用将是未来图书馆服务创新的重要领域,必将重构图书馆的服务体系。

1　大数据在图书馆应用实践研究的条件

信息技术的发展使图书馆具备了大数据的特征,图书馆业务的飞速发展给大数据的应用提供了保障。武汉图书馆作为武汉地区公共图书馆的中心馆,利用“Intelib 区域图书馆集群自动化管理系统”搭建了本区域公共图书馆总分馆服务体系,实现了本馆与其他分馆、流通点或自助图书馆的通借通还及资源共享,打造了便捷的公共图书馆服务网络。

1.1　技术保障

武汉图书馆搭建了网络化的存储系统及 VMWARE 虚拟化的云计算平台,为大数据的存储与运算提供了技术平台。采用 RFID 技术实现图书自动借还、智能盘点、自动分拣以及图书位置与信息的实时跟踪导航,为图书馆提供了广泛的数据来源。

1.2　资源保障

武汉图书馆是武汉市公共图书馆服务体系的中心图书馆,馆藏文献总量达 272 万册(件),其中古籍 22 万册(件),数字资源包括数据库、电子期刊、电子图书、网页和多媒体资源,容量达到 150TB。丰富的藏书资源与数字资源为大数据提供了数据来源。

1.3 服务保障

武汉图书馆开展了文献借阅、参考咨询、馆际互借、文献传递、阅读推广、读者培训、讲座展览等多种服务方式；推出了无线 Wi-Fi、手机短信、网上预借/续借、网上参考咨询、移动图书馆、微信公众账号及数字资源馆外访问等新技术服务。各类线上及线下服务为大数据在图书馆的应用提供了实践的场所。

2 大数据在图书馆应用实践研究的思路

读者行为数据极具价值，只有对大量的读者数据挖掘、分析才能得出图书馆所需的决策参考。我馆大数据应用的研究思路是把大数据作为一项系统工程来考虑，从数据采集、数据存储到数据处理、数据分析及数据应用等方面考虑，构成图书馆大数据架构图。武汉图书馆从2013年开始在武汉公共图书馆中心馆—总分馆体系内启动图书馆大数据应用实践研究。首先借助从图书馆集群管理系统中的读者借阅行为数据进行了“读者行为大数据分析平台”的开发。在此基础上，各服务平台通过接口程序与集群系统相连，不同服务平台的读者行为数据共用一个数据仓库，在读者数据聚类分析后，通过网站、短信、微信及邮件等互动渠道为读者提供个性化的图书馆服务，武汉市任何一家公共图书馆的读者都能享受到同等的服务，提升了整体服务的效益。

2.1 数据来源

大数据是由多种数据源生成的大规模、多元化、复杂、长期的分布式数据集。数据采集是信息处理的第一步，是大数据价值挖掘最重要的一环，其后的集成、分析、管理都基于信息采集。我们的研究以图书馆现有的数据为对象进行分析，尽可能地收集全面数据、完整数据和综合数据。在使用图书馆的各种资源时，读者经过业务应用系统的读者认证入口输入证号和密码，通过这种统一入口的方式使得图书馆能够准确全面地收集读者使用图书馆资源的行为数据。各种资源包括图书馆的场地资源、活动资源、数字资源及图书资源等；数据属性包括结构化、非结构化和半结构化数据。

2.2 关键技术

收集数据不是目的，让收集起来的数据产生价值才是最终的目的。大数据是一种数据分析的前沿技术，大数据技术的战略意义不在于掌握庞大的数据信息，而在于对这些有意义的数据进行专业化处理。武汉图书馆的流通日志数量达到上亿条，而这些日志又分为读者信息、图书信息、分馆信息、业务发生时间等信息维度，需要建立上亿记录的事实表和多个维度表等共几百个维度列的数据仓库。读者行为大数据分析平台将上亿级别的读者日志等数据建立到以 Hadoop 为支撑的列数据库中，用列数据库做数据仓库，系统划分为数据源传输层、原始数据持久层、数据仓库和推荐引擎层、应用分析层、接口层。其中原始数据持久层通过 ETL 数据抽取转换加载到数据仓库，应用分析层对数据仓库做查询，数据仓库和推荐引擎层基于 Hadoop 搭建，充分利用分布式计算的优势，发挥计算机集群的运算能力和高扩展能力。系统的数据仓库和推荐引擎运行在 Hadoop 集群之上，同时采用 Mongodb 作为元数据持久层解决方案。分析系统的推荐数据来源于读者的借阅历史，根据读者借阅历史结合Mahout的基于用户的协同过滤推荐算法来统计分析出读者推荐数据。

2.3 服务整合

读者在使用图书馆的过程中，无法避免地在多种信息系统中留下各种信息行为数据，将这些散落在多个系统间的数据进行整合与分析，会再现读者个体的利用轨迹和发展全景。"读者行为大数据分析平台"分为图书馆年度借阅情况、读者个人年度借阅情况、借阅分析、图书分析、读者分析及图书推荐六个功能模块。该平台建立在云计算应用的基础上，除了对图书馆读者业务数据做各维度的深化分析，还整合了其他系统平台对读者行为进行全面挖掘分析，发现读者阅读兴趣和趋势，最终为读者提供聚类、自动定义标签、读者历史借阅时间轴、图书推荐或相似读者类型推荐等功能。通过聚类帮助图书馆员从读者的基本信息中发现不同的读者群，并且用服务模式来刻画不同的读者群特征。在与线下图书馆的互动方面，通过记录下用户的线上浏览历史，适时为其提供相关实体图书馆的图书及活动信息，用户能够享受完整的个性化阅读体验。

大数据应用研究提供的应用与服务系统有业务管理系统、电子资源服务系统、积分系统、读者活动管理系统，通过服务整合的方式将各平台所提供的服务集成起来。一方面将数据汇总到数据分析平台中，对各服务平台的数据进行整合与分析；另一方面通过微信、个人门户等服务渠道建立起图书馆与读者之间服务和沟通的桥梁，促进图书馆各个系统之间的资源共享，以及图书馆与读者交流，提高图书馆的服务效益。

3 大数据在图书馆应用实践研究的实例分析

3.1 "读者行为大数据分析平台"的功能模块

武汉图书馆的"读者行为大数据分析平台"按读者个人的借阅情况设计个人阅读功能模块以及全馆年度阅读总体报告。具体功能模块见下表：

表1 读者个人阅读清单

读者阅读单功能模块	
功能名称	功能描述
个人借阅率	提供读者借阅率在总体读者中所处的位置
借阅趋势	提供读者每个月在图书馆图书借阅量的走势图，可以输出图书封面照片墙
借阅时段分析	根据读者借阅记录的时间段，分析读者在什么时段借书最多
预约预借续借丢书超期比率	用比例图形统计读者的预约/预约成功后未取（超期）、预借/预借成功后未取（超期）、续借/续借成功后仍还书超期、丢书/正常还书各占的百分比
到馆数据	记录读者到过哪些分馆借阅过图书，配以地图展示
时间轴阅读历程	提供读者在图书馆有效时间的一个简短描述。比如，第一次办证、第一次借书等
图书推荐	根据借阅历史记录对读者做图书推荐

表 2　图书馆年度阅读报告

业务功能分析模块	
功能名称	功能描述
人均借阅率	根据图书馆年度发生借阅的所有读者总数和读者所有的借阅册数总和，计算出人均借阅数量
人均借还周期	统计图书馆所有读者所借阅图书的总时间，并除以发生借阅的读者总人数，得出人均借还周期值
借阅分类情况	根据年份统计图书馆每种图书分类的借阅量情况
借阅趋势	图表统计图书馆每一月份的借阅数量走势
生肖—借阅关系	按照年份统计有效读者生肖分类后，得出每一生肖读者的图书借阅总量排布
星座—借阅关系	按照年份统计有效读者的星座分类后，得出每一星座读者的图书借阅总量排布
借阅量增长情况	用柱形图展示图书馆历年来借阅总量的一个走势
读者年龄群体比率分析	根据不同的年份，用饼形图展示有效读者中不同年龄段的人数分布
读者性别比率	根据不同的年份，用饼形图展示在有效读者中男女性别总数对比
各时段借阅量	图书馆内每小时的借阅总量统计，可以根据某年（历年总和）的数据来进行分析，用柱形图展示哪个时间段在馆内的借阅量最大，从而得出每天的借阅高峰时间

3.2　“读者行为大数据分析平台”与其他平台的关系

以前图书馆提供服务是图书馆馆员单方面进行设计，对读者的需求掌握得不够全面，造成提供的服务不受读者欢迎，甚至有的服务无人问津。图书馆将“读者行为大数据分析平台”嵌入整个图书馆的服务体系中去，使得图书馆提供服务的依据来源于读者的行为数据分析，这不仅使得服务更有针对性，而且能激发读者的潜在阅读需求。示意图如下：

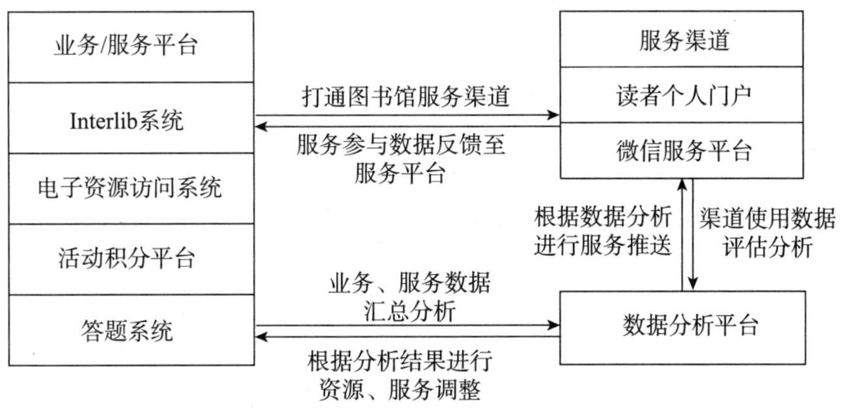

“读者行为大数据分析平台”与其他平台的关系

4 大数据在图书馆应用实践研究的效果

2013年12月,武汉图书馆首次使用“读者行为大数据分析平台”分析全年图书借阅排行榜,发现经典名著首次入榜,社科人文类畅销书比例提高,网络文学和通俗文学类图书比重下滑,读者阅读偏好从消遣、猎奇、快餐式的浅阅读向更高品质的充电式、启发式阅读和名著赏析变化,反映出武汉图书馆去年各类荐书活动对市民借阅偏好引导的效果明显。今年,武汉图书馆在打造实体图书和数字化图书为一体的新型阅读空间基础上,通过分析读者构成、阅读习惯、潜在需求等借阅数据,为每位读者提供个性化荐书服务。此项服务不但让图书馆更有目标性地增加主馆、各区图书馆和24小时图书馆的图书种类,在引导市民培养阅读习惯、推荐好书方面也有积极作用。

大数据在图书馆的应用实践充分发挥了武汉图书馆在总分馆集群体系中作为中心馆的管理优势,为区域公共图书馆集群体系的发展提供重要的技术支撑。在图书馆服务方面,图书馆对读者过往所有的借阅历史、检索浏览历史、标记书签、辅助系统使用等信息进行数据挖掘,从读者的图书馆行为中发现潜在有用的信息,对其进行各种维度和粒度的深入挖掘,分析其背景、偏好与检索满意度等,得出特定检索规律和知识模型,并据此判断读者兴趣爱好与需求,定制个性化服务,主动将相关文献或活动信息推送给读者。在文献采购方面,大数据的应用能推动图书馆图书采购多元化和更具针对性,加快了图书流通的深度和广度,使全武汉市公共图书馆的图书采购更加符合读者的阅读喜好,促进了总分馆体系中馆际之间藏书的合理布局,提高了图书利用率。在图书馆管理方面,图书馆馆长查看了直观易懂的数据分析结果,就能及时掌握最新的、尽可能全面的图书馆信息,帮助启发决策思维,对保证决策的正确性与可行性具有重要意义,大数据提供了评估图书馆服务效益的精准依据。

5 大数据在图书馆应用实践研究中的发展

由于大数据技术的研究和应用目前只是初露端倪,我们对大数据带给图书馆的服务模式创新也只是进行了初步的探索。大数据在图书馆的应用实践现在还只是处在萌芽阶段,我们的研究还有待于进一步检验和修正。通过研究,我馆得出的结论是:利用大数据技术去分析、挖掘、整合图书馆汇集的结构化、非结构化数据信息,整合各类服务,打通交流渠道,为用户提供个性化的主动推送式服务,已成为大数据时代图书馆提升服务品质、强化管理职能及推动事业发展的重要途径。

在今后的研究中,我们将和数字资源供应商合作,开展基于本馆读者数字阅读行为数据分析的服务优化,整合分析本馆读者在所有采购数字资源平台上的阅读行为数据,与图书馆集成管理系统采集的数据进行交叉分析,从而提供更加个性化的阅读服务和知识服务,并依此改进馆藏方针和资源建设策略。借助物联网的技术把图书馆的各类资源和读者联系起来,RFID嵌入到图书馆相关资源中,实现资源的跟踪与数据分析,使读者利用图书馆更加智能化。大数据时代的一个重要标志是移动终端的广泛使用,智能手机的普及为移动图书馆实时服务提供了可能。图书馆将提供更多的针对移动终端的资源,这部分资源也应纳入图书馆大数据分析平台,以便准确地提供移动图书馆服务。同时,在数据共享、数据公开的大趋势下，还要切实保护用户隐私，尊重与保护他人的知识产权，争取大数据时代图书馆的服务权益与自身知识产权保护。

参考文献

[1]陆静. 我国图书馆界大数据研究评述与展望[J]. 图书馆杂志,2014(1).
[2]陈超. 图书馆如何迎接大数据时代？[J]. 图书馆学杂志,2014(1).
[3]李志刚. 大数据:大价值、大机遇、大变革[M]. 北京:机械工业出版社,2012.
[4]韩翠峰. 大数据时代图书馆的服务创新与发展[J]. 图书馆,2013(1).
[5]樊伟红,李晨辉,张兴旺,等. 图书馆需要怎样的“大数据”[J]. 图书馆杂志,2012(11).
[6]杨海亚. 提供公共智慧服务:大数据时代图书馆服务模式创新[J]. 新世纪图书馆,2014(3).
[7]安宗玉. 浅析大数据对图书馆的影响及对策[J]. 河南图书馆学刊,2014(1).
[8]王兰英. 高校图书馆大数据时代数据建设及功能转型探析[J]. 图书馆界,2014(1).
[9]舍恩伯格. 大数据时代[M]. 杭州:浙江人民出版社,2012.
[10]韩翠峰. 大数据带给图书馆的影响与挑战[J]. 图书与情报,2012(5).

数字图书馆资源和服务的单点登录集成*

——以国家数字图书馆为例

刘金哲　范书云　谢　丰　王婵婵(国家图书馆)

1　数字图书馆资源和服务集成

数字图书馆是网络环境和数字环境下图书馆新的发展形态。与传统图书馆一样,数字图书馆的服务宗旨也是为用户获取信息提供便捷、有效的通道。但不同于传统图书馆的是,数字图书馆能够涵盖实际生活中各种各样的信息组织、存储和传播服务方式,覆盖文字、图片、声音、影像等载体形式,能够借助多样的科技手段突破空间、时间的限制,提供更加优质的服务体验,使读者足不出户就可以获取各类文化资源,将图书馆的服务范围扩大到千家万户。

1.1　数字图书馆资源和服务集成的意义

数字图书馆的资源和服务集成是指将分散的数字资源和分布式的数字图书馆服务,按照一定的知识管理规则和目的有机地整合在一起,最终实现用户一次性认证,在统一检索平台上进行集成检索,实现不同系统和服务的无缝链接,并建立统一的信息服务体系。数字图书馆资源和服务的集成对用户和图书馆来说,都具有重要的意义。

首先,方便读者使用数字图书馆。相对于传统图书馆来说,数字图书馆的资源内容更加海量,服务形式更加多样化,因此读者对所需资源定位和发现的复杂度加大。而且数字图书馆的资源和服务依托于不同的应用系统,读者访问这些系统均需要经过身份认证和登录。如果想要获取多个资源和服务,需要在多个应用系统之间认证、登录、登出和跳转。为了方便读者使用数字图书馆,须对数字图书馆的资源和服务进行集成,给读者建立起一站式的信息获取通道,让读者一次登录就能够搜索、发现和使用数字图书馆各种资源和服务。

其次,能够为读者提供个性化的资源和服务。数字图书馆的个性化信息服务机制就是要求数字图书馆根据用户的特性和需求为之定制所需的资源和服务。通过数字图书馆资源和服务的集成建设,便于根据读者的角色为其设置不同的权限,为读者创建符合其一贯需求和特定需求的个性化服务内容。

1.2　数字图书馆资源和服务集成的实现方法

数字图书馆资源和服务集成广义上来说有两种集成方式:基于统一平台的集成方式和

* 本论文由国家科技支撑计划课题(编号:2012BAH01F01,名称:文化资源服务平台解决方案及标准研究)和文化部科技创新项目(编号3-2011,名称:数字图书馆云平台建设及其在公益性数字文化建设中的应用研究)资助。

基于单点登录机制的集成方式。这两种方式的实现方法和优缺点如下：

基于统一平台的集成方式，指在一个统一的系统平台中整合不同类型的数字资源，面向读者提供无缝、透明的服务。平台往往基于海量的元数据集合，实现对数字图书馆各种类型的资源同时检索、发现和获取，并通过统一的服务界面提供给读者使用。这种集成方式，需要对数字资源进行深度加工和整合，建立一套庞大的数字资源集成检索系统和集成信息服务系统，构造统一的用户管理、资源发现和信息服务体系。这种紧耦合的集成方式，优点在于资源和服务的集成度比较高，读者体验更好，缺点是统一系统平台的功能比较有局限性，可能无法满足所有多样化的资源和服务的统一集成。

基于单点登录机制的集成方式，是指针对数字图书馆的各类资源库以及服务系统提供统一认证集成功能，完成不同资源和服务系统之间的用户个人信息、用户权限信息、用户登录状态的交换和验证，在基本不改变原有资源库和服务系统的程序和用户体系的情况下，将其纳入统一认证和登录体系中来，实现用户一次登录，就能够在不同的数字资源库和数字图书馆服务系统进行跳转，从而享受到数字图书馆不同类型的资源和服务。这种松耦合的集成方式，缺点是用户能够明显感觉到在不同资源库和服务系统中间的跳转，优点是各数字资源库和服务系统之间是完全独立的，能够保持各自的特色。

2 国家数字图书馆的资源和服务现状

国家数字图书馆工程自2001年正式立项至今，在关键技术研发、数字资源建设、服务平台建设等方面都取得了丰硕的成果。截至目前，国家数字图书馆已经成为一个超大型的图书馆数据中心，一个覆盖全民的公共文化服务中心。

2.1 国家数字图书馆的数字资源建设

数字资源建设是数字图书馆建设的核心，也是各项服务的基础。国家数字图书馆通过外购、自建、网络采集以及征集等途径进行数字资源的建设。截至2013年底，数字资源总量达到874.5TB，发布总量达621TB。其中，外购数据库71TB、馆藏特色资源数字化737.9TB。

国家数字图书馆的数字资源以资源库的形式对外提供服务。截至2014年8月，国家数字图书馆的数字资源库达到289个，通过互联网络免费对普通社会公众提供访问的共187个，其中自建特色资源库为38个，外购资源库149个，包括52个中文库和97个外文库。资源库类型涵盖电子图书、电子期刊、电子报纸、电子论文、工具书、音视频、标准专利七大类，包括约90万余种图书、9.7万余种期刊、832.3万余篇中文论文、1600余种中文报纸、9995册/卷中文工具书、66万余种档案、1500余种年鉴、4.5万余种古籍、37万余种图片资料、50万余首音乐、1万余部视频，12.18万个少儿教学课件，1031种少数民族资源等，不仅能够满足社会公众基本的学习、科研、生活、休闲等需求，还能够保障少年儿童、少数民族等特殊群体的基本文化权益。

此外，国家数字图书馆通过手机提供访问的移动资源也很丰富，包括自建的视频讲座743场共计1500小时，馆藏图片33 019张，学位论文摘要数据20万余条，中文公版图书6775册。2013年建成数字图书馆移动阅读平台提供6万余册中文图书、600余种电子期刊。

2.2 国家数字图书馆的服务建设

自国家数字图书馆工程项目启动建设以来，在OPAC系统的基础上逐步建成了一大批面向读者的应用系统，进一步向读者揭示国家数字图书馆海量丰富的数字资源，为读者提供了更丰富、更便捷、更周到的服务。

2006年推出虚拟参考咨询服务，用户可在任何时间发送电子表单进行咨询，还能够与咨询员以实时交互的方式进行交流。虚拟参考咨询服务的年咨询量超过1万件，成为国家图书馆一个重要的虚拟服务平台。

2012年4月建成数字资源门户系统，汇集多种数字资源，为读者提供资源导航、特色馆藏展示、资源推荐、我的数字图书馆等个性化功能，使读者不管身处何地，都能够获取到随时随地、无围墙的数字图书馆服务。

2012年9月文津搜索系统上线，整合了60多个资源库、近2亿条文献信息，面向读者进行集中揭示，为广大读者提供了一个资源检索、揭示和获取的服务平台，同时提供用户搜索使用过程中的知识关联提取服务等。

2008年至今建成了以资源和服务内容为基础，以手机、手持阅读器、平板电脑移动终端为媒介，以WAP网站、手机客户端、应用程序商店、个性化图书资源、在线咨询为服务形式全方位的服务体系，并在2013年9月创新地建成了数字图书馆移动阅读平台，受到广大用户和基层图书馆的好评。

3 国家数字图书馆资源和服务单点登录集成实践

为了实现国家数字图书馆资源和服务的集成，让读者能够便捷地获取各类数字资源和服务，同时又能满足读者的个性化需求，在实际资源和服务集成工作中，我们采用的是基于单点登录机制的集成方式。即读者在国家数字图书馆统一用户管理系统中登录，便能够访问到国家数字图书馆公开发布的所有资源库，包括自建资源库和外购数据库；获取到国家数字图书馆多种特色服务，如虚拟参考咨询服务、数字图书馆移动服务等。

3.1 统一用户管理系统的建设和应用

统一用户管理系统是国家数字图书馆的重要支撑系统，该系统具有两大功能：一是用户的统一管理和实名认证，将物理卡用户、网上实名注册用户、定制用户等不同类型的读者统一管理起来，提供角色信息管理以及角色分配功能，提供完备的统一认证接口服务。二是单点登录功能，提供应用系统信息注册和管理功能，基于接入的各应用系统权限提供灵活的联合认证和完善的单点登录机制，在基本不改变原有应用系统程序和用户管理机制的情况下，将其纳入单点登录体系，使读者一次登录即可访问多个应用系统。

国家数字图书馆统一用户管理系统2012年1月上线正式提供服务，截至2014年8月，实名用户数已达250万人，接入的数据库近300个，与国家图书馆自动化集成管理系统及国家数字图书馆的读者门户系统等近10项服务实现了单点登录集成，系统的应用效果如图1所示。

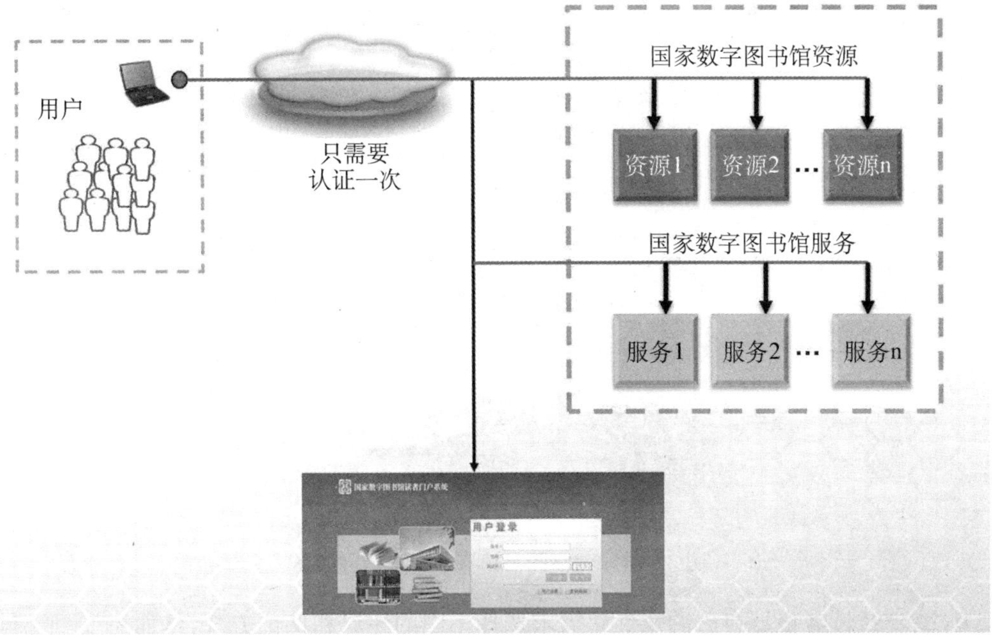

图1　国家数字图书馆统一用户管理系统的应用效果

3.2　国家数字图书馆的资源集成

国家数字图书馆的数字资源中,自建特色数字资源和外购数字资源都是以数据库的形式面向读者提供服务的。为了实现各种数据库的集成服务,需要把各数据库所在的应用系统与统一用户管理系统进行单点登录集成。

3.2.1　资源集成方式

对于数据库的集成,统一用户管理系统提供了 SAML 和 VPN 两种接入方式。SAML 方式是指在数据库所在的应用系统上,以指定的方式部署统一用户管理系统提供的单点登录 JAR 包程序,通过认证用户的用户名、密码、权限等级等进行资源访问控制。VPN 方式是利用国家数字图书馆的 VPN 系统,将用户访问地址转换为国图内网地址再进行访问,同时认证读者的用户名、密码、权限等级等进行资源访问控制。

这两种方式各有优劣。SAML 方式对网络环境、软件插件的依赖性小、稳定性高,多数中文数据库一般选用 SAML 方式集成,而多数外文书库因为服务器不在本地,不能对资源所在应用系统进行相应的程序改造,因此会采用 VPN 方式进行集成访问。

截至 2014 年 8 月,国家数字图书馆统一用户管理系统中,通过 SAML 方式接入的数据库有 37 个,通过 VPN 方式接入的数据库有 112 个。

3.2.2　资源集成效果

首先,实现了读者对国家数字图书馆各数据库的集中访问。登录统一用户管理系统,就能看到国家数字图书馆面向互联网用户提供的所有外购数字资源库,读者能够很方便地跳转到每一个资源库以获取相应的资源。如图 2 所示:

图2　国家数字图书馆资源集中访问界面

其次，支持读者根据自己的个性化需求选择不同的注册和认证方式，从而享受到不同的资源访问权限，实现国家数字图书馆多层次、多角度的数字资源服务。

目前，国家图书馆物理卡读者能够访问到38个自建特色资源库及128个外购中外文数据库。通过身份证进行在线身份认证的网络实名用户能够访问38个自建特色资源库和81个外购数据库。针对比较高级的定制用户，如立法决策用户，除了提供最高权限的186个数据库外，还支持特别定制的门户界面和即插即用的USB介质访问渠道。针对行业性单位用户，比如中国石油天然气股份有限公司塔里木油田分公司，合作建设了国家数字图书馆塔里木油田分馆，特选19个具有行业特色的数据库，打造先进的企业数字图书馆和信息服务平台。此外，还给特殊群体提供特色的资源服务，比如与中国残疾人数字图书馆进行合作，提供有声读物库、经典音视频和多媒体学习库等9个特殊的数据库，更加具有针对性和实用性。

3.3　国家数字图书馆的服务集成

数字图书馆的服务集成包括与传统图书馆服务之间的集成，以及数字图书馆各种服务之间的集成。目前，国家数字图书馆统一用户管理系统已经和自动化集成系统、读者门户系统、文津搜索系统、移动阅读平台、无线网等多个系统实现了用户统一管理和单点登录集成。

3.3.1　服务集成技术

统一用户管理系统与各服务系统之间的集成方式主要包括部署触发器、接口集成、界面集成和数据库直连四种。

部署触发器的方式。在被接入的服务系统数据库内增加一个触发器，当系统数据库发生变化时，触发器将直接更新统一用户管理系统相应读者数据，完成被接入系统与统一用户管理系统之间的数据同步。

接口集成方式。主要是需要对接的服务系统在自己的程序中，集成统一用户管理系统提供的一系列接口程序，包括读者账号服务接口、单点登录接口等，从而实现单点登录集成、统一身份认证、用户身份信息获取等功能。

页面集成方式。服务系统在登录时会直接弹出统一用户管理系统的登录页面，URL 同时会带该服务系统的地址，统一用户管理系统验证登录信息正确后，页面自动跳转到已经登录后的应用系统服务界面去。

数据库直连的方式。是指服务系统直接访问统一用户管理系统的数据库来验证读者信息判断登录是否成功。这种方式更加直观、快捷，但会对统一用户管理系统的数据库产生压力。

3.3.2 服务集成效果

(1)与图书馆自动化集成系统的集成

与国家图书馆自动化集成系统 Aleph 之间采用的触发器进行集成。当 Aleph 系统新办理读者卡或者读者在 OPAC 中修改密码时，触发器自动完成 Aleph 系统和统一用户管理系统之间读者证卡信息的同步。目前，统一用户管理系统中已经和 Aleph 系统实现了双向数据同步，物理卡用户能够使用读者卡号和借阅密码直接登录统一用户管理系统，并且读者在统一用户管理系统或 OPAC 系统修改密码后均不需要在另一个系统进行二次修改。

(2)与数字资源门户的集成

统一用户系统与数字资源门户的集成包括两部分，资源列表的同步和单点登录集成。统一用户管理系统中外购数据库的增加、修改或者删除，均可以通过资源同步接口，将数据库的变化信息通过资源同步接口更新到读者门户系统。读者在资源门户系统一次登录，不仅能访问到自建的 38 个特色资源库，也能够访问到统一用户管理系统集成的所有外购数据，同时能够享受到资源导航、特色馆藏展示、资源推荐、我的数字图书馆等个性化门户服务。

(3)与文津搜索的集成

读者在文津搜索系统点击登录时，文津搜索系统会弹出统一用户管理系统的登录页面，URL 同时会带文津搜索的地址，统一用户管理系统验证登录信息正确时，页面会跳转到已经登录后的文津搜索页面如图 3，从而实现数字资源的检索、发现和获取服务的单点登录集成。

图 3 文津搜索系统的单点集成效果

(4)与虚拟参考咨询系统的集成

由于虚拟参考咨询系统早在统一用户管理系统上线前已经投入使用,有独立的用户注册、认证和应用机制。为了保证国家数字图书馆资源和服务的统一性,对虚拟参考咨询系统进行了改造:虚拟参考咨询系统放弃现有用户注册流程,通过统一用户管理系统来实现用户注册操作功能。统一用户管理系统中记录用户的基本信息,如唯一标识、姓名、身份证号、民族、电话等,虚拟参考咨询系统保留用户的服务信息如访问IP、咨询表单等;虚拟参考咨询系统放弃本系统的用户登录功能,通过集成统一用户管理系统的登录页面来实现用户登录功能。从而实现了虚拟参考服务与统一用户管理系统的用户统一管理、认证和单点登录集成。读者不管在何处进行登录,都能够直接跳转并使用国家数字图书馆的虚拟参考咨询服务。

(5)与数字图书馆移动服务的集成

与移动服务中Wap网站的集成采用的是接口的方式,而与移动阅读平台采用数据库直连的方式实现的。读者可以在国家数字图书馆读者门户系统进行注册,也可以在移动阅读平台完成注册。不管通过哪种方式注册,均可以直接使用读者卡号、身份证号或者注册ID号和密码登录移动阅读平台进行免费阅读。

4 结束语

基于国家数字图书馆统一用户管理系统,我们进行了与数字资源库以及数字图书馆服务系统之间的单点登录集成应用,这些实践工作对于提高国家数字图书馆的数字资源利用率、提升读者服务的质量和效率都具有重大的意义。

数字图书馆的资源和服务集成工作是一个广泛而长期的过程,我们要在前期实践工作的基础上进一步拓展和延伸。首先要加大系统间的集成力度,把更多的资源和服务纳入单点登录体系;其次,要提升改善数字图书馆的访问界面,提高用户访问的方便性和快捷性;更重要的是,要能够通过单点登录系统汇集数字图书馆读者的访问信息,分析读者的行为偏好和使用倾向,从而为读者提供更加符合其个性化需求的数字图书馆资源和服务。

参考文献

[1]卢共平.论数字图书馆的服务集成[J].图书馆,2004(5).
[2]李春旺.图书馆集成融汇服务研究[J].现代图书情报技术,2009(12).
[3]赵晨.分布式数字图书馆资源整合与服务集成的管理研究[M].杭州:浙江工商大学出版社,2009.
[4]焦玉英,袁静.基于用户个性化需求的数字图书馆集成服务研究[J].图书情报工作,2009(3).
[5]魏达贤,季士妍,范书云.外购数据库在读者门户系统中的集成认证研究[J].数字图书馆论坛,2014(4).

数字图书馆馆藏资源推荐结果的反馈机制研究

孙　慧(北京市社会科学院)　李成龙　白　阳(华中师范大学)

1　引言

随着科技的发展,数字图书馆的馆藏资源的建设也在发生深刻的变革,主要体现在两个方面。首先,基础网络设施的建设。国家先后建立了拨号网、宽带网、光纤网等,为数字图书馆馆藏资源的发展提供了基础保障,并且为资源可共享、可联合提供技术支撑。其次,电子出版物的迅猛发展。全国各出版机构出版的电子图书、电子报纸期刊、联机全文数据库、多媒体声像制品等日益增多,为数字图书馆提供了丰富的资源[1]。这些日新月异的变化,使得数字图书馆的馆藏资源愈加庞大,而且还在迅猛增长。用户在庞大的"资源海洋"中寻找资源犹如大海捞针,并会造成用户陷入"信息过载"的困境。于是,推荐系统被广泛引入数字图书馆的建设,来解决用户检索信息困难的难题。

推荐系统是通过分析用户的行为特点和需求,然后在资源库中过滤出满足该用户需求的信息资源,发送给需要的用户。1999 年,美国的康奈尔大学率先将推荐系统应用到了图书馆领域,其图书馆推出了"My library"系统,其中"个性化文献传递"模块,可以主动地为读者提供推荐资源[2]。数字图书馆推荐系统发展很快,国内也有很多相关研究。赵杨运用语义网格的知识,构建了一个智能化数字图书馆知识推送服务系统模型[3],胡冬梅提出针对泰达图书馆的个性化信息推荐系统[4]。但是这些馆藏资源推荐系统更关注的是推荐算法优化,而忽略了用户在推荐服务中的作用。罗琳提出知识挖掘在数字图书馆个性化服务中的应用,并提到应注意信息推荐和反馈,通过反馈机制来提升推荐服务[5];史艳梅提出综合利用三种方法来获取用户兴趣的 CMPS 系统,同时指出用户在浏览推荐信息和定制信息时,也会产生大量有价值的 Web 数据,这些隐含的反馈信息值得进一步挖掘[6]。她们仅仅提及反馈机制的理念,但都没有进行深入探讨。

本文结合前人的研究结果,在数字图书馆馆藏资源推荐系统的基础上,增加了反馈机制模型。反馈机制是通过分析用户对推荐资源的态度和行为,得到用户需求的一种由用户指向系统的反馈策略。通过构建反馈机制,可以在馆藏资源推荐时进行二次过滤,提升推荐效果。推荐系统针对每一位用户自动建立单独的信息需求库,在反复的"推荐 + 反馈"过程中,反馈信息库会不断完善,所含用户需求信息越来越符合真实要求,使推荐资源让用户满意。加入反馈机制的馆藏资源推荐系统能够提高推荐效果,提升用户满意度,与用户建立良好的关系,增强数字图书馆的知识传播和服务能力。

2　馆藏资源推荐系统

数字图书馆推荐系统采用主动服务模式[7],运用信息推送技术[8],通过采集和挖掘用户基本信息和用户行为，从用户主动提供的注册信息，诸如年龄、专业、课程等，和检索记录、浏览日志、页面停留时间等隐含信息中挖掘出用户信息需求。系统根据用户信息需求，定期搜索相关的馆藏资源，把符合用户需求的信息自动推荐到用户指定的个人数字图书馆或者邮箱中，读者亦可通过数字图书馆手机终端浏览推荐信息。数字图书馆馆藏资源推荐系统可以降低用户查找所需信息的时间，让用户从繁重的信息筛选过程中解脱，方便快捷地得到所需信息[9]。

图 1 是一种数字图书馆推荐系统的基本结构。该系统在进行推荐时首先提取用户需求，然后通过相关过滤算法，从馆藏资源中摘取最符合用户需求的馆藏资源推荐给用户。

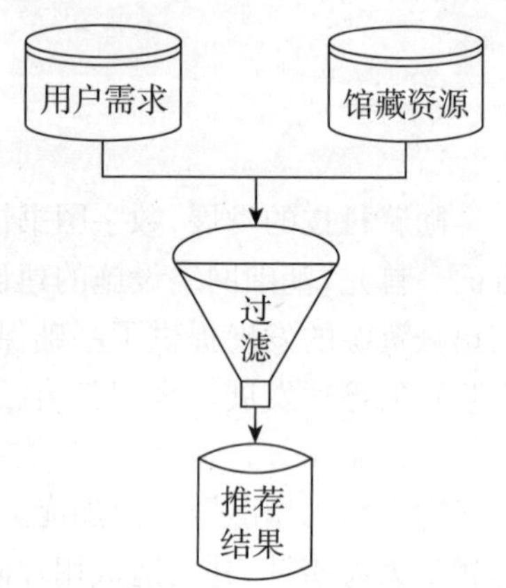

图 1　数字图书馆推荐系统基本结构

上述数字图书馆推荐系统能够向用户提供馆藏资源中最符合用户需求的资源，实现图书馆的个性化服务，但该类系统存在明显不足，用户与图书馆推荐系统只是单向交流，由图书馆指向用户，系统仅是推荐过滤出的馆藏资源，而未考虑到用户对推荐信息是否满意。一旦用户对系统推荐的信息不满意，认为推荐信息无用，逐渐会失去对推荐系统的兴趣，导致其不再查阅推荐信息，甚至对数字图书馆失去信任。

3　反馈机制的构建

基于以上不足，本文提出了包含反馈机制的数字图书馆馆藏资源推荐系统。在图 1 的数字图书馆推荐系统基本结构的基础上，进行延伸扩展，加入反馈机制，形成如图 2 所示的推荐系统反馈机制结构。基于反馈机制的数字图书馆馆藏资源推荐系统的工作原理如下：

用户在浏览推荐资源时，系统采用显式反馈和隐式反馈的方式获取用户对推荐资源的态度，并对其量化，输入反馈信息库。将原推荐系统形成的推荐结果作为一次推荐结果，再以反馈信息库为基础，通过二次过滤处理，得到二次推荐结果，最后得到的推荐结果会更符合用户心理需求，使用户满意。

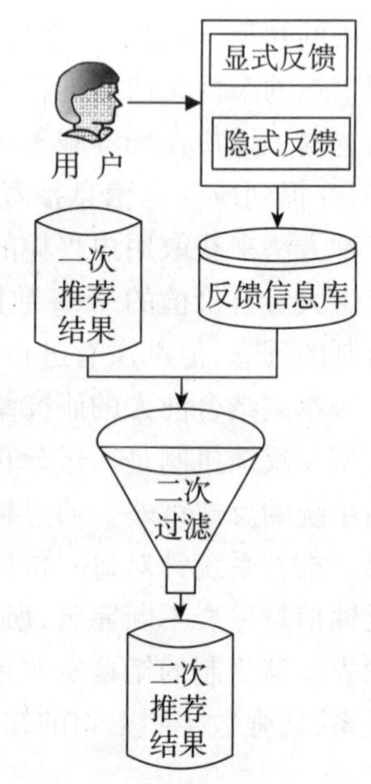

图 2　数字图书馆馆藏资源推荐系统反馈机制结构

加入反馈机制的数字图书馆馆藏资源推荐系统有如下特点：

(1) 同用户交互。新的推荐系统能够获取用户的反馈，可以了解用户对推荐资源最真实的态度，有助于系统优化推荐结果。

(2) 动态用户需求。用户的需求会随着时间而变化，新的推荐系统可以通过反馈机制不断获取用户新的需求，调整推荐资源的动向。

(3)不断优化。在反复循环的"推荐—反馈"过程中,新的推荐系统会不断修正推荐方向,越来越理解用户的需求,使得推荐的资源更加有效和精准。

该系统在原数字图书馆馆藏资源推荐系统结构的基础上,加入了反馈机制,使得数字图书馆馆藏资源推荐系统可以根据用户的反馈信息来优化系统推荐资源,所推荐的资源更加符合用户的需求。反馈机制主要有两部分构成,显式反馈和隐式反馈,为了更有效地衡量反馈信息的有效性,本文为反馈信息设定了量化标准,显式反馈和隐式反馈因其采用的考量方式不同,其量化方式和标准也有所不同,下面分别对这两部分进行介绍。

3.1 显式反馈

显式反馈需要有用户的参与,需要用户对推荐的资源予以评价和建议,以便系统可以更好地发现符合用户需求的资源,并予以推荐。显式反馈又分为两种方式:

(1)推荐资源评价

每当用户浏览一条推荐资源时,页面会有一个评价栏,由用户来选择对推荐资源的态度。从用户体验角度看,设置复杂、过多的选项会让用户产生选择恐惧和烦躁感,所以为了体现良好的交互性,不给用户增加选择性负担,仅设置"A:有用;B:无用"两个选项,用户会更容易判别自己对推荐资源的态度,会愿意配合系统做满意度反馈。

(2)定期回访

随着时间的变化,用户的需求也会有所改变,比如学生会在某时间段主要学习某门课程,而会在另一时间段学习另外一门课程,这时就会产生不同的需求。系统需要及时获取这些需求变化,以便提供合适的推荐资源,而不是因为过时的需求而提供无用的推荐资源。这种方式每隔1个月向用户发送一张回访问卷,主要是采集用户需求的变化,问卷设置方式是在问卷页面中加入馆藏资源的知识体系,尽可能全面地包含整体知识体系的各个方面,可以让用户进行多项选择,这样可以加强推荐系统检索馆藏资源的精确性,而不会因为用户个人原因,如不能准确描述知识,从而造成推荐系统不能找到用户所需资源,或者被错误方向所引导造成向用户提供无用的推荐资源。由于提供的知识领域范围可能不够详细,用户亦可自己输入所需信息的领域,添加到用户的需求信息库。

3.2 隐式反馈

隐式反馈获取用户兴趣方法,通过分析用户的行为信息,获取用户的兴趣。用户有时对于自己的兴趣也不一定很明确,即使用户愿意提供反馈,也不一定准确和有效。因此,隐式反馈具有显著优势。隐式反馈方式是一种用户不直接参与的方式,是通过研究用户行为来获取用户对某个推荐资源的态度。相比显式反馈方式,隐式反馈方式不能直接获取用户的需求,但其对用户行为的捕获,更能反映用户对推荐资源的满意程度,使得反馈机制更可靠、准确。隐式反馈方式由如下三个因素构成:

(1)资源查阅状态

从用户心理角度来讲,在浏览了推荐资源链接列表后,用户如果认为某资源有用,会单击该链接进行查看,如果认为无用,便不会点击该链接进行浏览。从这个角度来讲,系统可以通过用户是否单击推荐资源链接来体现对推荐资源的查阅状态,从而判断用户对某推荐资源的认可度。

(2)资源浏览时间

当用户进入某推荐资源页面后,浏览时间越长,表示用户对该推荐资源越感兴趣,因此可以通过记录用户在该页面的停留时间来判断用户对推荐资源的认可程度。

(3)资源利用

根据对用户的行为研究,如果用户认为推荐资源非常有用,他很可能会对该资源进行下载或收藏,说明该资源的推荐几近符合用户的需求。比如为用户推荐一本书,如果他觉得有必要借来阅读,会将该书加入个人图书馆的书架中,以便后期借阅。

4 反馈信息库的构建

反馈信息库存储通过显式反馈和隐式反馈收集的用户需求和相应的需求程度信息,或者说反馈信息库就是存储“用户—需求—评分”形式的数据。需求程度采用量化方式,用评分表示。需求的评分是通过反馈机制评价体系得到的,而用户对一次推荐结果的评价可能会得到多个评分,就需要设置优先级来获取能反映用户心理的最准确的评分。

通过创建反馈信息库,可以捕捉到用户深层次的需求和兴趣。借助此库,可以优化馆藏资源的一次推荐结果,得到更贴近用户需求的二次推荐结果,从而提高推荐资源的质量,提升推荐系统的效果。

4.1 反馈机制评价体系

为了更好地描述用户反馈信息对用户需求的表述的准确程度,特别采用量化方式对反馈信息进行评分,并且将评分尺度设置在[0,5]的范围内,以便更精细地区分各种反馈方式所体现的用户兴趣度差异。显式反馈和隐式反馈的评分方案如下:

4.1.1 显式反馈

(1)推荐资源评价

在系统所推荐的资源页面设置“A:有用;B:无用”选项。若用户选择“无用”,则说明此资源不是用户想要的,不满足用户需求;若用户选择“有用”,则说明该推荐资源基本符合用户需求,但是不能够得出该资源就是用户所满意的推荐资源,故分别为这两项赋值2分和0分。

(2)定期回访

定期回访是获取用户需求最直接的办法,由用户提供所需资源的类别,应该是用户近期迫切需要的资源分类,所以设置分值为5。

4.1.2 隐式反馈

(1)资源查阅状态

资源查阅状态的衡量是根据用户是否单击推荐资源的链接来衡量的,若单击链接,说明用户根据推荐资源的题目认为其值得查阅,但其内容不一定符合用户需求,应比“有用”的程度稍弱些,设置分值为“1”;若用户未单击推荐资源的链接,则可简单认为用户从推荐资源的题目中看不到所需信息,也就是“无用”的,设置分值为“0”。

(2)资源浏览时间

浏览时间以及平均浏览时间是用户兴趣的重要体现。根据用户对推荐资源的页面浏览时间来衡量用户对资源的需求程度需要借助一定算法来实现。Mladenic 和 Schwab 等人认为页面停留时间大于 0,就认为用户对该页面感兴趣[10][11],Joerding T. A 主张当停留时间大于 5 秒时,才可认为用户对该页面感兴趣[12],这些研究结果都不能很好地反映用户的兴趣。何兴无等人提出一种将浏览时间转化为兴趣度的非线性变换方法[13]。该方法认为不同用户的浏览速度不同,浏览时间也就不一样,所以在转化为兴趣度时,每个用户的平均浏览时间应该反映不同用户的同样的兴趣度。而且即使用户的浏览时间相差很大,也能将它较好地转化为在 0 到 1 之间取值的兴趣度,以适合进一步的处理。该方法的计算公式为:

$$I_i = \frac{2}{\pi}\arctan\left(\frac{t_i}{averagetime}\right)$$

其中,t_i 为用户浏览第 i 个页面的时间;averagetime 为用户的平均浏览时间;π 为圆周率常量;I_i 为用户对第 i 个页面的兴趣度。

通过采集雅虎网站数据和实际试验验证,表明该算法有较好的用户兴趣度评估能力。所以本文采用该算法根据用户对推荐资源的浏览时间来评价用户对推荐资源的兴趣度。为了与反馈评价体系中的评价尺度[0,5]相一致,特别将该算法做了适当修改:

$$I_i = \frac{2}{\pi}\arctan\left(\frac{t_i}{averagetime}\right) \times 5 \quad \Rightarrow \quad I_i = \frac{10}{\pi}\arctan\left(\frac{t_i}{averagetime}\right)$$

(3)资源利用

下载和收藏是资源利用的两种方式,都能说明用户对该资源满意,系统对该资源的推荐是准确的,是体现用户需求的最高级形式,设置分值为“5”。

通过如上评分规则的设定,得出反馈机制的评价体系,如表 1 所示。

表 1　反馈机制评价体系

类别	显式反馈			隐式反馈				
	推荐资源评价		定期回访	资源查阅状态		资源浏览时间	资源利用	
具体项	有用	无用	新增需求	单击链接	未单击链接	$I_i = \frac{10}{\pi}\arctan\left(\frac{t_i}{averagetime}\right)$	下载	收藏
得分	2	0	5	1	0		5	5

4.2　反馈机制优先级设置

反馈机制中反馈信息的获取有很多种,而在获取推荐资源的反馈时,对同一种推荐资源的评价可能会有多种体现,如显式反馈中的推荐资源评价,隐式反馈中的资源查阅状态、资源浏览时间、下载和收藏,这样就会出现对同一推荐资源有多个评价的情况,但反馈信息库只可采用一个,所以应该设置一个规则来解决这一矛盾。本文采用“优先级”设置方法,根据反馈信息反映用户需求的程度和准确度,为 4 类推荐资源的反馈评价情况设置优先级顺序,如表 2 所示。对某个推荐资源的反馈信息收集过程中,当出现多种评分时,反馈信息库采用优先级最高的方式。比如推荐系统得到用户对某推荐资源的查阅状态、推荐资源评价和下载的反馈,会得到 3 个相应的分值,此时按优先级顺序,只记录下载行为的分值“5”,并形成“用户—需求—评分”数据,输入反馈信息库。通过优先级的判断,可以得到最符合用户态度的评价,馆藏资源推荐系统就能够更精准地为用户提供个性化服务。

表2 隐式反馈量化优先级设置

用户行为	优先级
下载和收藏	1
推荐资源评价	2
资源浏览时间	3
资源查阅状态	4

5 结束语

基于反馈机制的数字图书馆馆藏资源推荐系统弥补了原有馆藏资源推荐系统推荐资源不准确、与用户交互性差等不足,采用显式反馈和隐式反馈机制较好地得到用户对推荐资源的评价,再通过反馈信息库收集和整理用户对反馈资源的评分,提供给推荐系统对一次推荐结果进行二次过滤,得到二次推荐结果。二次推荐资源更符合用户客观需要,用户对数字图书馆的服务将更满意,使数字图书馆个性化服务上升到一个新的高度。本文仍存在一些不足,未来还需进一步对本理论进行实际验证,以检测实际效果,进一步完善该反馈机制和推荐系统,使数字图书馆馆藏资源推荐系统真正实用、有效。

参考文献

[1]夏立新. 复合图书馆:数字图书馆建设的新战略[J]. 华中师范大学学报,2011(5).

[2]COHEN S, FEREIRA J, et al. Personalized electronic services in the Cornell University Library[J]. D-Lib Magazine,2000,6(4).

[3]赵杨. 基于语义网格的数字图书馆知识推送服务系统研究[J]. 情报科学,2007,25(12).

[4]胡冬梅. 泰达图书馆个性化信息服务系统的探索与实践[J]. 现代图书情报技术,2004,116(10).

[5]罗琳,陈远. 知识挖掘与数字图书馆个性化服务[J]. 中国图书馆学报,2004(3).

[6]史艳梅. 个性化服务中挖掘用户兴趣的 CMPS[J]. 现代图书情报技术,2005,121(3).

[7]郭海明,邓灵斌. 数字图书馆信息服务模式研究[J]. 中国图书馆学报,2005(2).

[8]贾春华. 数字图书馆相关支撑技术[J]. 情报科学,2004,22(11).

[9]刘新跃. 数字图书馆个性化信息推荐系统[D]. 北京:北京化工大学,2012.

[10]MLADENIC D. Personal WebWatcher: Design and Implementation[M]. Technical Report IJS-DP-7472, Dept of Intelligent Systems, J. Stefan Institute,1998.

[11]SCHWAB I, POHL W, KOYCHEV I. Learning to Recommend from Positive Evidence[C]. Proceedings of the International Conference on Intelligent User Interface. ACM,2000.

[12]JOERDING T. A Temporary User Modeling Approach for Adaptive Shopping on the Web[C]. Proceedings of Second Workshop on Adaptive Systems and User Modeling on the World Wide Web. Computer Science Report. 1999.

[13]何兴无,朱征宇,等. 浏览时间在获取用户兴趣向量中的应用[J]. 情报科学,2008,26(1).

图书馆实施 RFID 技术探析

陈玉强(山东省图书馆)

RFID 是 Radio Frequency Identification 的缩写,即无线射频识别,常被称为电子标签。采用 RFID 新技术,在图书中埋藏电子标签,将很好地方便读者借阅,提高图书馆的自动化水平。并有利于工作人员检视馆藏和分拣图书,同时也有利于提高读者的借阅速度,减少读者借还书排队等候的时间。

目前,世界各国图书馆采用的新的信息自动化管理手段主要是以 RFID 系统取代传统的条码磁条系统。欧、美图书馆大多已采用该管理系统,新加坡、马来西亚、韩国、香港等亚洲国家和地区近年来也纷纷建设该系统。深圳市图书馆投入 1350 万建设的 RFID 信息自动化管理系统也已正式投入使用。据深圳图书馆统计,自从 RFID 系统运行以来,读者借阅量增长 10—12 倍。该系统先进的高科技管理手段得到图书馆业界的广泛赞誉。国家图书馆、上海图书馆、广东省立中山图书馆、广州图书馆、厦门图书馆等国内众多图书馆都已或正在引进该管理系统。山东省图书馆也于 2011 年建设了 RFID 图书馆。

1　山东省图书馆情况

山东省图书馆新馆自 2002 年开馆以来,作为山东省文化窗口的标志,为提高市民的文化素质,满足大众的文化需求提供了有效的服务。但随着工作的开展,图书馆的读者接待能力,信息化管理手段,以及与新馆形象相适应的数字化配套设备显现出很大欠缺,特别是读者人数剧增,工作人员劳动强度大,人手凸显不足,图书周转效率低,已经成为山东省图书馆提升管理层次、提高接待能力的瓶颈。

为此,山东省图书馆希望通过提升信息自动化管理系统的方式,利用 RFID 技术改造图书馆的流通工作流程,将馆员从图书馆工作量最大的图书清点、顺架、排架、查找等日常工作中解脱出来,从而大大提高归架的效率,降低馆员的劳动强度,节省人工,将馆员的工作重点转变到为读者提供更好的服务上来。同时,通过读者自助借还,提高图书的流通量及借书效率,增加读者的满意度。使图书馆以高效、和谐、人文的形象为读者大众服务,提高图书馆现代化管理水平,展现山东文化服务窗口的风采。

2　山东省图书馆 RFID 建设方案、可行性分析

采用 RFID 管理系统,可与图书馆原有的 ILAS 管理系统实现无缝衔接,既提升了原有系统的功能,又节约了资源。但像深圳市图书馆那样全面引进 RFID 信息管理系统,一次性对全馆图书进行 RFID 系统改造,设备硬件投入、资金需求太大,恐不切合山东馆的实际。

因此,山东省图书馆结合当时国内存在高频 RFID 和超高频 RFID 两种选择,制定了一个既节省资金,又能够尽快引进该系统的方案。引进价格相对便宜且其他兄弟馆评价较好

的超高频 RFID,先建立一个超高频 RFID 试点,对试点进行 RFID 改造,通过一段时间的使用,结合系统实际使用的结果,全面总结高频和超高频的优劣,再进行全馆的 RFID 系统推广改造。

根据当时山东省图书馆馆藏图书 500 万册,读者人数 11 万,但各部门图书利用效率不同的情况,决定采取分批实施的计划。先对利用率最高的畅销书屋 5 万册图书进行 RFID 改造、将 5000 个畅销书屋读者证升级为 RFID 读者证。畅销书屋 RFID 改造所需设备及磁条等硬件的建设费用约为 44.5 万,加上 RFID 转换所需人工费 2 万元,共需资金 46.5 万元。其他图书和读者证将来再利用畅销书屋实施 RFID 的经验,在经费允许的情况下,在以后数年内分批逐步实施。具体预算见表 1。

表 1　山东省图书馆建设 RFID 系统第一批预算表

设备编号	设备名称	采购数量	单价(元)	总价(元)
1	自助借还机	2 套	50 000	100 000
2	标签转换装置	1 台	10 000	10 000
3	RFID 防盗安全门	1 套	50 000	50 000
4	RFID 馆员工作站	1 套	10 000	10 000
5	RFID 盘点书车	1 套	50 000	50 000
6	RFID 图书标签	50 000 个	4.00	200 000(高频、超高频预算均可满足)
7	RFID 读者证	5000 个	5.00	25 000
总价:445 000 元				

以上方案以比较小的投入完成了图书馆 RFID 建设探索,既提升了图书馆形象、又缓解了畅销书屋人手不足等问题,从而实现与先进图书馆管理办法接轨,满足畅销书屋读者人数日益增加等多方面需求。也为以后图书馆正式进行 RFID 建设积累了经验。

3　山东省图书馆超高频 RFID 试点中发现的问题及高频、超高频改造方案对比

自 2011 年 5 月建成投入运行以来,图书馆 RFID 设备运行基本正常,读者也基本适应了自助借还模式,为图书馆以后大规模开展 RFID 项目自助借还及 24 小时街区图书馆做了一个良好的测试。读者借阅及图书流通率都取得了较好的增长,读者普遍反映借书速度加快,没有了那种银行排队的感觉,借阅氛围也变好了,取得了良好的社会效果。

通过 RFID 技术的利用,解放了流通部门占用的大量人员,使图书馆的业务流程重组变得必要和可行;图书馆将从以馆藏为中心转向以读者为中心,提供给读者的服务将更加多元化、高级化和人性化。

表 2 列举了改造前后畅销书屋的借阅数据,从表中可以看到,RFID 改造后读者借阅量增长迅速,同时单位图书的借阅率增长也很快。

表 2　山东省图书馆畅销书屋借阅数据表

时间	项目	借阅数量	备注
2009 年	人次	42 288	
	册次	61 225	
2010 年	人次	76 102	
	册次	113 602	
2011 年	人次	98 070	2011 年 5 月份完成 RFID 改造开放
	册次	155 846	
2012 年	人次	87 226	2012 年下半年畅销书屋停办新借书证、老借书证到期停止使用，对流通数据有影响
	册次	144 762	

3.1　山东省图书馆 RFID 运行过程中发现的问题

（1）防盗性不如原有磁条，图书馆畅销书屋，基本每天都有 1—2 本图书的 RFID 标签丢失或损坏（主要是少儿读者，对其好奇，剥下来看造成的，经咨询其他馆，一般采取在粘贴标签位置加粘乳胶，隐蔽标签的办法解决）。

（2）自助借还设备运行对精密度要求较高，厂家的密封处理做得不是很理想，图书馆一台自助借还书机多次发生因灰尘引起的液晶屏无法操作故障，后厂家通过密封处理解决。

（3）图书馆到现在为止，尚未发现有其他高频厂商宣传的超高频容易造成的信息误读、统计图书不准等情况。

3.2　山东省图书馆 RFID 高频和超高频改造方案对比

3.2.1　电子标签的成本

RFID 系统更换中，电子标签的成本占据了一个相当大的比例，每个高频标签成本大约 1.7—2.5 元，每个超高频标签的价格约为 0.89—1 元。

3.2.2　RFID 标签存储容量、防盗性、使用寿命

超高频目前存储容量大约为 512 字节，而高频标签容量大约为 1024 字节。超高频电子标签体积小、可贴在书脊内，隐蔽性相对较好；高频标签体积大，只能贴在书的扉页或底页，读书时容易被弯曲，或被撕毁，日常磨损相对严重些。山东省图书馆目前畅销书每天有 1 ~2 条超高频标签损坏，据了解其他图书馆每天读者损坏大量高频标签。

3.2.3　防盗仪门禁

超高频门禁距离可调，最远距离超过 2 米，识别速度较快，电子标签在门禁读取范围内可以多角度识别，但不能穿透人体和装有液体物品的书包，一旦读者发现可以夹带，可能会造成图书丢失，目前图书馆以读者进书库前必须存包的规定来解决这个问题。高频门禁距离相对较近，但能穿透人体和书包等。

3.2.4　RFID 整体改造总体投入对比

高频 RFID 标签每个大约 1.7—2.5 元，超高频标签每个约为 0.89—1 元，以图书馆一期改造 100 万册，每年新增 10 万册新书为例估算，投入高频标签约为 170—250 万元，以后每年 17—25 万元；超高频标签投入约为 89—100 万元，以后每年 8.9—10 万元。高频标签投入

约为超高频的两倍。设备方面,高频 RFID 设备价格比超高频设备价格略高,以山东省图书馆外借一期改造需要 10 台自助借还设备、2 台馆员工作站、2 台标签转换装置为例估算,采用超高频设备,投入约为 46 万元;采用高频设备,投入约为 110 万元。设备维护费方面,高频厂家收取设备总价款 8% 的维护费用,超高频厂家目前不收维护费。

现在国内图书馆界对高频和超高频 RFID 实施存在困惑,一部分源于部分人员的误导,一部分源于对技术的不了解。以山东省图书馆运行 RFID 的经验来看,高频和超高频均有其优势,具体选择高频或者超高频差别不大,图书馆应根据自己的工作实际进行取舍。

4 山东省图书馆大面积采用 RFID 技术存在的困难

4.1 目前 RFID 技术国家标准暂未出台

目前,国际上并存 EPCglobal、AIM global、ISO、UID 等国际 RFID(无线射频识别技术)标准组织,其相应地制定了 5 种 RFID 的技术标准,并且这 5 种标准互不通用,我国的国家技术标准尚没有建立。目前,国内和国外厂商生产 RFID 技术产品时主要参考这 5 个技术组织的标准或者自行制定企业标准进行生产,这就往往容易造成一旦选用某厂家的 RFID 技术芯片,将不得不采用该厂商的相关读取设备和附属设备,选择余地很小,一旦该厂商不生产、改进或转型该设备,将给将来的维护,升级带来很大的不便。

4.2 应用 RFID 技术,需要大量的资金支持

山东省图书馆目前藏书接近 500 万册,目前每个普通 RFID 芯片价格约为 2 元,完全改造完图书馆图书,大约需要 1000 万元,相应更换 RFID 技术芯片识别读取设备费用大约需要 300 万元,加上图书更换 RFID 芯片的人工费按照每本 0.20 元计算约需要 100 万元,图书馆更换 RFID 技术的费用共计约 1400 万元。并且以后每年图书馆新增图书约 10 多万册,加上 RFID 设备更换维护,这样每年至少需增加业务费用支出大约 80 万元。这将让图书馆本来很少的购书经费更加捉襟见肘,将大大增加图书馆资金的使用难度。同时我们需要对图书馆的图书自动化系统进行相应的技术改造工作,这也存在一定的难度。

4.3 山东省图书馆藏书一次性实现 RFID 技术芯片移植很困难

图书馆藏书接近 500 万册,相应的芯片移植工作,将是一个庞大的系统工程。图书馆 2002 年新馆外借开放前,外借部社科外借室和自科外借室对部分图书(约 20 万册),更改馆藏地点后进行馆藏地点重新确认工作,不贴条码,只做扫描条码工作,就需要闭馆工作接近两个月,而全馆 500 万册图书需要移植芯片,即使增加人手,也是一个很浩大的工程,为此将不得不闭馆很长时间进行技术升级工作,这在实现上存在很大的难度。

5 全馆应用推广的对策及方案

通过畅销书屋 RFID 改造,为山东省图书馆 RFID 应用积累了经验,为山东省图书馆下一步全馆推广应用 RFID 打下了基础。在此基础上山东省图书馆制定了下一步全馆分步实施的方案,同时针对高频和超高频的选择,全面比较国内其他图书馆应用的高频及超高频产

品,结合其他图书馆的使用数量以及使用经验,全面考虑其优劣。避免因某产品用户群过小,生存周期短,将来的使用及维护出现问题,造成将来工作的被动。

山东省图书馆将根据分步实施的计划,逐步投入,减小资金压力,同时也减轻工作压力,减少对流通工作的影响。稳扎稳打,将图书馆 RFID 改造工作具体到每一个环节,保障工作的顺利进行。

山东省图书馆下一步将首先对中文外借部及少儿部外借图书进行 RFID 改造,涉及约 60 万册图书,约需资金 150 万元。完成后再对馆内外文部图书进行 RFID 改造,以及在全馆实行 RFID 门禁改造,约需资金 200 万。通过以上两步,将基本完成全馆外借图书的 RFID 改造。

6 小结

通过对山东省图书馆 RFID 技术实施的条件、过程、实施后的情况以及高频和超高频技术的分析,为国内其他图书馆实施 RFID 技术做了有益的探索。基于国内大多数图书馆经费紧张,却面对不断增长的读者服务需求以及自身渴望采用新技术提高服务水平的现实情况,我们可以得出一个可行性方案:尽量采取先建设试点,并优先向流通量大的部门倾斜的方案,提高单位成本的使用效率。至于高频和超高频的选择,各个图书馆应根据自己馆的情况取舍。随着 RFID 技术的不断成熟,以及相应国家标准的制定发布,RFID 技术实施单位成本的下降,RFID 技术必将深入每个图书馆,给每位读者带来更好的阅读体验,同时不断提高各个图书馆的工作效率。

参考文献

[1]陈武,姜爱蓉. 构建以自助服务为导向的现代图书馆[J]. 大学图书馆学报,2013(3).
[2]朱小梅,刘春鸿,孙权. 基于 RFID 的图书馆用户服务模式研究[J]. 图书馆论坛,2013(7).

数字图书馆资源服务整合研究

文　杰(湖南省少年儿童图书馆)

1　关联数据的概念

数字图书馆主要是借助开放网络,对数据资源进行有效的链接,以便于将相关的数据资源进行互联,然后在数据关联的基础之上对相关数据进行分布,这样就能够帮助用户更好地使用数字资源,以获得可用的信息[1]。目前,数字图书馆在数据发布方面主要体现了这一要素,具体而言,第一,能够将多样化的关联信息供读者进行选择,也就是将数据信息以关联数据的形式进行发布;第二,为读者建立多样化的检索环境,也就是将数字资源信息、图书馆相关书目信息以及其他相关信息同时发布。

2　数字图书馆资源服务存在的问题

2.1　资源的共享与整合度不高

现代信息技术的快速发展,使得教育资源形式多样、日益丰富,这在很大程度上推动了数字图书馆资源的整合,同时也大大加快了数字图书馆的发展速度。不过也要看到,图书馆在数字资源整合方面依旧存在较大的问题,以至于数字图书馆资源的整合程度低,资源共享能力差。其主要表现在以下几个方面[2]:第一,现在数字图书馆资源较为分散,缺乏统一的管理机制,限制了数字图书馆资源更高层次的整合;第二,大多数图书馆现在大都采取部门分工的管理方式,虽然这种管理机制能够较好地提高工作效率,但会使各部门之间缺乏相应的沟通与合作,从而对数字知识服务体系的构建造成阻碍;第三,由于各个图书馆之间或图书馆内部不能够进行充分的沟通与交流,就使得数字信息资源的共享不同程度地受到影响。

2.2　资源建设与应用效率低

目前,数字图书馆服务需要将网络资源的建设作为首要任务,只有确保图书馆数字资源建设的完整性,才能够以较高的应用效率保障知识服务系统的质量。而事实上,现在大多数的数字图书馆都只是将内部所拥有的数字资源进行整合,作为图书馆数字资源的建设来源,因此,如果不同图书馆之间缺乏交流合作,就不能从更深层次上对关联数字资源进行整合。同时也要看到,大多数的数字图书馆资源的整合带有较大的局限性,一般集中于数据、信息、知识的表层,而不是从更深层次上对数据资源进行整合,从而极大地影响了图书馆间资源的综合利用。数字图书馆资源建设与应用效率不高对图书馆知识服务产生较大的影响,使图书资源得不到充分利用。

2.3 个性化服务难以实现

目前,数字图书馆资源难以共享已经成为数字图书馆交互机制单一的主要原因。虽然,现在有些图书馆已经构建了用户与资源、用户与图书馆之间的交互机制,但是并没有真正帮助用户之间建立起相互交流的平台。主要有以下三点原因造成图书馆的个性化服务难以推进[3]:

第一,由于数字图书馆的用户访问量非常大,用户有各自的兴趣、爱好、专业,而且对数字资源信息的检索方法和习惯都不尽相同,因此数字图书馆难以推进个性化服务。

第二,图书馆在推行数字图书馆个性化服务的过程中,不但要根据不同的用户需求推行个性化服务,而且也要对用户潜在的信息需求进行发掘,并且要努力打造一个能够让用户之间相互交流的平台,能够让用户使用自己喜欢的检索方式进行信息收集,这些无疑加大了数字图书馆个性化服务的难度。

第三,由于很多数字图书馆服务系统没有深入考虑到用户需求,不但会将数字图书馆本身的服务能力拉低,而且会使用户获取资源的难度加大。

3 基于关联数据的数字图书馆服务整合要点

3.1 以促进用户的知识发现与获取为目的资源整合

毋庸讳言,目前所运用的数字资源检索方法,特别是对资源的整合一般都是一些表面工作,根本不能够对用户所获取的资源进行较为深入的分析、筛选,从而在一定程度上影响了对资源的搜索。与之相应,通过使用关联数据的资源整合模式,就可以实现在不同数据集之间搭建起交互机制,便于用户对知识信息的获取。

当数字图书馆资源整合时,如果可以有效地利用关联数据,不但可以使图书馆内部资源获得相互关联,而且能够很好地促进数字图书馆内部之间的信息交流,进而可以更好地完善现有的图书馆服务体系[4]。另外,也可以借助关联数据来实现数字图书馆之间的交流、合作,实现资源的链接与整合,那么就可以将数字图书馆资源变得更加丰富、全面,用户也可以通过这种新型资源整合,更加便捷地获得信息资源与知识。

3.2 注重数据的最大限度关联与资源的充分利用

基于关联数据的数字图书馆资源整合在重视馆内资源整合的基础上,还要通过馆际之间的数据合作实现更广范围的资源整合,从而实现数据的最大限度关联与资源的充分利用。同时,基于用户交互的个性化服务也是用户、数据、资源与图书馆服务之间相互关联的结果,也是满足用户需求的关键所在。因此,运用关联数据的方法进行图书馆资源的整合不仅需要馆内数据链接与馆际数据关联,还需要通过多方交互为用户提供个性化的服务空间和完整性的服务体系。

3.3 完善基于数据合作的图书馆服务体系

目前对于数字图书馆而言,将馆内的数据进行相联是比较容易做到的,而将各个数字图书馆之间的数据进行互联是比较难做到的。但这也是实现资源整合、共享的一个重要途径。

随着数字化社会的快速发展,图书馆之间的合作也开始变得日益重要,其不但能够将图书馆之间的数字信息进行关联,而且在资源不断整合的过程中能够将信息知识进行完善,以此实现双赢。所以,在建设基于数据合作的图书馆服务体系的时候,不但要促进各个图书馆之间的合作,而且也要将不同学科之间的数据、信息、知识进行纵深关联,从而获得更加全面的内容,并且可以扩大资源共享的空间,更好地为用户提供丰富的资源和服务。

3.4 加强与用户交互对话,强化数字图书馆服务内容

在对数字图书馆资源进行整合的过程中,不但要最大限度地利用各个图书馆之间的合作交流,进行数据资源的关联,而且也要充分地考虑到用户之间的交互平台的建立,因为用户交互对话也能够很好地促进图书馆个性化服务体系的构建。关于用户的交互对话,不仅包括图书馆与用户之间的交互,而且也包括用户与用户之间、馆际用户之间的交互对话。这样就可以通过对用户交互对话的关注,直接获取用户在数据信息检索、浏览时所遇到的问题,以便于数字图书馆能够及时地进行解决,以此完善数字图书馆个性化服务体系。

4 基于关联数据的数字资源整合平台技术构成

4.1 云计算技术

所谓云计算,就是一种运用计算技术的分布式处理、并行处理、网格计算等方法,将数字资源进行相互融合。数字图书馆通过运用云计算技术,能够很好地将动态的、分布异构的数字资源进行整合,然后再以服务方式供用户检索、运用[5]。一般情况下,都是由提供云计算服务的数字图书馆对数据中心进行维护、管理,确保其能够正常运作;而数字图书馆的用户只需接入网络,就可以使用终端设备在有网络的地方非常方便地对所需的数据进行检索、下载。

4.2 云服务内容

所谓云服务,即云模式服务,主要是指通过云计算技术建立的服务内容。其中服务内容是在云计算技术使用之前就存在的,只是借助云计算技术可以更好地推动相关服务。目前,云计算服务有很多种表现形式,主要包括软件服务、硬件服务、基础设施服务以及平台服务。

对于数字图书馆云服务而言,可以将其分为数字图书馆服务、云服务两方面。数字图书馆云服务不但能够很好地满足用户对知识信息的需求,而且能够整合数字图书馆的体验式服务、协同服务、网络社区服务的信息。

4.3 云存储系统

云计算技术被运用到系统之后,其延伸的结果就是云存储,换言之,云存储就是配置了大量存储空间的一种云计算系统,而且能够对数据资源进行存储、管理。现代的云存储技术具有很多优势,其中包括高性能、高容量、易扩展、低成本等,而且云存储技术也得益于网络宽带的发展,形成了多种技术方式,例如 Web2.0 技术、分布式文件系统、网格技术、应用存储技术以及 CDN 内容分发系统等。对于数字图书馆云存储系统来说,构建由数据存储层、数据管理层、数据服务层、用户访问层等组成的云存储平台,然后和云存储控制服务器、后端存储设备一起组成云存储系统。

4.4 数据仓库技术

目前,数据仓库有很多种,不同的数据仓库有着不同的结构,而且数据仓库的体系结构也会有所不同,然而不同数据仓库之间有相似之处,都会包含数据源、数据的存储与管理、数据展示等部分。而且数据仓库有着不同的表现形式,主要有以下几个特征:第一,根据数据资源的主题不同而将数据仓库中的数据进行分类;第二,不同的数据仓库之间存在着一定的关系,而且主题内容是交互整合的;第三,不同的数据仓库都有着稳定而又独立的数据源;第四,所有数据仓库的内容都时刻在发生着更新。在数字图书馆中根据数据仓库技术,将各种不同的数字图书馆资源进行数据化整合,加快用户的搜索,满足用户需求。

5 总结

数字图书馆资源服务整合需要得到先进网络技术的支持,而关联数据已经成为数字图书馆资源服务整合的主要技术,关联数据能够很好地加强数字图书馆的资源整合度,进而能够提高数字图书馆的服务质量,便于用户更加快捷地获取所需的资源信息。因此,数字图书馆要充分利用现代互联网关联数据技术,把握历史发展机遇,对数字图书馆系统从标准化、规范化的角度进行整合,为用户提供更加高效的服务。

参考文献

[1]马费成.基于关联数据的网络数字资源集成[J].情报杂志社,2011(2).

[2]马费成,赵红斌,万燕玲,等.基于关联数据的网络数字资源集成[J].情报杂志,2011,30(2).

[3]马文峰.数字资源整合研究[J].中国图书馆学报,2002(4).

[4]蒲筱哥.数字资源整合技术研究现状述评[J].情报探索,2009(3).

[5]孙鸿燕.图书馆关联数据的综合管理及其实现[J].图书馆学研究,2011(12).

文津搜索关键技术及应用*

邢　军　李晓鸣　张　红　薛尧予(国家图书馆)

1　引言

2009年1月的ALA(American Library Association)年会上,Series Solution公司宣布即将发布全球第一个网络级资源发现系统—Summon[1]。随后OCLC推出WorldCat Local,Ex libris公司推出Primo Central,EBSCOhost公司推出EBSCOhost Discovery System,这些资源发现系统以"简单、快速、易用、有效"的检索体验颠覆了传统的图书馆整合检索系统带给用户的感受。目前,全球采用各类资源发现系统的图书馆及其他信息机构的数量已超过1300家。国内也陆续有图书馆考察测试和应用相关技术与产品[2][3]。通过收集元数据以预索引的方式提供检索服务的理念早在1998年就有人提出[4],现代图书馆对元数据的收集采用一定的方式和手段,对分散无序、相对独立的图书馆数据资源进行类聚、融合和重组,使其重新组织为一个新的有机整体,形成一个效能更好、效率更高的资源体系[5]。

国家数字图书馆文津搜索系统即是以元数据整合的方式构建数据仓储,从而实现对读者检索的快速有效反馈。

2　文津搜索系统概况

国家数字图书馆工程的建设范围,贯穿数字资源采集、加工、处理、保存、服务与利用的整个生命周期,国家发改委对数图工程可研报告的批复意见中,明确指出"数图工程建设目标应是国内一流和国际先进水平"的,而数字资源的服务利用,是体现国家数字图书馆工程水平价值的关键环节。

文津搜索系统是国家数字图书馆工程中的一个核心子项目,其建设目标是:整合国家数字图书馆自建或其他方式获取的数字资源,建立和维护高性能分布式索引,并结合基于互联网的信息收集和数据分析挖掘技术,向用户提供一个统一、实时高效、精准权威的数字图书馆数字资源元数据搜索服务平台。该系统的建成面向图书馆界读者提供基于图书馆元数据的权威搜索服务,是中文信息资源的重要搜索引擎,

国家数字图书馆文津搜索系统未来将结合数字图书馆推广工程,建立一个覆盖全国数字图书馆的搜索服务平台,满足读者对数字图书馆各类资源"一站式"的检索需求,方便读者直接获取数字资源的目标对象文件和各种应用服务,提高全国图书馆数字资源利用率,实现

* 本论文为国家科技支撑计划课题"文化资源服务平台解决方案及标准研究"和文化部科技创新项目"数字图书馆云平台建设及其在公益性数字文化建设中的应用研究"(编号:3-2011)的研究成果之一。

“海量资源,一搜既得”。

文津搜索系统是一个集软件、硬件于一体的集成系统,目的在于为读者提供资源的一站式发现和获取服务。基于文津系统在服务内容和服务对象的定位,系统设计可承载高速率、高并发的检索请求,性能满足平均每分钟十万次检索请求,以及峰值每秒一万次检索请求的处理能力,基于数据扩容需要,系统架构同时具有可扩展能力。

文津搜索系统总体架构如图 1 所示:由底层搜索运行平台和上层软件系统构成。

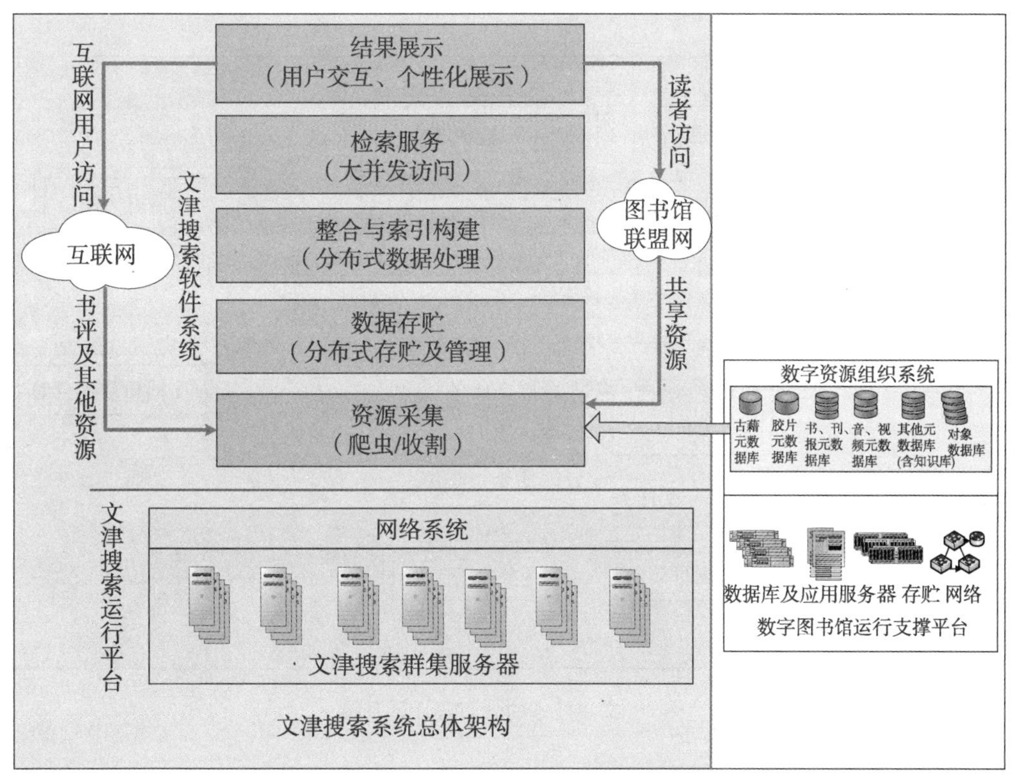

图 1 文津搜索系统总体架构

底层运行平台由数百台 PC 服务器和数台 Unix 小型机构成的集群,能有效支撑高并发检索请求。文津搜索运行平台还涵盖了包括机柜、交换机、防火墙等在内的整体硬件解决方案以保证数百台服务器协同工作。

软件系统包括资源采集、数据存储、整合与索引构建、检索服务和结果展示五大部分。

3 文津搜索系统关键技术

3.1 分布式基础架构

文津搜索系统是基于 Hadoop 技术构建的分布式基础架构,用于实现大数据存储和分布式计算。Hadoop 框架最核心的设计就是:HDFS 和 MapReduce。HDFS 是分布式文件系统,主要是为海量数据提供了存储,MapReduce 则为海量的数据提供了计算。

文津搜索系统通过48台PC服务器构成的HDFS集群来实现大规模数据的存储，并与Map/Reduce紧密集成，保障数据存储的高并发、高吞吐量指标。

文津搜索系统使用Hadoop自带的MapReduce分布式计算框架，进行大数据计算，可以完成文档重要性计算、索引构建、数据挖掘等大规模计算，保证文津搜索的检索质量。同时可以完成用户行为统计、资源推荐等数据统计和挖掘计算等方面的工作。

图2为文津搜索的分布式计算系统，它由分布式计算基础平台和基于其上的数据分析系统组成。

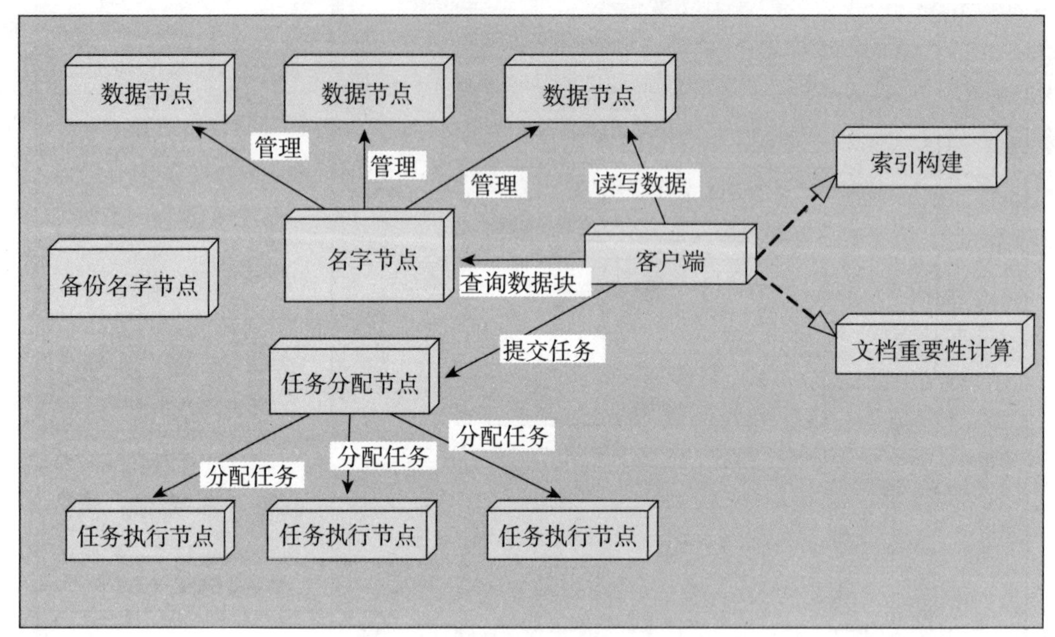

图2　文津搜索的分布式计算系统

3.2　核心搜索架构

文津搜索系统检索模块由检索内核和基于该检索内核的检索服务调度系统组成。检索服务调度系统负责分发用户检索请求到检索内核，拿到检索内核返回的检索结果后，进行去重、归并，并把结果返回到客户端展示界面。

文津搜索系统的检索内核系统部分如图3所示，检索内核系统通过外部接口接收检索请求，由检索处理器协调分词模块、检索内核模块、结果打分模块和摘要服务模块，最终生成检索结果列表。

图4为检索服务调度系统架构图。每台核心搜索集群中的服务器相当于该服务器所对应这一部分数据的搜索引擎。系统将查询请求发送到每台搜索服务器，每台搜索服务器返回检索结果及结果所对应的分数，最后合并为一个相关排序表，然后返还给前端展示页面。检索调度系统中，缓存服务采用的是Memcached分布式缓存集群系统。

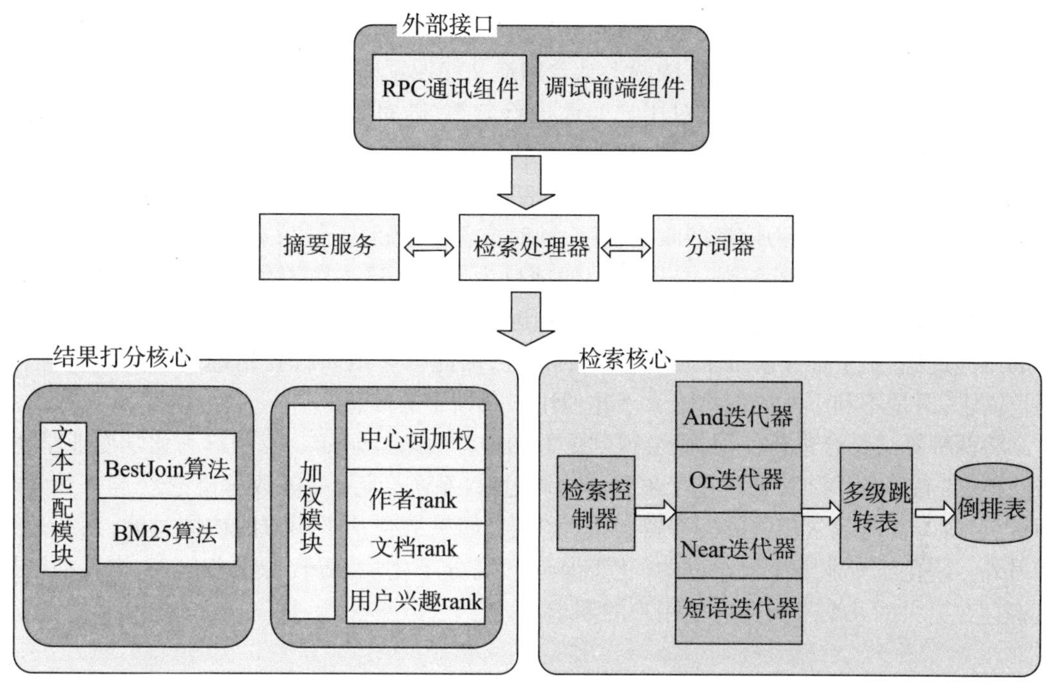

图3　文津搜索系统检索内核系统

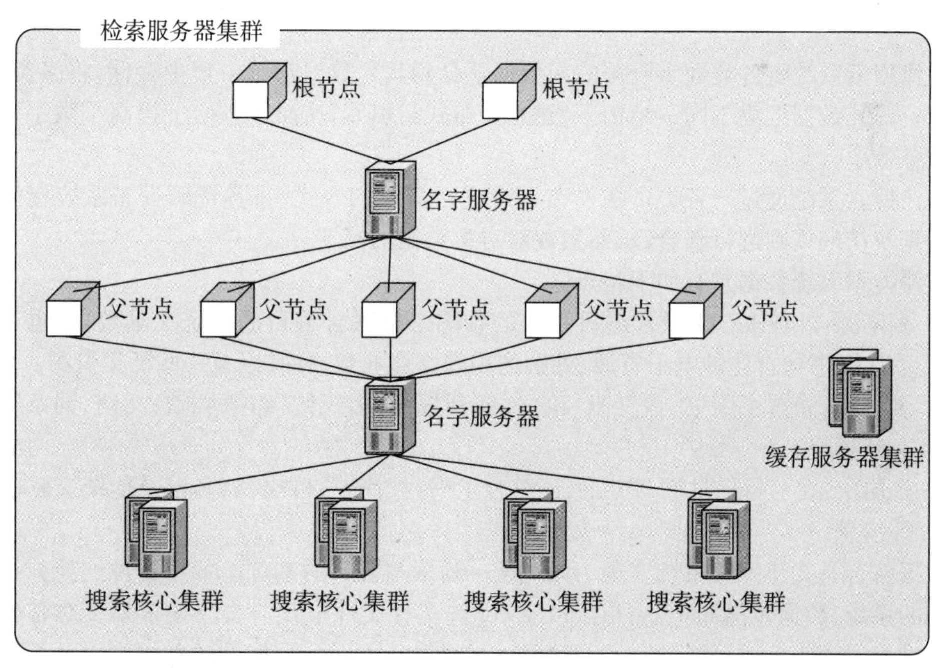

图4　检索服务调度系统架构图

3.3　数据挖掘

数据挖掘当前主流的技术主要有：分类、聚类、关联性分析、预测分析、偏差检测等。

Amazon、Google 等网站均使用了协同过滤推荐技术，文津搜索系统将基于用户的协同过滤算法和基于项目的协同过滤算法两者结合构造文津搜索的数据挖掘。

基于用户的协同过滤算法，对用户属性进行分类，进而根据结果寻找最接近的用户，最终根据最接近的属性集合为用户进行推荐。利用基于用户的协同过滤算法进行资源推荐时，需要对资源的使用情况进行分析，得到代表用户使用偏好的属性集合，而这一过程往往决定于系统对于用户行为信息的收集程度，同时推荐结果较为随机，有一定的不准确性。

基于项目的协同过滤算法，是以推荐的项目为基础。这些资源集合由系统预先分为若干类别，然后计算出与用户经常使用的资源相近的资源集合，进而向用户进行推荐。基于项目的协同过滤，由于推荐来自于资源本身的特性，因此推荐结果较为精确，较容易准确把握用户需求，但是不利于发掘一些隐含于相似用户属性中的信息。

将两种算法结合进行使用，则会得到更好的推荐效果。例如一位用户为化学专业学生，当他检索"高等数学"时，通过基于项目的协同过滤，系统会将《高等数学概论》《高等数学名师指点》等与高等数学相关的一些资料推荐出来，如果结合基于用户的协同过滤，系统还会将另外一些化学专业学生检索过的《化工原理》《高分子化学》等资源推荐出来，推荐的结果集将存在更大的几率来契合这位用户的需求。

4 文津搜索资源发现核心实现

4.1 数据基础及整合方式

文津搜索系统将各类数字资源的元数据整合到其元数据仓储中集中存储，将多类、异构的数字资源元数据汇集于同一结构下，建立分布式索引库，从而从本质上提高了数字资源发现的服务效率。

文津搜索系统通过与各类资源发布系统进行对接的方式，将各资源发布系统资源库的链接数据及访问规则进行整合，从而实现对对象数据的揭示。

文津搜索系统数据具有如下特点：

- 多来源：既有来自于联合编目系统的各图书馆联合编目的传统文献数据，也有国家数字图书馆自建的电子资源、外购的中外文商业数据库，以及一些征集资源。
- 多类型：涵盖了图书、古文献、论文、期刊报纸、多媒体、缩微文献、文档、词条等多种文献类型。
- 多层次：在书目信息的基础上，还整合了书封、摘要、目次、篇名以及传统文献的馆藏等信息。

数据整合是文津搜索系统实现一站式统一检索与服务的基础。数字资源的元数据来源于不同的系统，数据包括 marc、mdb、xml、excel 等多种文件格式。文津搜索系统对各种类型的数据进行了深入分析，制定统一的元数据元素模板、不同元数据的映射规则以及不同对象数据的挂接规则，在此基础上建立了一套完备的数据整合方案，实现了对不同来源、不同类型、不同格式的数字资源元数据的整合，并实现与对象数据资源库的无缝衔接。

元数据整合包括系统外的数据预处理，以及灌装到系统后的数据查重、数据整合、建立关联、生成索引等，工作流程如下所示：

文津搜索系统目前已经整合了国家数字图书馆自建资源、外购资源、征集资源共 100 多个电子资源库,以及联合编目中心的传统文献数据,共在本地集中存储了2亿9千万条元数据。

在中文资源方面,文津搜索系统覆盖了大部分的中文资源,其中自建资源有中文图书、博士论文、民国文献、地方志、古籍文献、各类资源库及网络信息资源等;外购的资源有清华同方、维普、万方、方正阿帕比、龙源期刊网、北京法意、国研网等众多资源服务商提供的资源库。

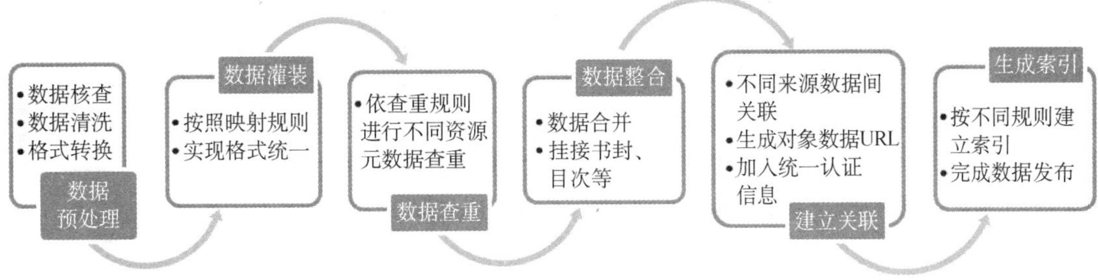

图5　元数据整合工作流程

在外文资源方面,文津搜索整合了以下数据库:EAI美国早期印刷品、Emerald Ebook Series、ECCO 18世纪文献在线(ECCOI、ECCOII)、EEBO早期英文图书在线(ProQuest)、MOMW现代经济之路(GALE)、MOML现代法律之路(GALE)、NetLibrary电子图书、ProQuest Dissertations & Theses学位论文全文库、美国国会文献集(USCSS)、Oxford University Press Journals牛津大学出版社期刊、SAGE全国授权回溯库、Dclassified Documents Reference System(DDRS)解密档案参考系统(GALE)、KluwerLaw Online法律在线资源库。

此外,文津搜索系统还整合了联合编目中心的书目数据和馆藏数据,并对这些数据进行定期更新。

文津搜索系统同时整合了部分地方征集特色资源库,包括地方志、地方视频资料、地方民国文献、地方非物质遗产、地方馆馆藏特色资源、少数民族资源、征集年画、老照片、家谱和少年儿童资源等。

文津搜索系统具备海量资源的整合能力,不仅覆盖了国家图书馆的资源,未来还将继续整合更多图书馆的资源,丰富资源类型,扩充资源数量,实现海量数字资源的整合与揭示。

4.2　多来源资源库统一认证

文津搜索系统与国家图书馆的统一用户系统相结合,实现了对多来源资源库的统一认证与权限控制,从而使用户能够根据自己的实际需求,享受多层次的数据资源服务。

读者无需登录即可检索、了解传统文献或数字资源的描述信息,注册为国家图书馆的用户,登录后可进一步对检索到的数字资源"在线阅读"或"下载全文"。

文津搜索系统挂接的统一实名用户库由中心节点、省级分中心节点和多级地方节点组成,汇集了来自全国的实名读者数据,从而使文津搜索系统的实名用户遍及全国33个省、市、自治区,并覆盖至香港、澳门特别行政区,此外还有大量的海外用户。

通过与统一用户系统的对接,文津搜索实现了单点登录和身份认证功能,对不同类型的读者进行不同的访问权限控制,不同用户在文津搜索系统中能够访问的各类资源库数量不同。

读者在文津搜索系统登录成功后,可直接访问挂接系统。通过建立 Ticket(用户票据)的方式实现单点登录,登录后读者的 Ticket 信息将以 cookie 形式记录在浏览器中,在各系统间传送,从而实现了跨域的身份信息识别。不需进行重复登录。

文津搜索系统通过与自建及外购的多个资源库系统对接,实现对各资源库对象数据的揭示。在文津搜索系统中检索到所需资源的结果集后,可以选择浏览某一资源的详细信息,但如果需要进一步对选定资源“在线阅读”或“下载全文”,则系统会直接跳转到外联资源库系统的详情页,供读者完成后续操作。为了使读者无需再次登录即可获取对象数据,文津搜索协同各个资源库系统开发了专有的接口,支持到外联系统中间页面的跳转,实现了深层次的统一认证。

文津搜索集成了联合编目的书目数据和地方馆馆藏数据,通过链接到地方馆的 OPAC 系统,实现对传统文献馆藏信息的进一步揭示。通过与国图 OPAC 系统的统一认证,读者在文津搜索系统搜索到所需的传统文献时,可以直接跳转的国图 OPAC 系统,无需再次登录即可查看所需文献的馆藏信息以及读者的借还书等信息。

文津搜索系统通过统一用户认证,全面实现对资源的控制。

4.3 软硬件结合实现远程资源访问

文津搜索系统实现了对各类资源元数据的集中管理和统一检索,而对于对象数据,则采用软硬件结合的方式建立各种渠道,通过多种技术手段来完成对远程资源的访问与获取。对于自建资源,国图有专门的发布与服务系统进行发布;对于外购资源,资源商开通访问权限,提供对其资源网站的访问,或在国图设立镜像资源库供用户访问。文津搜索系统通过与国图发布与服务系统及各外购资源库系统的无缝连接,在版权允许的范围之内,将自建资源和外购资源提供给互联网用户使用。

文津搜索系统接入的外购资源可分为 VPN 授权资源、SAML 资源和局域网访问资源。其中 VPN 集成方式可细分为 3 层和 7 层两种。

VPN 方式接入:利用国图的 VPN 系统将用户访问地址转换为国图内网地址再访问数据库资源,同时认证用户的用户名、密码、权限等级等对用户进行资源访问控制。

SAML 方式接入:数据库厂商通过集成统一用户管理系统提供的 JAR 包程序,通过认证用户的用户名、密码、权限等级等对用户进行资源访问控制的数据库。

SAML 方式优点在于不受限于网络环境、软件插件等,稳定性高,因此多采用 SAML 方式集成资源数据库;但由于客观因素和条约限制,对于一些外文资源采用 VPN 方式进行集成。

文津搜索系统通过 IP 地址对读者是馆内用户还是馆外用户进行判断。馆内用户可获取自建资源、VPN 授权资源、SAML 资源和局域网访问资源的全文,馆外用户不可获取局域网访问资源的全文。此外,不同的读者类型在文津搜索系统中能够访问的各类资源库数量不同。

文津搜索系统对读者是否登录、读者类型、访问地点、资源授权和接入方式等进行不同情况权限控制策略设计,确定资源访问 URL 的初始和改写规则,实现馆内外不同类型用户对分布于馆内外的不同资源的远程访问和权限控制。远程资源访问流程见图 6:

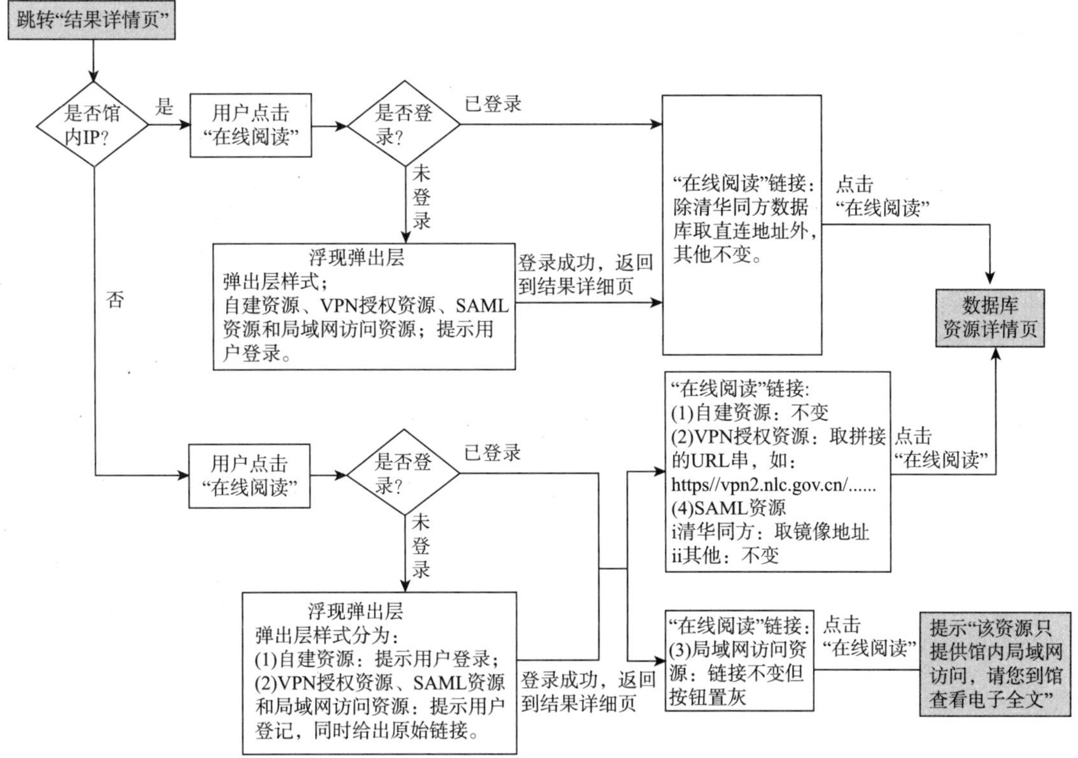

图 6　远程资源访问流程图

5　文津搜索特色功能

5.1　高效智能的检索揭示

文津搜索利用先进的分布式索引，制定高效的数据和索引更新机制，在满足检索结果时效性的同时，保证大并发压力下的响应能力。系统架构具有扩展能力，当数据量增加和并发数增大时，可以通过增加服务器的方式来保证性能。

文津搜索基于资源引用和热度统计等因子对检索结果进行排序，保证读者得到高质量的检索结果；提示热门搜索词为读者提供搜索建议；提供搜索热词榜以及检索标签云；通过导航栏设置可对检索结果进行过滤并进行分类导航。此外，还可将检索结果分享到新浪微博、腾讯微博等。

5.2　联合编目数据的应用

文津搜索集成了联合编目的书目数据和地方馆馆藏信息。系统在提供书目数据的同时，提供该书在全国各个图书馆的收藏情况和服务信息。

馆藏地信息可通过中国地图可视化展示。同时，文津搜索系统还可以根据用户的 IP 地址，将地方馆地理属性和用户的地理属性相关联，为用户提供地理上最近的图书馆相关信息。

5.3 列表页汇聚展示

在文津搜索系统汇集的众多数字资源中,有一些资源的元数据具有相同的关键字段,如题名等字段,但其他字段不同。例如,不同出版社发行的不同版本但题名相同的图书;题名相同但载体不同的音频、视频和电子书。这些资源都有自己的元数据,如果不做聚合处理,内容相似的数据在检索结果中会以多条的形式罗列出来,不易于用户的浏览。

在文津搜索中,对检索结果中的数据按照一定的规则进行汇聚。实现多版本聚合后,在文津搜索的检索结果列表中,只展现排序第一条的检索结果。对于汇聚了多条数据的检索结果项,会提供"查看其他版本或格式"按键,点击该按键,会在新页面中展示这些内容相同版本或载体不同的数字资源。

5.4 数据挖掘技术的应用

文津搜索系统利用数据挖掘技术,分析用户检索行为,建立基于元数据的文献相似模型,为用户提供相关文献推荐和相似文献推荐功能。当用户检索数据并选取某一条元数据进行浏览时,在结果详情页中,会为用户智能化地推荐相似资源和相关资源。

- 相关文献推荐:根据资源的题名和关键字进行搜索和匹配,把搜索到的文献根据相关度进行排序,把相关度较高的文献拿出一部分向用户进行推荐,利用搜索引擎的搜索功能完成,如谷歌和 Bing 即是以这种方式实现的。
- 相似文献推荐:利用用户检索行为挖掘元数据之间的关联关系。通过收集用户的行为,对常用用户建立相应的行为轨迹记录,并在此基础上生成用户对资源进行评分的数据模型,最后根据数据模型进行协同过滤的推荐。

5.5 服务系统的整合

文津搜索系统整合了国家数字图书馆的多个应用系统。用户通过文津搜索找到所需资源时,可以直接获得针对该资源的各种跨系统的服务。

- 通过与国家数字图书馆统一用户管理系统集成,实现用户身份认证和单点登录。
- 将 MetaLib 系统集成到系统中,提供联邦检索功能,获取更多的数据信息。
- 无缝整合国家图书馆 OPAC 检索系统,可以进行文献的预约、续借等操作,还可以获取文献的架位导航信息。
- 与国家图书馆发布与服务系统及大部分主流外购数据库系统集成,无需再登录即可直接获取全文。
- 与馆际互借和文献传递系统整合,为资源的获取提供多种途径。
- 与全国联合编目系统存在数据交互,定期获取书目数据和馆藏数据。
- 与唯一标识符系统相连,实现唯一标识符在文津搜索系统中的应用

5.6 多样化的系统复用模式

文津搜索系统可提供数字图书馆云检索服务,可在各地图书馆部署、复用。文津搜索系统在部署复用方面提供了三种模式:

- 分馆、联盟馆的元数据都纳入文献搜索系统中进行统一检索揭示。

- 系统提供了数据检索的后台接口服务,供分馆、联盟馆或其他应用系统调用,以获取文津搜索系统所提供的定制搜索服务,从而实现文津的 LOCAL 检索功能。
- 同时文津搜索系统还可以伸缩部署到某个独立的分馆或联盟馆中。

5.7 智能化的集群动态部署

当文津搜索系统集群中出现节点故障时,集群管理软件可以自动将故障节点的工作任务分配到另外节点上。系统还可以根据文津搜索的服务运行情况,动态增减集群节点的数量,如在用户访问量较小时,可以关闭若干台服务器,节约运行能耗;在检索量比较大的时候,再动态增加服务器的数量,提高系统的整体服务能力。

6 文津搜索资源深化之路

作为资源发现系统,数字资源对于文津搜索至关重要。国家图书馆于 2014 年开始进行文献资源整合工作,对馆藏元数据进行质量完善,增加数字资源特征加强分类体系建设,利用国内外先进理念与技术,加大元数据的规范化建设,加强资源的开放性与共享性,实现对资源的深层揭示与有效组织。

结合文献资源整合,文津搜索将在大量规范化、格式化的数据基础上,对基础元数据进行分析和组织,建立元数据间的关联关系,确定作品、作者和主题各自和相互间的关联规则。发现数据间有用知识,构建一个内容相互关联、多维度、多层次的数据关联体系。生成关联关系数据库,奠定资源深层次揭示与展示的基础。

关联关系数据库的生成逻辑如图 7 所示。将元数据中的元素(题名、作者、主题词等),

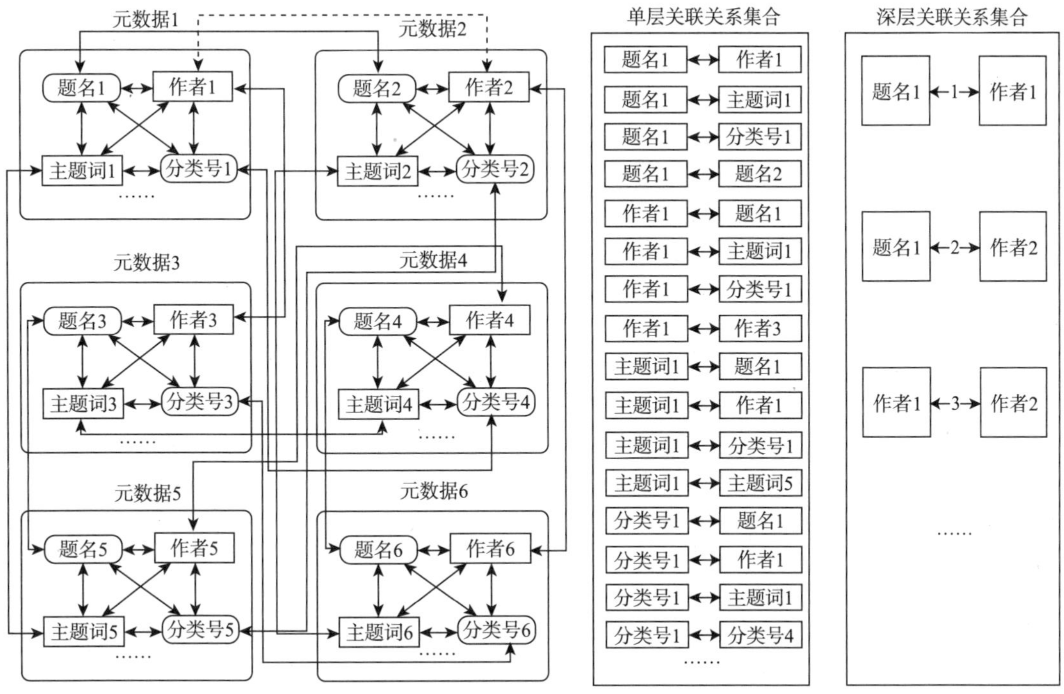

图 7 关联关系数据库生成逻辑

所有直接存在的关联抽出来,形成单层关联关系集合,并将该集合中的数据定义为关联度为1的关联。关联度是用来描述元素间关联关系的强弱或者远近,数值越大表明关系越弱。在该集合基础上,按照一定规则,计算所有元素间的关联度,大于一定数值的关联,由于关联关系太弱,系统自动舍弃,如此形成深层关联关系集合。

在关联关系数据库基础上,按照学科、专题、主题、内容形式、媒体类型、时间轴、地域、用户群体等维度,对资源进行多维度可视化展示,实现数据的聚合与关联,从而为读者提供全新的资源揭示与展现方式,实现对读者的个性化、定制化、精确化服务。

7 结语

文津搜索一方面将不断扩大范围整合海量资源元数据,实现多来源资源的统一认证,横向扩展资源揭示与服务的范围;另一方面将对所整合资源持续进行深度分析、组织与挖掘,加强知识的聚合与展示,纵向加大资源揭示与服务的深度,以更为生动活泼的方式,将资源展示给人们。

参考文献

[1]Serial Solution Announces Summon, a new unified discovery interface[EB/OL]. [2011 - 10 - 25]. http://www.libraryjournal.com/article/CA6630537.html.

[2]窦天芳. 数据服务的基础,探索和展望——清华大学发现系统调研分析和探索实践[EB/OL]. [2011 - 10 - 25]. http://v.youku.com/v_show/id_XMjk3NTOPNjMy.html.

[3]聂华. 图书馆资源的便捷发现与深度整合[EB/OL]. [2011 - 10 - 25]. http://v.youku.com/v_show/id_XMjk3NTMxMDQ0.html.

[4]王芳,张晓林. 元搜索技术:原理与应用[J]. 现代图书情报技术,1996(6).

[5]徐子沣. 大数据:正在到来的数据革命,以及它如何改变政府、商业与我们的生活[M]. 桂林:广西师范大学出版社,2012.

国内使用的资源发现系统比较*

李 琴 杨 辉 张海芸 左瑞玲(中国石油大学图书馆)

图书馆的文献资源来自于多家出版机构,文献类型、数据格式和全文存储格式均存在较大差异,虽然各个数据库出版机构都做了自己的整合平台,但是在不同出版机构的数据之间进行统一检索仍然存在困难。图书馆使用的一些文献检索系统存在效率低、资源揭示不深入等诸多问题。有些系统检索方式较复杂,造成新用户使用系统困难。由于以上种种原因,不少用户宁愿使用搜索引擎,也不愿使用图书馆的专业文献检索系统。

随着数字资源量的剧增,用户对多种文献资源统一检索的需求日益增强。为了提高检索效率和知识搜索的深度,系统开发商对各个出版机构提供的元数据进行了分析、整理、数据合成,开发了基于大规模合成元数据的资源发现系统,也称知识发现系统。资源发现系统实现了对文献信息资源进行深入检索、对知识进行深度挖掘的功能。资源发现系统比跨库检索系统具有检索更快捷、知识挖掘更深入、检索方式更灵活、获取信息量更大等优点,因此,资源发现系统虽然出现的时间不长,却已经得到了很多用户的认可[1-6]。

目前,国内图书馆使用的资源发现系统主要有四家:Proquest 旗下的 Serials Solution 公司开发的 Summon 系统,国内用户以北京大学、西安交大和浙江大学为代表;以色列 Ex Libris 公司推出的 Primo Central,国内用户以清华大学和上海交大为代表;EBSCO Publishing 与南京数字图书馆公司联合开发的 EDS 国内版本 EDS find + 系统,国内用户有中南大学,多家图书馆在试用;超星知识发现系统是国内自主研发的资源发现系统,国内多家图书馆采用了该系统[7-10]。

1 文献量比较

为了比较几个资源发现系统的优势与不足,分别采用中、英文对“石油”和“页岩气”两个检索词进行了检索。

“石油”在各个资源发现系统的检索结果(图 1,表 1)对比分析表明,超星知识发现系统获取的文献总量最大,其次是 EDS find + 系统,超星获得的文献总量是 EDS 的 2.44 倍。北大 Summon 系统和清华的 Primo 系统文献量比较接近,不足 EDS find + 的一半。

对四个资源发现系统获得的期刊论文的数量进行比较,可以发现仍然是超星知识发现系统的文献量最大,其次是 EDS find + 系统。值得注意的是,期刊论文数量并不像文献总量的差距那么大,超星的期刊论文是 EDS find + 系统的 1.42 倍。差距变小的主要原因在于超星知识发现系统中获取的中文报纸的文献量较大,是 EDS find + 系统的两倍,并且图书的量是 EDS find + 系统的三倍。

* 本文系项目“中国石油大学(华东)2012 年度高等教育研究课题”(项目编号:GJKT201204)研究成果之一。

表1　检索词“石油”在四个资源发现系统中的检索结果　　（单位：条）

系统	超星发现	Primo	EDS find +	Summon
全部文献	4 077 220	567 058	1 668 197	539 544
全文数量	不统计	479 240	不统计	不统计
期刊论文	2 120 853	555 913	1 496 872	515 635
图书	23 395	10 861	8314	3575
报纸	1 707 434	无此类	89 264	3
会议论文	50 274	无此类	42 516	110
学位论文	70 626	1108	30 156	220
多媒体视频	5341	20	1	134

注：清华的发现系统文章不区分会议论文与期刊论文。

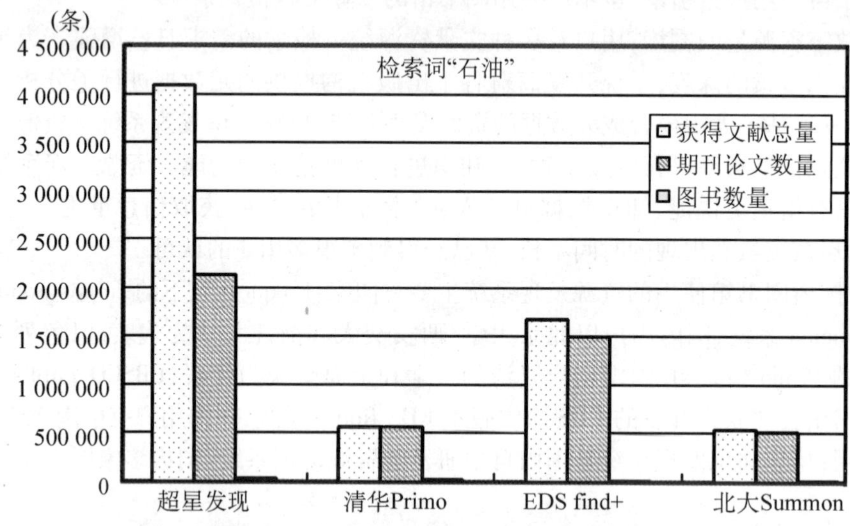

图1　检索词“石油”在四家发现系统中的检索结果对比图

对“页岩气”检索获得的文献量（图2，表2）分析表明，超星发现系统获取的文献总量在四家发现系统中最大，其次是EDS find + 系统，北大Summon系统与EDS find + 系统比较接近。超星发现系统、EDS find + 系统和Summon系统获得期刊论文的数量接近，清华的Primo系统获得文献最少。超星发现系统获得的文献中，报纸文章竟然占了70%之多。

表2　检索词“页岩气”在四个资源发现系统中的检索结果　　（单位：条）

系统	超星发现	Primo	EDS find +	Summon
全部文献量	18 894	1978	6404	5905
全文数量	不统计	1708	不统计	不统计
期刊论文	5383	1500	5164	5414
图书	18	478	11	7
报纸	13 236	0	1071	1
会议论文	99	无此类	0	0
学位论文	54	6	47	0
多媒体视频	18 894	0	0	0

注：北大的多媒体细分为讲座、电影、节目等。

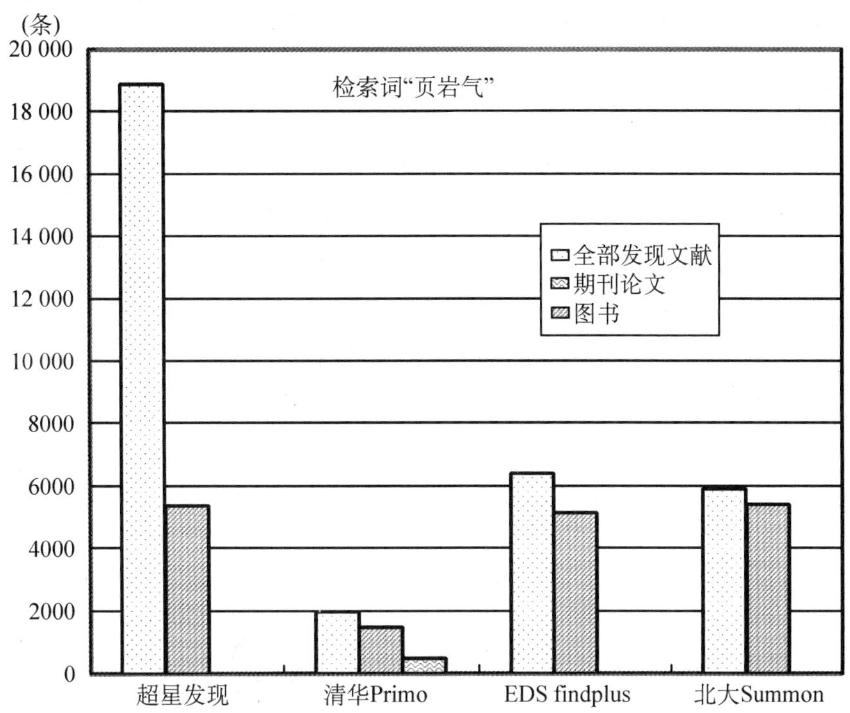

图 2　检索词"页岩气"在四家发现系统中的检索结果对比图

EDS find + 系统对于中文和外文是分别检索的，没有综合数据。检索结果对中、外文文献的分类方法不同，外文分类较细，报纸新闻是一类，具有报告、学术期刊、杂志、音频、视频等，中文分硕士学位论文、博士学位论文，外文不具有作者和学位论文的类别。

对比检索词"Petroleum"在四个资源发现系统中检索获得的文献数量（图 3，表 3）可知，超星在外文文献方面与其他三个系统差距悬殊，完全不具备可比性，原因在于超星知识发现系统的元数据中尚未加入外文资源，与国外的数据库合作尚未完成。另外三家系统中 EDS find + 系统的文献量最大，是清华 Primo 系统的 1.66 倍。而期刊论文方面，清华 Primo 系统和中南的 EDS find + 系统文献量接近，EDS 系统稍微多一点，而北大的 Summon 系统文献量比 Primo 和 EDS find + 系统少很多。

表 3　检索词"Petroleum"在四家发现系统中的检索结果　　（单位：条）

系统	超星	Primo	EDS find +	Summon
全部文献	18 045	3 083 198	5 106 583	2 694 689
全文	不统计	1 407 134	不统计	不统计
期刊论文	13 794	1 060 136	1 125 940	638 134
图书	55	25 361	68 065	15 683
报纸文章	899	1 902 247	1 579 160	1 733 671
会议论文	1064	无此类	51 444	33 152
学位论文	210	3234	1288	41 360
多媒体	37	0	0	0

注：清华的发现系统文章不区分会议论文与期刊论文，合并为文章，统计到期刊论文中。

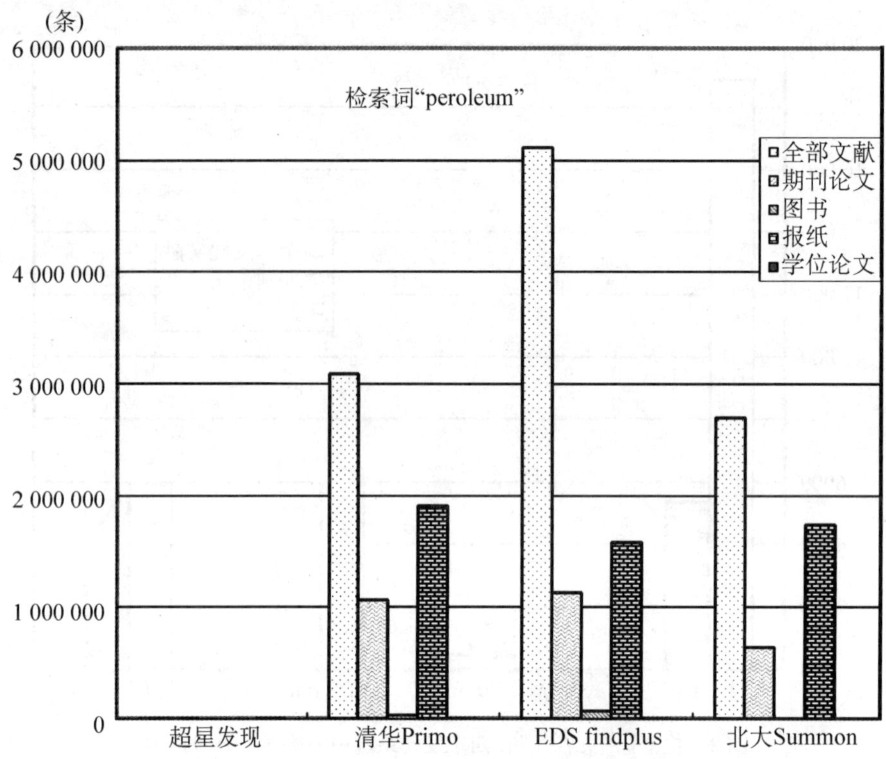

图3　检索词“Petroleum”在四家发现系统中的检索结果对比图

对检索词“shale gas”的检索结果(图4,表4)与“Petroleum”的检索结果相比较仍是EDS find+系统获得文献最多,且期刊文献量明显比北大、清华采用的两个系统多,不同的是北大summon系统获得的文献总量明显比清华primo系统多,且期刊论文量也稍多。

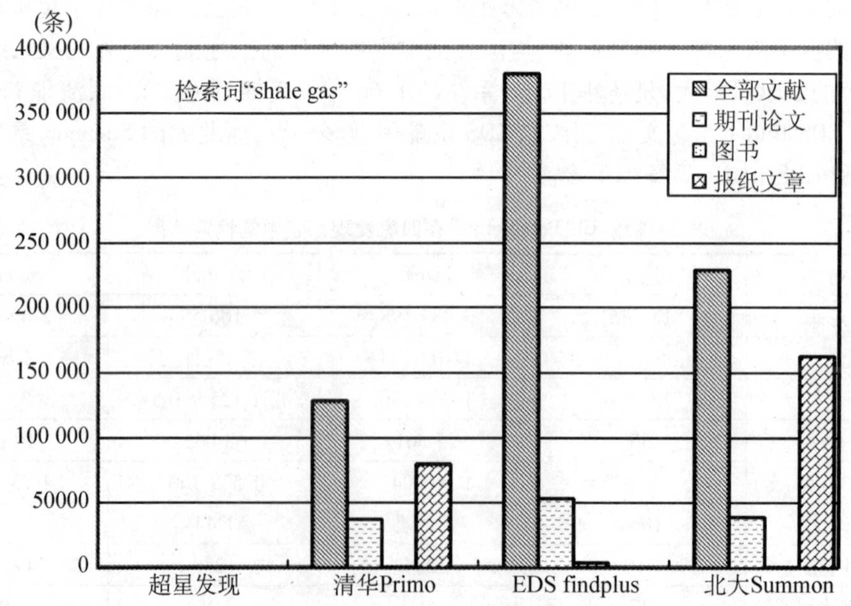

图4　检索词“shale gas”在四家发现系统中的检索结果对比图

表 4 检索词"Shale gas"在四个资源发现系统中的检索结果 （单位：条）

系统	超星	Primo	EDS find +	Summon
全部文献	360	128 268	379 328	228 466
全文	不统计	62 071	不统计	不统计
期刊论文	304	36 923	53 329	39 245
图书	0	1974	3723	1808
报纸文章	18	79 363	0	162 216
会议论文	36	无此类	824	733
学位论文	0	82	0	4260
多媒体	0	0	4	0

2 分类统计功能比较

四个资源发现系统都有分类统计功能（表 5），可以按照资源类型、关键词、作者、出版年、作者机构、学科分类、刊种等进行分类统计，具体的分类方法有些差异。北大 Summon 知识发现系统对文献类型的划分很细，包括了报告、书评、电影、视频、地图等多种类型。超星知识发现系统可对检索结果按照关键词进行聚类，聚类的关键词基于超星主题词表，从而实现了按照关键词分析文献的功能。

表 5 四家发现系统提供的分类统计功能

统计功能	超星	Primo	EDS find +	Summon
资源类型	√	√	√	√
关键词/主题	√	√	√	√
作者	√	√	√	×
出版年份	√	√	√	×
作者机构	√	×	√	×
学科分类	√	√	√	×
刊种/出版物	√	√	√	×
重要期刊	√	×	只有核心期刊	×
来源/内容提供者	×	√	√	×
出版商	×	×	√	×
语言/语种	×	√	√	√
地区	×	×	√	×
外文资源	×	×	√	×
中文资源	×	×	√	×
全文资源	×	√	×	√
检索词的概念	×	√	×	×

3 学术性比较

3.1 通过不同类型的文献量判断系统资源的学术性

系统文献的学术性可以通过超星提供的“只检索学术文章”选项筛选出文献量，和同样检索词检出的文献总量进行比较，如超星系统中检索“页岩气”获得18 894条文献，通过“只检索学术文章”过滤后只剩下6056条文献，这个数量与去掉报纸的文献量几乎一致，可见系统中仅有约三分之一的页岩气相关文献是学术性文献。这也侧面反映了页岩气属于比较新的研究热点，除了专家学者进行研究，也有很多报纸媒体进行关注。检索“石油”获得文献4 274 790，用“只检索学术文章”过滤后剩余2 446 921条，约半数为学术性文章。

EDS find + 系统没有提供“只检索学术文章”的功能选项，可以通过期刊文献量占全部文献量的比例来进行判断。四个发现系统中，超星系统的期刊论文占比最低，仅52%，EDS find + 为90%，清华 Primo 最高，为98%。

但是不同的检索词进行比较时，这一数据会有比较明显的变化，如选用了专业性比较强的检索词“储层”，则超星知识发现系统中期刊比例为63%，而报纸的比例不足0.5%，剩余的主要文献为学位论文和会议论文。EDS find + 系统中期刊比例为80%，清华 primo 最高，为99%（表6）。综合分析发现，超星知识发现系统中报纸所占的比例较高，因此，其总体学术性要比另外三个系统稍弱。

不同检索词获取的检索结果的差异也反映了四个资源发现系统所收录的文献存在学科差异。

表6 期刊在四个资源发现系统文献总量中所占比例

检索词		超星	Primo	EDS findplus	Summon
石油	全部文献（篇）	4 077 220	567 058	1 668 197	539 544
	期刊论文（篇）	2 120 853	555 913	1 496 872	515 635
	期刊/总量	52%	98%	90%	96%
储层	全部文献（篇）	78 699	32 605	53 255	53 756
	期刊论文（篇）	49 716	32 165	42 710	52 363
	期刊/总量	63%	99%	80%	97%

3.2 通过作者撰文内容的差异判断学术性

对于“页岩气”的检索发现，发文量较多的作者在各个系统中并不相同。超星知识发现系统检出文献最多的作者是张金川，总量70篇，EDS find + 系统检出最多也是张金川，总量66篇，两个系统基本一致。但是文献量最多的前八名作者中，仅有三人是重复的。

表7 “页岩气”相关文献撰文量前八位作者比较

超星作者统计	张金川	张　抗	胡文瑞	陈卫东	李玉喜	刘洪林	邹才能	王红岩
	70	30	25	24	24	22	22	21
EDS 作者统计	张金川	董大忠	聂海宽	汪　珺	程宇婕	李春莲	张　抗	李玉喜
	66	31	30	29	28	26	25	24

对比超星知识发现系统中排名第二的张抗和 EDS find + 系统排名第二的董大忠所撰写的文献。张抗的文献关于研究策略、评价、产业等方面的论文较多，发表的文献既有期刊论文，亦有报纸文章，而董大忠的文献关于页岩气的储层、成藏、潜力、分布等方面的论文较多，发表的文献绝大多数为期刊论文。从而也可以反映出 EDS find + 系统中文献学术性要比超星系统文献的学术性强。

4　系统比较结论

4.1　文献量

超星系统在中文文献收录量方面比其他系统有优势；在外文文献方面对用户几乎没有作用。EDS find + 系统在外文文献方面存在明显优势，在中文文献方面，数量上要少于超星系统。由于只有清华采用的 Primo 系统提供全文量，因此无法判断各个系统在全文量上的差异。

4.2　统计分析功能

超星系统在功能方面增加了统计数据的图形显示，对文献量的对比更形象直观；但是图形显示提供的分析功能比较有限，比如相关机构统只能提供某一主题的研究机构，并不能显示各个机构的文献量的差异。如果要对比不同机构关于某主题的文献量，可以提取数据，手工作图。尽管超星的可视化功能还不够强大，但是却是唯一一个提供图形显示分析功能的系统。

4.3　学术性

四个资源发现系统比较，清华采用的 Primo 系统最高，超星的学术性最低，超星发现系统与 EDS find + 系统相比较，EDS find + 系统的学术性要强一些。

4.4　检索结果的处理与数据更新

在超星中检索“韦丽　中国石油大学”可获得文献 9 条，其中出现了同一论文没有去重的现象。实际收录期刊论文为 7 条。说明超星在结果去重上还需要改进。在 EDS 系统中检索“韦丽　中国石油大学”的论文给出 22 条，选择作者筛选条件保留“韦丽”获得 7 条，未检索出学位论文，没有重复记录，未检出超星存重复的那条记录。超星中的重复记录是检索结果中的最新一条信息，因此，推断 EDS 的数据更新速度没有超星及时。

参考文献

[1]窦天芳,姜爱蓉.资源发现系统功能分析及应用前景[J].图书情报工作,2012(7).
[2]胡新颖.数字资源统一检索系统现状分析[J].情报探索,2010(6).
[3]陈定权,卢玉红,杨敏.图书馆资源发现系统的现状与趋势[J].图书情报工作,2012(7).
[4]窦淑庆.图书馆可视化文献检索系统研究[J].情报探索,2009(10).
[5]宋乐平.浅谈 CNKI 检索系统中"知网节"的功能[J].情报探索,2011(7).
[6]谌章俊,蒋智刚.基于数据挖掘技术的知识发现系统[J].现代情报,2007(5).
[7]孙宇,张磊,刘炜.图书馆资源发现系统选型研究[J].图书馆杂志,2013(12).
[8]包凌,蒋颖.图书馆统一资源发现系统的比较研究[J].情报资料工作,2012(5).
[9]秦鸿,钱国富,钟远薪.三种发现服务系统的比较研究[J].大学图书馆学报,2012(5).
[10]刘江玲.面向大数据的知识发现系统研究[J].情报科学,2014(3).

古典文献数字化现状与发展趋势

胡　娟　肖献军(湖南科技学院)

1　古典文献数字化取得的成果及价值

从20世纪中叶开始,IT业取得了飞速发展。其于20世纪80年代开始被引进我国古典文学研究领域,至今已有30余年,其中最突出的成果是古典文献的数字化。从最早的数字化产品“全唐诗检索系统”(中国社会科学院研制)到最近的“中国基本古籍库”(北京爱如生数字化技术研究中心研制)的完成,古典文献的数字化取得了突飞猛进的发展,“数字出版时代正在全面来临”[1],其中以下两方面成果最为突出。

首先,数字化规模越来越大。就国内而言,最先只是对单一古籍进行数字化,如《全唐诗》《红楼梦》等。虽然它们规模比较小,但开拓之功不容忽略。后来的数字化工作,只是规模不断扩大,功能不断丰富,但基本原理大致相同。接着对已有大型古籍、丛书进行了数字化。如《文渊阁四库全书》《四部丛刊》《古今图书集成》《诸子集成》等,在20世纪基本上完成了数字化的转变。这时的数字化产品不仅规模大,而且增加了许多功能,但在内容上突破不大,只是就已有丛书进行数字化,其产品也多是封闭性的。几乎在对大型丛书进行数字化的同时,今人整理的新的大型数字化产品也开始起步。他们开始动用网络的力量,在全社会范围内收集各种善本、珍本,规模比原有大型丛书更大。如“汉籍全文检索系统”“国学宝典”“中国基本古籍库”“中国方志”等,都开始于20世纪90年代,其中“汉籍全文检索系统”(v4.0版)由4个子系统组成,字数逾15.7亿;“国学宝典”收入历代典籍4000余种,总字数逾10亿,近10万卷,且每年仍以1—2亿的速度递增;“中国基本古籍库”总计收书1万种、17万卷,版本12 500个、20万卷,全文17亿字、影像1200万页,数据总量330G;“中国方志库”收录汉魏至民国历代地方志类典籍共计1万种,总计全文超过20亿字,影像超过1000万页,数据总量约400G。除了这些外,还有“国学备要”(北京国学时代传播有限公司)、“古籍全文检索库”(上海数字图书馆)等电子化产品。日本以及我国台湾、香港地区在古典文献数字化方面也取得了很大成就,“瀚典全文检索系统”“汉达古籍资料库”(香港中文大学中国文化研究所)、“全国汉籍——日本所藏中文古籍数据库”(日本京都大学人文科学研究所)等都是大型古典文献数字化产品。

其次,智能化倾向越来越强。在古典文献数字化初期,其主要功能是检索文献,一般限定在字符串检索。虽然检索方法单一,但它奠定了古典文献数字化功能的基础。后来,检索方式日渐多样化,如书名检索、作者检索、朝代检索、拼音检索、四部检索等,这些检索方式,在“四库”等大型数字化产品中的使用,给研究者提供了极大的方便。同时,除检索外,还开发出了另外一些功能,如,在数据库中加入联机字典、词典,可以随时查阅古文献中字词的读音与解释,以减轻古文献阅读者的难度。另外,有些数据库还有标签或批注功能,有利于阅读者把一些重要资料随时记下来。再后来,研发者不再满足于文献的检索和字频的统计,而是力图研发出与人脑接近的计算机程序，通过建立各种形式的语料库(corpus)，并把它们植入计算机中，以达到分析、研究一些复杂问题的目的。如，北大李铎博士的"全唐诗电子检索系统"不仅具有多种检索方式，而且还能对全唐诗的用韵进行分析，通过这个系统，可以较快辨别哪些是古体诗，哪些是近体诗，这在古籍数字化方面是个有益的尝试。

古典文献数字化取得了巨大的成果，这些成果对于古典文献研究的学者而言，具有重大意义，它不仅意味着检索的方便，而且随着人工智能技术的发展，"凭借电子文献的便利而做穷尽式研究，也是过去所不敢想的"[2]。具体说来，学者将在以下三个方面受益于古典文献的数字化。

其一，珍藏文献的普及。以《四库全书》为例，目前，《四库全书》原本只存三套半，即文渊阁本、文溯阁本、文津阁本和文澜阁本(半套)。后虽出现了《四库全书》的影印本，但个人无法承担昂贵的价格和庞大的贮存空间，只能见于规模较大的图书馆。1999 年香港迪志文化出版有限公司分别与上海人民出版社及香港中文大学在中国内地及香港出版发行了文渊阁本《四库全书》电子版后，只要有一台电脑，《四库全书》就可以为自己拥有。而且，在数字化过程中还将"影印本"和"整理排印本"统一起来，"这是充分张扬数字化产品优势的举措，它不仅给不同需求的人带来了利用上的方便，而且为古籍保存、善本留真开辟了新途径"[3]。如果说《四库全书》因为有影印本而较易得，"中国基本古籍库"开发的价值则更大，该数据库利用各种社会力量，把分散于全国各地的珍本、善本聚集在一起，并进行数字化，这给古典文献的研究者带来极大的方便。

其二，研究效率的提高。对于过去的学者而言，资料的汇编和典籍索引的编撰是极需要时间和功底的事情。如，叶圣陶先生为了检索十三经经文的方便，花了十年时间编撰了《十三经索引》。在当时看来，这是件功德无量的事，然而放到今天，则价值大为下降。因为通过对电子版《十三经》的检索，不仅能够查出某个词条的位置，还能显示与该词条相关的原文，且通过电脑的检索比通过索引的检索速度更快、更准确。另外，过去学者对某个作家作品做笺注、集注和汇评，可能会花费数十年时间，如今这一时间大为缩短了，这同样源于数字化古籍的使用。如，对韩愈某篇作品作集注，只需在《中国基本古籍库》中输入韩愈的作品名称，则不仅能检索出韩愈的这篇作品，而且对于唐后历代给韩愈作品做注解及阐释的著作都能检索出来。如果用人工，恐怕不是一朝一夕能够完成的。可见，古典文献的数字化成果给传统的古典文献研究提供了极大的方便。

其三，研究领域的开拓。古典文献的数字化会使得一些传统研究价值下降，甚至会变得毫无意义，但同时也会开辟出一些新的领域。古典文献数字化本身就是古典文献研究的一个新领域。古典文献的数字化虽然与 IT 人员分不开，但它毕竟是专业化的数字化，需要大量的古典文献研究人员从事文字的录入与校勘，以保证数字化产品的质量。除此之外，古典文献语料库的建立及古典文献数字化的发展前景、方向都离不开古典文献研究者的论证。可以说，在当今形式下，古典文献数字化对于古典文献研究者而言，是一个极富挑战性而又极有价值的研究领域。同时，利用数字化的古典文献还可以开发其他新的研究领域或者使学者的研究更精确、更有价值。如，深圳大学开发的"红楼梦全文数据库"分 30 多个专题，200 多个项目检索，通过系统，可以轻易获得《红楼梦》中人物的档案及活动情况，而且还可以检索到有关政治、哲学、艺术、法律、经济等方面的情况。这些专题和项目，很多是以前红学研究者没有涉及的，或者说虽想涉及但却没有能力涉及的。"红楼梦全文数据库"的成功开发,开拓了红学研究的新领域,对于红学研究者而言,无疑提供了极大的帮助。

可以说,古典文献的数字化给古典文献研究领域带来了一场巨大的革命,这不只是工具意义上的革命,而是从研究的形式到研究内容上的一场彻底的革命。古典文献研究在古典文献数字化的冲击下,正在悄悄发生质的改变。

2 古典文献数字化存在的问题

虽然古典文献的数字化取得了令人瞩目的成就,对古典文献研究的影响也越来越大,然而,与其他领域相比,古典文献的数字化远不完善,还存在着诸多的问题,这些问题表现在以下几个方面。

一是重复建设现象严重。古典文献数字化是一项费时、费力的工程,特别是文字的输入与校对,即使有一定的辅助工具可以利用,也需耗费大量的财力物力,一些大型古籍数字化更是如此。这里以《四库全书》数字化为例来说明这个问题,目前,对《四库全书》数字化的有湖南电子音像出版社、岳麓书社和湖南华天集团合作研制的“文渊阁四库全书”;济南汇文科技开发中心研制,由武汉大学出版社出版的电子版《四库全书》;香港迪志文化发展公司、北京书同文公司及上海人民出版社共同联合开发的电子版《文渊阁四库全书》等[4],《四库全书》的数字化不是一项小工程,如果没有特别的创新性,完全没有必要进行如此多的重复建设。《四库全书》是如此,更别说规模比《四库全书》小许多的《全唐诗》《二十四史》等的数字化了。由重复建设带来的不仅是人力、物力的浪费,而且还导致了电子化过程中出现的一些粗制滥造现象。有的部门或单位一味追求数量和规模,数字化过程实际上变成了复制他人成果的过程。然而,由于字库的不同,同时又疏于校对,导致了数字化古籍错误百出,严重影响了电子出版物的可信性与权威性,致使不少学者认为,引用数字化古籍而不校对原籍,是研究工作极不负责的表现。

二是数字化与古典文献研究脱节。20 世纪古典文献的数字化功能主要体现在文献的保存和文献的检索,这种功能与当时学者注重对文献本体的研究相匹配。但随着研究不断深入,这种纯文献研究变得难以为继了,于是有些学者开始把研究的视角由以文献本体转换到文献与地域、民族等方面相结合上来。任何文献资料都是属于特定地域和特定民族的,而且,相对于从文献本体角度的研究而言,从地域或民族的角度研究古典文献具有更大的现实价值。以摩崖石刻为例,20 世纪,研究者把更多的精力放在了整理和考证上。进入到 21 世纪,研究发生了较大改变,学者把更多精力集中在摩崖石刻的开发利用上,更多关注摩崖石刻对当今地方文化、旅游等方面建设的影响。古典文献研究方向发生了改变,但是古典文献数字化方向却没有发生改变,依然把绝大部分精力放在了文献整理上,这导致学者在研究过程中不能迅速获取研究所需资料。相反,随着古典文献数字化规模越来越大,学者想要梳理出一条较有价值的材料来,花费的时间比以前更多了。

三是极少体现当今学者研究成果。我们为什么要整理古典文献,目的有多方面。如,数字化了的古典文献更有利于保存。《四库全书》在成书之时,花了近 10 年的时间才完成 7 部的誊录,而且还不得不用专门的书库保存它们,然而经过数字化后,这种大型丛书变得唾手可得了。但古典文献数字化的主要目的,还是为研究者服务。这就涉及一个问题,当今学者在古典文献方面研究的一些成果,是不是应该包含在古典文献数字化的任务中?对于这个问题,从古籍数字化的现有成果看,绝大部分都不包含当今学者在古典文学领域所取得的成果。之所以出现这种现状,原因是多方面的,如古典文献的界定问题、版权的归属问题等。其实,我们不必太在意古典文献的界定,清代研究《诗经》的著作可以收入到古典文献数字化任务中,而今天学者研究《诗经》的成果就不能收入？今人的研究成果不仅吸收了前人的研究成果,而且还由于运用了现代化的手段,研究出的成果可能比前人的更可信,对当今学者的借鉴价值更大。特别是那些具有工具性质的成果更应收入,如,今人关于刘长卿的生平及诗歌系年的主要成果有卞孝萱的《刘禹锡年谱》、瞿蜕园的《刘禹锡集笺证》、蒋维崧等的《刘禹锡诗集编年笺注》、陶敏等的《刘禹锡全集编年校注》等。对当今研究刘禹锡的学者而言,这些成果的价值远比清以前研究刘禹锡的成果价值大,因而,从古典文献数字化服务的对象看,它们理应包含在古典文献数字化的任务中。

之所以在古典文献数字化过程中还存在如此多问题,一个原因是古典文献数字化起步较晚,“有关古籍(数字化)的研究一直比较薄弱,没有经验可以照搬,只有靠努力探索”[5]。更主要的原因是我们在进行古典文献数字化前,没有弄清楚进行数字化的目的是什么。

在讨论古典文献数字化目的之前,先探讨一下古典文献在当代人生活中所起的作用。毋庸置疑,古代语言与现代语言存在较大的隔阂,但这并不意味古代的东西对现代没有任何影响了,当代人的生活仍然离不开古人留给我们的东西。电视、电影中历史剧仍然经得起考验,旅游中人文旅游占有很大的比重,以文字为主要载体的古典文献正在逐渐淡出人们的视野,这一趋势在以后的日子里恐怕也不会改变,甚至还会加强,毕竟与现代电子技术相关的多感官刺激艺术比单一的纸质文本刺激强烈得多。但这也仅限于纸质文本,经过了媒介转换了的古代文献依然对今天人们的生活产生重大影响。如,今天人们阅读纸质文本的《西游记》的情况不多见了,但搬上荧屏的《西游记》对人们的影响更大了,甚至超过了 20 世纪 80、90 年代人们对纸质文本《西游记》的热爱。纸质文本的《西游记》在一定程度上受到了人们学识水平的限制,而搬上荧屏的《西游记》却摆脱了这种限制,不管是老人还是小孩都热衷于看它。媒质的转换使得《西游记》变得家喻户晓了。

一方面是古典文献几乎无人理睬,一方面是人们的生活离不开古人留下来的东西,这就存在一个古典文献的现代转化问题。很明显,仅依靠古典文献数字化是很难实现这个转变的,即使你把古典文献数字化了,也不会有更多的人来看数字化了的古籍。古典文献的数字化对于古典文献研究者而言,它不是最终的目的,而只是一种手段、一种工具。古典文献的现代转化必须依靠研究者来实现。但面对浩如烟海的古籍,研究者如果不借助一些现代化工具,转化必定具有相当难度,而发达的电子技术正好是学者利用的工具。也就是说,古典文献的数字化可以促使古典文献的现代化转化加速。可见,古典文献数字化服务的主要对象是研究者,是一群具有较强专业性的技术人才。进行古典文献数字化工作的主要目的是通过研究者运用数字化了的古典文献加速其现代转变,其最终目的是让当代人从古代文化中得到熏陶。古典文献数字化服务的主要对象决定了其发展方向和任务,也即怎样进行古典文献数字化的问题。而上述古典文献数字化中出现的种种问题,也与其目的不明确紧密相关。

3 古典文献数字化发展方向

古典文献数字化服务的特定对象及其研究方向的转变对古典文献的数字化工作起导向

作用，也决定了古典文献的数字化不仅仅只是“原文的输入，文本字符的数字化，浏览阅读与超链接设计，检索功能”等方面[6]。面对古典文献数字化还不能够完全满足研究者的需要的现状，要充分发挥古典文献的数字化对古典文献研究的促进作用，就要在其数字化过程中，协调好各部门、各单位之间的关系，集中主要力量，力图在数字化过程中不仅求广、求全，更要求精、求专，“计算机具有自己的思维特点，人类如何适应并利用其独特的思维方式，将人的创造性思维与计算机的强大功能有机结合起来，把古典文献研究提升到一个更高境界，是广大文学研究者和IT业者共同面对的挑战”[7]。为了实现这一任务，最大化体现数字化在古典文献研究中的作用，古典文献数字化在未来应朝以下三个方面发展。

首先，古典文献数字化应协调、系统发展。正如前面论述，古典文献数字化还存在诸多问题，如重复建设现象严重，版权问题日益突出，这些都严重影响到了古典文献数字化的发展。要解决这些问题，必须规划好古典文献数字化发展的方向与任务，协调好古典文献研究者、古典文献数字化的转换者、各出版商和出版社之间的关系，做到古典文献数字化系统而有序地发展。这里以《全唐诗》的数字化来说明这个问题。目前，不仅在大型丛书中包含了《全唐诗》的数字化，而且单独对《全唐诗》数字化的电子产品不下数十种，其中影响较大的有中国社会科学院的“全唐诗检索系统”、商务印书馆国际有限公司开发的“全唐诗”、北京圣碟科贸有限公司开发的“全唐诗”、青苹果数据中心开发的“全唐诗”、北京大学中文系李铎开发的“全唐诗电子检索系统”等。在如此多的数字化成果中，大多局限在康熙年间编纂的《钦定全唐诗》上，仅李铎主持的“全唐诗电子检索系统”收入了复旦大学陈尚君先生主持、中华书局1992年出版的《全唐诗补编》。对于其他学者研究《全唐诗》的成果，如佟培基《全唐诗重出误收考》、吴汝煜《全唐诗人名考》、陶敏《全唐诗人名汇考》、陈伯海《唐诗汇评》、魏耕原《全唐诗语词通释》、贺新辉《全唐诗鉴赏辞典》、范之麟《全唐诗典故辞典》等则基本上没有录入。对于研究者而言，了解《全唐诗》的研究动态及研究成果比了解《全唐诗》文本更重要。但由于古典文献数字化过程中没有协调好个人、单位、部门之间的关系，现当代许多研究《全唐诗》的成果都不能为数据库所利用。

其次，古典文献数字化应精确、专业发展。当今古典文献数字化进入了一个怪圈，一味地贪大、求全，各个数据库系统都在比发展的速度。但是过于庞大的数据库对于研究者而言，并非就是好事。从使用者的经济承受能力来看，严重限制了使用者的范围。如，截至2011年5月，“中国基本古籍库”全球才有94个单位客户，仅为一些一流大学、著名图书馆和重要学术机关拥有。由于规模过于庞大，单机版难以推行，故94个单位客户之外的学者，很难享受这一资源。从学术研究的角度而言，即使是先进的检索系统，要从一个庞大的数据库中找出一条有价值的资料来，也有大海捞针的感觉。对于研究者而言，真正对自己研究方向有参考价值的资料可能就只有几百种，而影响较大的可能只有数十种。对于研究者而言，大型数据库中90%以上的文献都是无参考价值的，它们的存在，甚至会成为研究者的某种干扰性因素。因而开发精确化、专业化、小型化的数字化产品显得更重要。如，民族文化研究是当今研究的热点，但与其相关的古典文献数字化明显还不成熟，才刚开始起步。从事民族文学研究的学者从古典文献数字化中受益较小，在研究过程中在资料的搜集与整理这一环节比其他研究要困难得多。这与今天的民族文化研究的热度不相符，因而，我们在进行古典文献数字化过程中，要把民族化作为重要任务。另外，对于一些刚兴起的专业和方向，数字化过程中也要倾注更多的关注。如，古典文献研究的地域化倾向是从20世纪90年代开始起步的，至21世纪才走向成熟，它的出现时间甚至晚于古典文献数字化的时间，因此，古典文献在数字化过程中对地域化的关注是不够的。随着地域文化研究的日趋火热，古典文献数字化应多关注地域因素，开发出更多地域文学或文化研究的电子化产品来。

再次，古典文献数字化应平衡、动态化发展。在古典文献数字化过程中，从研发者角度看，大部分数据库是采用封闭系统，具有相对平衡性、稳定性。如大型丛书《四库全书》《四部丛刊》《四部备要》等均是如此。即使是今人整理的一些古籍数据库，也有不少采用的是封闭系统，"中国基本古籍库"收书定在1万种，"中国方志库"收录方志类典籍定在1万种，可以说都是封闭式系统。封闭式系统虽具有稳定性，但对新出现的文物或新发现的善本不能及时更新。另外，也有少数数字化产品做到动态化，如"国学宝典""汉籍全文检索系统"每隔一段时间就会升级为一个新的版本。但这种动态化的电子产品也不一定能很好适应研究者，因为电子化产品对于研究者而言是封闭的。也就是说，一旦产品研制出来，使用者就无权对其修改，这于使用者而言是不利的。因为不同的使用者专业不同、方向不同，对文献的要求不同，尽管研发者在不断更新数据库文献，但仍然很难满足研究者的需要，因而不是真正动态化了的电子产品。真正动态化了的数字古籍系统，要把产品的开发者和使用该产品的研究者统一起来，使研究者能够加入到古典文献数字化过程中来，从而建立起与自身研究密切相关的数字系统，进而推动其研究的展开。

总的看来，"古籍文献的数字化，将再现传统文化的生命，使古籍整理与研究工作走上新台阶，开创新局面"[8]。但古典文献的数字化是一项复杂的系统工程，它需要多部门、多单位协调好关系，在开发数字产品过程中要结合研究者实际应用情况进行，不能只单纯追求规模和数量，这样研制出来的产品才更具现实价值，才能真正展现出古典文献数字化产品的强大功能。

参考文献

[1]毛建军. 古籍数字出版中的著作权问题[J]. 图书馆论坛，2012(2).

[2]李铎，王毅. 关于古代文献信息化工程与古典文学研究之间互动关系的对话[J]. 文学遗产，2005(1).

[3]李国新. 中国古籍资源数字化的进展与任务[J]. 大学图书馆学报，2002(1).

[4]陈诚. 论古典文献数字化[D]. 苏州：苏州大学，2004.

[5]杨晏平. 建立图书馆古籍文献数据库刍议[J]. 中国图书馆学报，1996(1).

[6]陈诚. 古典文献数字化：选择与契机[J]. 新世纪图书馆，2003(2).

[7]郑永晓. 古籍数字化与古典文学研究的未来[J]. 文学遗产，2005(5).

[8]杨朝霞. 古籍数字资源述略[J]. 大学图书馆学报，2000(3).

国家图书馆外文数字资源元数据建设探析

宋仁霞　袁　硕(国家图书馆)

1　元数据概述

1.1　元数据定义

元数据(Metadata)这一术语最早见于《目录交换格式》手册(*Directory Interchange Format*,*DIF*)*。该手册包括全球变迁总目录资料库(Global Change Master Directory,GCMD)中超过26 000个数据集的描述信息,属于美国国家航空航天局(NASA)地球观测系统数据与信息系统的一部分。任何一类相关事物,都可根据提取出的共同特征制定相应标准,从而定义出一套元数据。比如数码照片和视频文件,创建伊始便包含了大量包括创建者、修改日期、分辨率等相关的数据描述信息。

元数据与其描述的资源间的连接包括两种形式:一是数据记录与描述物体各自分离,如图书馆中传统的目录卡片;二是数据记录嵌入其所描述资源中,如印在书目题名页背后的CIP(Cataloging In Publication)信息,或电子文档中的TEI(Text Encoding Initiative Header)头标[1]。随着电子出版和数字图书馆的日益发展,以及网络资源的爆发式增长,人们对于元数据的研究兴趣也与日俱增。

在图书馆学的语境下,元数据基本定义出自联机计算机图书馆中心(Online Computer Library Center,OCLC)和美国国家超级计算应用中心(National Center for Supercomputing Applications,NCSA)所主办的"Metadata Workshop"研讨会,即"描述数据的数据"(Data about data),具体而言,可定义为"一组定义出了一套量化和/或质化标准,并能与其他类似测量标准集合相互区别的描述性信息"。元数据的对象通常是电子资源,是对其的结构化编码描述,目的在于提供一个中间级别的规范化描述,使网络中纷繁复杂的各种数字资源更好地得以揭示、保存、管理与使用。

1.2　元数据标准

元数据的标准是指"用于描述某些特定类型资料的规则集合的具体方法",通常包括语义层面的内容著录规则和语法层次的规定,以一套标准化元数据元素集和使用规则的形式呈现[2]。元数据标准的功能层次可以进一步切分为对象及实体描述方面的规定、编码及交换记录规则、传输元语言、交换协议及检索属性方面的等具体内容。

总体而言,元数据涉及语义、句法与内容标准三个层级:语义定义了元素的含义,不同元数据标准有其相应的元素设置及字段定义。在对比研究或相互操作时,可以发现表示同一

* 参见 http://gcmd.gsfc.nasa.gov/add/difguide/whatisadif.html。

语义的元素在不同元数据集中的不同表现形式,因而明确的语义定义也是实现不同元数据标准间进行互操作的基础;句法是指句子的结构方式以及支配句子结构的规则,即著录资源时所采取的语言,如 MARC、HTML 及 XML 等;内容标准则包括数据元素的规范格式及内部赋值的标准(如分类表、主题词表等)。

1.3 元数据的作用及对资源揭示的意义

元数据对于描述、揭示馆藏资源,对用户发现、利用资源具有重要意义,其作用集中体现在以下两方面:

(1)促进资源发现效率,提升知识发现能力

对于资源内容关键信息的详尽描述是元数据最基本的功能。标准规范、格式相对统一的元数据是用户实现一站式获取所需资源的前提,这将大大提升知识检索的查准率,使用户能够更准确地发现、识别并评价资源,并对相关的信息资源进行选择、定位和调用。

(2)有益资源长期保存,提高资源管理水平

元数据除了具有描述功能,还在资源管理和保存方面具有很大价值。元数据记录中所包含的资源使用信息及权限信息等元素,可以帮助用户追踪资源在使用过程中的变化,实现信息资源的有效管理和长期保存。因此,在数字图书馆的建设过程中,元数据标准的选取与仓储建设方案的设计是首先要解决的基础性的工作之一[3]。

2 国外常用的元数据标准概况

一个元数据集作为信息资源描述工具,往往由多个按照规定编码语言和编码方式对信息资源属性进行特征描述的元素组成,这些元素按照规定的相互关系和整体结构形成了具体的元数据格式。基于不同类型的被描述资源对象、不同的使用目的,这些元数据集采取特定的元素设置、语义定义及语法结构,往往应用于某一特定领域的一组或多组相关的信息资源类别[4]。英国图书馆及信息网络办公室的欧洲教育研究信息服务发展项目(Development of a European Service for Information on Research and Education,DESIRE)曾对多种元数据类型进行了分析和比较,并将它们分为了三个层级,具体如表 1 所示。

表 1 元数据级别表

	一级	二级	三级
记录	简单格式	结构化格式	复杂结构格式
目的	信息查询工具	发现所需资源	详细记录资源信息
特征	私有、全文索引	结构化字段、逐渐形成标准	详细标识、已成为国际标准
记录格式代表	Yahoo	Dublin Core	EAD、MARC、TEI、FGDC

级别一中的元数据通常是从资源中自动抽取并索引的,一般由搜索引擎产生的。由于其缺乏适当的术语进行索引,当用户面对大量资源进行筛选时,很可能无法准确查询到所需信息。级别二中的元数据已被结构化并支持字段查询,允许用户对资源的潜在用途或重要性进行判断。同时,这些数据记录能让非专业用户自行制作,一般通过手工进行描述,或采用自动抽取的描述来帮助手工编制。级别三中复杂的描述格式一般用于研究与学术活动,

迎合专家们在特定领域的要求,需要专业知识来创造和维护,以及专业从业人员进行数据加工标引工作。因此,对于网络中的海量信息显得“力不从心”,这一方法的可行性显得不足。

表2　不同元数据标准元素集对照表(部分)

元数据标准	题名	主题	创建者	出版者	出版地	其他责任者	类型	日期
DC	√	√	√	√	-	√	√	√
EAD	√	-	√	√	-	-	√	√
TEI	√	√	√	√	√	√	-	√
CDWA	√	-	√	-	-	√	√	√
MARC	√	√	√	√	√	√	√	√
GILS	√	√	√	√	√	√	-	-

表2显示了不同标准的元数据集中所包含元素的情况。由上可见,不同元数据标准在元素方面的规定存在一定差异,体现了不同的侧重点。这主要是基于不同的元数据标准,在适用资料类型、使用者及实现目标设定方面的不同所致。目前,国外已经产生的元数据标准已逾20余种。有些元数据具有国家乃至国际行业标准的性质,有些元数据广泛应用于其目标领域,而有些元数据则仅仅是研究实验工具。限于本文目的及篇幅,在此仅对MARC格式及都柏林核心元素集做简要介绍。

2.1　MARC格式

MARC格式因广泛用于书目信息记录而为人熟知。图书馆书目信息数据的标准化,使读者可以迅速地在图书馆汗牛充栋的馆藏中获取所需的书目信息,也使图书馆之间的书目数据得以共享。因此,MARC格式本身就可被看作一个详细的元数据规范。1995年,美国国会图书馆在数字图书馆项目发展的过程中,采用MARC格式作为使用的几种元数据格式之一,并做了一些修改和规定[5],最重要的一点是增加了电子资源地址与存取字段(Electronic Location and Access,即856字段,包括27个子字段,可重复),记录被著录的数字对象或与之相关的其他电子资源的存储地址和存取方式。

MARC格式提供了一整套完整、详尽、复杂的数据表达规范,主要适用于纸质出版物、缩微文献、音视频资源等载体,是我国及世界范围内主流图书馆中最主要的书目记录格式。但MARC格式必须依靠专用客户端和图书馆系统所提供的检索工具才能进行资源搜索,在互联网环境下,对资源的描述也略显复杂,这都限制了MARC格式作为元数据标准的应用。

目前,已有学者对MARC数据转换为XML语言展开研究,旨在解决从MARC专用数据向通用的机器可读、可理解的元数据转换的问题,这使得MARC书目记录数据库和互联网上的数字资源数据库的集合成为可能,从而使现有的大量MARC数据在数字图书馆中得以充分利用,扮演重要的角色。

2.2　都柏林核心元素集

都柏林核心元素集(Dublin Core Element Set),简称都柏林核心(Dublin Core,DC),是一种跨领域的信息资源描述标准,最初是由OCLC于1995年在美国俄亥俄州都柏林邀请52位包括图书馆员、电脑专家在内的专业群体共同制定的。在其最新的1.1版本中，包括简化形式（Simple Dublin Core）和限定形式（Qualified Dublin Core）两个层级，简化形式中共包含15个核心元素，每一个元素都是可选且可以重复的，具体如表3所示：

表3 Dublin Core核心元素表

内容（Content）	知识产权（Intellectual Property）	例示（Instantiation）
题名（Title） 主题（Subject） 类型（Type） 来源（Source） 作品关系（Relation） 覆盖范围（Coverage）	创建者（Creator） 出版者（Publisher） 其他责任者（Contributor） 权限信息（Rights）	日期（Date） 资源标识（Identifier） 文件格式（Format） 语种（Language）

注：表中核心元素均已获ISO标准15836（2009年2月）*、ANSI/NISO标准Z39.85（2012年2月）**、IETF RFC 5013（2007年8月）***认可。

限定形式除上述15个元素以外，还额外增加了对象、出处及权限持有人（Audience, Provenance and Rights Holder）三个元素，以及旨在完善元素语义从而有利于资源发掘的一组限定符（Qualifier）。

上述元素属于元数据词汇表和技术规范的一部分，这些术语规范均由都柏林核心元数据向导计划（Dublin Core Metadata Initiative, DCMI）负责维护。完整的术语（DCMI Metadata Terms, DCMI-TERMS）还包括资源分级表（DCMI Type Vocabulary, DCMI-TYPE）、词汇编码方案、句法编码方案。在句法编码方面，DC目前在文本（DC-TEXT）、超文本标记语言（DC-HTML）、可扩展标示语言（DC-DS-XML）及资源描述框架（DC-RDF，采用XML语言）四种方式上均已提供规范的指导方针。

DC具备内在性（intrinsicality）、可扩展性（extensibility）、独立句法结构（syntax independence）、可选择性（optionality）、可重复性（repeatability）及可修改性（modifiability）等特性。作为一套几乎适用于描述各种网络信息资源、简单易用的元数据元素集，DC在经过近20年的发展后，已被翻译成20余种语言并在世界范围内得到了广泛的研究和采纳。

3 国家图书馆外文元数据的现状及建议

3.1 元数据收割标准的制定

元数据仓储建设旨在通过出版商、大学公开的网站收集学术文献信息，规范整理、整合，将异构、分布和海量的学术文献信息得以汇聚，形成无重的元数据仓储，通过预索引的方式，为用户提供简单、快捷的数字资源发现服务。元数据仓储建设包括元数据采集、元数据加

---

* 参见 http://www.iso.org/iso/search.htm?qt=15836&searchSubmit=Search&sort=rel&type=simple&published=on。

** 参见 http://www.niso.org/apps/group_public/download.php/10256/Z39-85-2012_dublin_core.pdf。

*** 参见 http://www.ietf.org/rfc/rfc5013.txt。

工、元数据整合三个模块。其中元数据收割标准的制定是元数据仓储建设的首要核心问题，依赖于前期对每个数据库字段的分析[6]。这一标准的目标是在保证简洁的同时，尽量涵盖所有相关数据库的字段。

总体而言，在项目中对统一元数据结构的设计分成了两个部分：一个是关键属性集，主要用于存储重要的描述信息。这些信息具有检索的功能，如主题、责任者、日期等。此环节的关键是兼顾不同类型资源的特性，如期刊论文的基金信息，图书的丛书信息等。同时，对资源的描述也不能完全以标准 MARC 格式为准，将所有细节融入其中。比如题名项，在 MARC 中包括正题名、副题名、交替题名、并列题名等字段，这显然不适应元数据标准的要求。

综上所述，在制定标准过程中需先将资源按资源类型进行分类，提取每类中最基本的核心字段和能反映该类资源内的个性字段，然后将不同类型资源的字段进行比较，根据语义的异同进行分析、归并，以确保标准中各元素的全面性、唯一性与简洁性。最终修订的元数据收割标准如表 4 所示。

表 4　国家图书馆外文元数据标准

元数据项目集合	元数据项目(字段名称)	字段要求	备注
出版社基本信息	出版社编码	有则必备	
	出版社名称	必备	
文献资源基本信息	题名	必备	包括其他语种题名等
	ISBN/ISSN	必备	包括纸本 ISSN、电子 ISSN
	书目/期刊链接	必备	
	语种	必备	
	卷期信息	必备	卷号及期号
卷期基本信息	出版日期	必备	该卷出版年份、该期出版日期
	文章篇名	有则必备	原文及英文
文章基本信息	文章关键字	有则必备	原文
	文章摘要	有则必备	原文及英文
	责任者信息	有则必备	
	作者	必备	
	作者介绍	有则必备	
	文章 DOI	必备	
	文章类型	必备	如：期刊论文、学位论文、会议论文等
	文章页码	必备	包括起始页、截止页、跳转页、总页数
	文章链接	必备	包括文章全文 URL、文章 PDF 全文 URL
	格式	必备	
	资助信息	有则必备	
	版权信息	有则必备	

3.2 元数据资源建设现状

截至2014年1月，国家图书馆共引进外文数据库148个，其中全文数据库85个，其他文摘、数值事实类数据库63个。全文数据库包含学位论文全文库、电子图书全文库、外文期刊全文数据库、报纸全文数据库等，其中外文期刊全文数据库为54个，电子期刊品种数约为48 320种；外文图书全文数据库为12个，电子图书品种数约为251万种。目前电子资源揭示主要通过国家图书馆主页上的数字资源列表，为数据库层级。

根据国家数字图书馆工程的建设方案要求，国家图书馆将在构建海量分布式资源库群的基础上，对数字资源进行有效组织、整合、知识挖掘，实现元数据集中与统一检索[7]。国家图书馆元数据仓储建设始于2012年，目前的工作主要包括：制定标准；采取多种方式、从多个数据源收集元数据形成统一存储；对所收集不同类型、格式的元数据进行清洗、转换等数据整合工作，最终完成全国各级公共图书馆馆藏资源元数据的汇集、整合及有效管理，实现各异构系统间元数据的交换与互通互用，全面提升数字图书馆精细化服务能力与水平。

至2013年年底，共有16个外文数据库完成了刊名/书名层级MARC数据的提交，其中外文电子图书库8个，外文期刊全文库4个，数值事实库3个，学位论文库1个。国家图书馆元数据收割工作主要通过机器自动收割及向数据厂商索取、购买两种方式：前者通过Aleph系统和文津系统自动获取书名/刊名层级的元数据；后者依据本馆元数据标准，结合厂商实际情况，对元数据进行获取。无论是哪种方式，均需人工对元数据进行清洗、规范化工作，包含分类、规范控制、主题标引、与对象数据链接、与馆藏中同作品其他载体表现之间关系的揭示等具体内容。此外，在元数据收割方面，遵循以下原则：

首先，注重传统资源与数字资源的融合揭示。对于既有纸本又有电子的期刊，通过一条高质量的元数据进行揭示，达到纸电资源的相互关联，实现用户的一站式检索。

其次，加强文献的深度揭示力度，核心资源优先揭示、挖掘。利用SCI、SSCI、A&H及SCOPUS等二次文摘元数据的开放性、规范性及统一性，实现核心资源的优先揭示。

3.3 元数据收割过程实际问题及对策

为了更好地开展元数据采集工作，国家图书馆外文采编部对馆藏的外文资源进行了深入分析，并对涉及的数据库厂商进行了问卷调研，发现在元数据采集过程中有如下问题：

(1)元数据开放程度不统一。由于本馆订购数据库类型较为多元，各数据库厂商(出版社)对于数据库元数据的开放情况并不一致。我们对46个期刊全文数据库的篇名目次元数据提供情况进行了问卷调研，结果显示6个数据库可免费提供篇名目次元数据；23个数据库不能提供；17个数据库不确定。不能提供的主要原因是元数据的要求不是出版社既有的政策，需要递交给相应技术部门解决；有的出版社反馈篇名目次元数据可付费购买，但目前没有定价政策。

从数据库类型上来看，电子书、学位论文全文库的MARC数据很容易获取；OUP、Kluwer Law、Emerald等期刊全文库由于拥有标准的元数据收割端口，可免费提供篇名元数据；二次、三次文献数据库厂商不提供元数据，主要是因为二次、三次文献库的元数据加工包含了各数据库商大量的投入，例如SCI、SSCI等引文索引库，数据本身经过二次加工，拥有主题索引、引文分析等各种增加值。

（2）数据库提供商的标准参差不齐。从能够提供的元数据样本来看，各数据商所提供元数据的技术标准参差不齐，在元素数量、语义表达及文件格式等方面都存在差异，需要后期进行清洗、整合。以圣智盖尔集团的珍稀原始典藏档案合集（Archives Unbound）数据库为例，其元数据格式为 xlsx，包含元素为类型、作者、题名、作品集名称、日期范围、图片数量、来源机构、文档编号和链接。其中的作品集名称及图片数量均非规范 DC 元素名称，文件格式也并不符合通用标准。

（3）馆藏比对工作任务艰巨。从纸本期刊馆藏情况来看：截至 2012 年年底国家图书馆馆藏外文期刊共 52 328 种（过刊 + 现刊），其中现刊为 8175 种（包含订购、交换、缴送）。根据国家图书馆馆藏的实际情况，外文采编部和数字资源部联合制定了《元数据仓储建设方案》，对元数据采用统一规划，分步实施的原则，将分散异构的元数据统一收割、统一管理：对馆藏自建资源的元数据，侧重推动元数据库标准规范体系建设，完善元数据库采集流程，形成统一建设、统一利用的机制；对外购资源的元数据尽可能从采购环节加强收集力度，并且针对不同类型的资源制定不同的采访原则，具体为：

（1）对于较易收割的元数据如电子图书和学位论文元数据先期采集

目前，馆藏的外文图书数据库为 14 个，图书品种数约为 251 万种。其中文津搜索系统已经完成了 8 个数据库元数据库收割，Aleph 系统有 4 个电子图书数据已完成了 MARC 数据的上传，待收割的数据库如表 5 所示。此外，馆藏 PQDT 学位论文全文数据库共约 42.5 万篇（买断），可直接收割。

表 5　国家图书馆未编目外文电子图书数据库一览表

数据库名称	收录年限	收录数量（万册）
ECCO 十八世纪文献在线 II	1700—1799	5
南亚研究回溯数据库（SAA）	1760—1950	0.24
十九世纪作品在线，NCCO	1769—1972	2.3
阿拉伯语电子书		0.7
EAI 美国早期印刷品	1639—1819	7.4
GVRL 虚拟参考书图书馆	1968—2010	0.16
Ebsco eBook Collection	2007—2010	0.21
MyiLibrary 电子图书	2005—2010	0.62
Emerald Ebook Series	2000—2009	0.2
Wiley 在线电子书	2006—2009	0.22
合计		**17.05**

备注：WEL 数据（世界电子书数据库）为租赁访问，含电子书 200 万册，不在上述统计数据中。

（2）对于馆藏情况较复杂的外文期刊分步收割

根据目前馆藏情况，在数据收割工作中，应注重传统资源与数字资源的融合揭示：对于既有纸本又有电子的期刊，通过一条元数据揭示，达到纸电资源的相互关联，实现用户的一站式检索。同时，加强文献的深度揭示力度。外文期刊有很强的实效性，其文摘数据能够深度揭示文章的内容，并且一条完整的文摘数据包含了出处信息、文章信息、著者信息、出版地信息、馆藏信息等26项著录内容,是对资源内容最大限度的揭示。核心资源优先,充分利用SCI、SSCI、A&H、SCOPUS等二次文摘元数据的开放性、规范性、统一性,实现核心资源的优先揭示。小语种文献根据经费情况适当揭示。

综上,外文元数据的收割涉及数据采集、数据审核、数据移交等多个环节,包括集成商数据与馆藏数据比对等问题,需投入大量的人力、物力、财力,及多部门综合协调,是一项长期复杂、意义重大的工作。

参考文献

[1]HIRWADE M A. A study of metadata standards[J]. Library Hi Tech News,2011(7).
[2]刘嘉. 元数据:理念与应用[J]. 中国图书馆学报,2001(4).
[3]冯项云,肖珑,廖三三,等. 国外常用元数据标准比较研究[J]. 大学图书馆学报,2001(4).
[4]张敏、张晓林. 元数据Metadata的发展和相关格式[J]. 四川图书馆学报,2000(2).
[5]肖珑. 元数据格式在数字图书馆中的应用[J]. 大学图书馆学报,1999(4).
[6]梁蕙玮,萨蕾. 国家数字文化资源统一揭示与服务平台的资源整合研究[J]. 图书馆学研究,2014(2).
[7]朱硕峰、宋仁霞. 外文文献信息资源采访工作手册[M]. 北京:国家图书馆出版社,2014.

利用 VPN 技术实现基层图书馆数字资源远程访问

赵志鹏(北京市西城区第一图书馆)

1 引言

当今社会已进入信息化、网络化的时代。随着网络信息技术的不断发展和进步,数字资源成为了各个公共图书馆文献信息资源的重要组成部分。一些区县级公共图书馆的数字资源建设已经具有了一定的规模,包括自建、购买、联合开发等多种形式,可谓数字资源丰富多样。然而在使用过程中,由于版权、技术等原因,这些数字资源只能在图书馆的内部网上实现访问,导致其所属各街道、社区级的基层图书馆读者无法便利地获取。大部分基层图书馆并没有自己的数字资源,数字化基础建设极其薄弱。而基层图书馆辐射范围广泛,更加贴近群众文化,因此造成了基层图书馆读者有需求但无法访问、中心图书馆有资源但利用率没有实现最大化的局面。在互联网发展日新月异,网络功能不断推陈出新的环境下,可以通过 VPN 技术实现以区县级公共图书馆为中心点,向所属各街道、社区级的基层分馆进行数字资源的共享。使读者不用专程到中心馆查阅数字资源,在任何一个基层分馆都可以进行访问。共享中心图书馆丰富的数字资源,能有效解决基层图书馆资金等方面的制约问题,同时还能在整体上提高公共图书馆的数字化信息服务能力。

2 VPN 技术介绍

2.1 VPN 的概念

VPN(Virtual Private Network,虚拟专用网络)。通常定义为通过公用网络(如 Internet)建立一个临时的、安全的连接,可以认为是一条在公用网络穿通并隔离的安全、稳定的隧道。使用这条隧道可以对数据进行加密,以达到安全使用 Internet 的目的。在 VPN 中,任意两个节点之间的连接并没有传统专用网所需的端到端的物理链路,而是架构在公用网络平台上。VPN 对用户端透明,用户好像使用一条专用线路进行通信[1]。

2.2 VPN 的特征

VPN 具有专用性和虚拟性两个基本特征。根据这两个特征,可以把现有的 IP 网络分解成逻辑上隔离的网络。这种逻辑隔离的网络的应用非常广泛:可以用在解决企业内部互连、政府的相同或不同办事部门的互联;也可以用来提供新的业务,如为 IP 电话业务专门开辟一个 VPN,以此解决 IP 网络地址不足、OOS 保证及开展新业务等问题。

2.2.1 专用性

对于 VPN 用户,使用 VPN 与使用传统专网没有区别。一方面,VPN 与底层承载网络之间保持资源独立,即一般情况下,VPN 资源不被网络中其他 VPN 或非该 VPN 用户所使用;

另一方面,VPN 提供足够的安全保证,确保 VPN 内部信息不受外部侵扰。

2.2.2 虚拟性

VPN 用户内部的通信是通过一个公共网络进行的,而这个公共网络同时也被其他非 VPN 用户使用。即 VPN 用户获得的是一个逻辑意义上的专网。这个公共网络称为 VPN 骨干网。

3 VPN 对于实现图书馆之间数字资源共享的优势

3.1 建设成本低

VPN 的架设是建构在原网络拓扑结构的基础上,区中心图书馆除了新增的 VPN 设备外,几乎不用再添加其他网络设备,就可以在区中心馆和基层馆之间建立一个临时的、安全的连接。同时基层图书馆的远程用户也只需依赖现有的互联网网络环境和设备,就可以便利地访问中心馆的内网资源。VPN 技术直接利用公共网络进行信息通信,无需铺设专门的物理线路,却达到了专线的使用效果,因此可以节省大量的通信和设备费用。

3.2 建设速度快

由于 VPN 方式不需要搭建图书馆之间的物理线路,它仅仅是在因特网上虚拟出来的专用网络,同时相关配置简单,资源检索操作便捷,因此实现区中心图书馆与基层馆之间的数字资源共享十分方便。通过 VPN 设备映射出的公网地址,基层图书馆可随时与区中心馆进行网络连接,实现远程访问。

3.3 安全性高

VPN 综合利用访问控制技术、防火墙技术和加密技术,并通过适当的密钥管理机制在因特网上建立图书馆自己专用的通信通道[2]。既能实现区中心图书馆与基层馆之间数字资源的共享,又不影响图书馆现行业务系统的正常运行,保证了网络的安全性能。

3.4 覆盖范围广

在网络安全的保证下和认证技术的支持下,可以实现整个 VPN 体系中互联成员馆的资源共享。不仅能够实现街道、社区级基层图书馆读者对区中心图书馆的数字资源远程访问,甚至能够实现读者在家中通过 ADSL 等上网方式即可访问。

4 VPN 技术在基层图书馆的实践应用

4.1 搭建北京市西城区第一图书馆数字资源专网的现实需求

为加紧建设网络时代的数字图书馆,西城区第一图书馆近几年大力发展数字资源建设。通过自建与外购等多种形式,共建设专题数据库 14 个,存储在图书馆本地的数字资源总量达到 10.1TB。

为了能让读者便利的使用图书馆的数字资源,西城区第一图书馆在网站首页对部分重点数字资源做了链接推荐，并建设了专门的数字资源页面，收录各数据库供读者查用。但还是有一些优秀的数字资源由于版权和技术等原因，只能在图书馆的内部网上实现访问。这就给馆外的读者尤其是街道、社区级的基层图书馆读者查询访问带来很大的不便。

相比区中心图书馆，基层图书馆分布广泛，贴近群众，更加便于读者就近便捷地查用数字资源。基层图书馆在数字资源建设上存在一定的局限性，规模小、经费少等问题制约了其数字化建设的发展。共享区中心图书馆丰富的数字资源，加强与基层图书馆数字资源的共建共享，可以最大化的提高数字资源的利用率，有效避免对数字资源的重复采购。VPN 技术的发展使西城区第一图书馆看到了实现数字资源分布式共享应用的技术途径和可操作性。

4.2 搭建北京市西城区第一图书馆数字资源专网的调研试用

随着信息技术的飞速发展，读者获取信息的内容和方式发生了新的改变。一些高校图书馆和公共图书馆先后采用了 VPN 的方式来解决读者远程访问数字资源的问题，并取得了很好的效果。西城区第一图书馆在先期也做了一定的调研和试用工作，力求在借鉴成功案例的基础上，建设适合本馆的数字资源专网。

北京市西城区第一图书馆及辖区 13 家街道、社区级分馆，全部纳入了北京市公共图书馆计算机信息服务网络，实行“通借通还”联网服务。已经具备了通过 VPN 技术实现区中心图书馆与基层馆之间数字资源共享的网络先决条件。在调研工作中，我们对各种 VPN 技术做了深入的学习和整理，并多次与设备厂家进行交流、沟通。在是选择传统强势的 IPSec VPN 还是近几年比较流行的 SSL VPN 问题上，进行了深入的研究。

IPSec VPN 即指采用 IPSec 协议来实现远程接入的一种 VPN 技术，IPSec 协议是一个范围广泛、开放的虚拟专用网安全协议，它提供所有在网络层上的数据保护，提供透明的安全通信。IPSec VPN 是一种网络基础设施性质的安全技术，其真正价值在于尽量提高 IP 传输环境的安全性。部署 IPSec VPN 需要对网络基础设施进行重大改造，才能通过互联网这个不安全的网络实现远程访问，由此带来的部署成本很高[3]。IPSec VPN 发展到今天，产品已经非常成熟，但客户端硬件成本较高、联机配置繁琐等因素也促进了 SSL VPN 作为其替代者快速崛起。相对于西城区第一图书馆信息服务网络体系的现状来讲，IPSec VPN 最大的难点在于每一个客户端都需要安装复杂的软件，而且当用户的 VPN 策略稍微有所改变时，VPN 的管理难度将呈几何级数增长。SSL VPN 则正好相反，客户端不需要安装任何软件或硬件，使用标准的浏览器，就可以通过简单的 SSL 安全加密协议，安全地访问网络中的信息。因此我们选择了 SSL VPN 技术，并试用了深信服 VPN-2050 网关硬件平台。使用一段时间之后，认为 SSL VPN 技术具有传输安全、稳定，易于管理、成本低等优势，更适用于西城区第一图书馆信息服务网络体系，最终为西城区第一图书馆所采用。

4.3 SSL VPN 主要特点

SSL VPN 多适合于点到网接入方式应用，最大特点就是用户无需安装客户端软件，容易配置和管理。SSL VPN 是采用标准的安全套接层协议，对传递中的数据进行加密，从而在应用层保障了数据的安全性[4]。同时基于应用层的访问控制，只要能够上网的用户使用标准的 Web 浏览器(内嵌 SSL 协议)就可以通过 VPN 隧道灵活安全地接入本地局域网。因此,近年来 SSL VPN 技术深入了大部分行业,得到了广泛的应用。

4.3.1 使用便利性

无需安装客户端软件是 SSL VPN 最大的优势。只要通过 Web 浏览器,在访问网页资源时根据提示安装一个 Active x 插件,就可以在任何时间任何地点对数字资源进行访问。

4.3.2 较强兼容性

SSL VPN 适用于大多数终端设备及操作系统。基于 Web 访问的开放体系可以通过标准的浏览器被大部分设备访问。除传统设备外,还支持平板电脑、智能手机等移动终端设备;同时支持 Windows xp、Windows 7、Windows 8 甚至是 Linux 等操作系统。

4.3.3 易于管理性

系统提供本地用户认证库,可以手动添加、修改、删除用户。还可以为网络管理员提供详细的日志,使网络管理员及时了解网络的使用情况以及各种数字资源的利用情况。

4.4 VPN 数字资源专网建立实施步骤

4.4.1 整合内网数字资源访问地址

在对 VPN 网关进行配置前,应首先对区中心图书馆内网数字资源的访问地址进行重新梳理。核对资源访问地址及端口号,保证其正确性和唯一性,为下一步在 VPN 设备上的地址添加工作奠定基础。

4.4.2 VPN 网关配置

对 VPN 硬件网关进行参数配置。包括对接口地址、网关、加密认证证书等进行初始设置,同时在网关服务器端对用户身份认证和访问资源等进行相应的设置[5]。

4.4.3 硬件防火墙配置

硬件防火墙作为网络的一道关卡,如果 VPN 设备上的内网资源需要对外网发布,则需对防火墙参数进行配置。通过防火墙的网络端口映射功能,把已经配置好的 VPN 设备内网地址映射为公网地址,使基层图书馆的读者可以通过公网地址进行访问。

4.4.4 资源访问方式

基层图书馆的读者通过浏览器或利用 EasyConnect 客户端等访问方式,输入区中心图书馆 VPN 设备的公网地址,发送经过 SSL 技术加密的访问请求。根据提示输入用户名密码并通过 VPN 服务器验证后,就会连接到中心图书馆整合后的内网数字资源主页面,实现了数字资源远程访问本地化。

5 结语

VPN 技术有效地解决了区县级公共图书馆与所属各街道、社区级基层分馆之间数字资源共享的问题。实现了图书馆内网数字资源的远程访问,提高了数字资源利用率,使图书馆的数字资源访问真正突破了时间和空间的限制。随着互联网技术的不断发展,相信 VPN 技术在图书馆领域里还会发挥更大的潜能。

参考文献

[1]王占京,等. VPN 网络技术与业务应用[M]. 北京:国防工业出版社,2012.

[2]张颖. 利用 VPN 技术实现图书馆信息资源远程访问[J]. 情报检索,2008(7).
[3]张爱科,曾春. IPSec VPN 与 SSL VPN 的对比研究[J]. 计算机安全,2009(9).
[4]唐凯. VPN 技术在高校数字图书馆中的应用[J]. 科技情报开发与经济,2010(15).
[5]刘伟. 利用 VPN 技术加强公共图书馆基层数字分馆建设[J]. 图书馆学刊,2011(8).

大数据环境下基于 Hadoop 的数字图书馆知识服务新范式

屈艳玲(湖南图书馆)

引言

目前,全球大数据总量呈现几何级增长态势,已逐步渗透到各个行业与职能领域,是继云计算之后对数字图书馆的又一冲击,数字图书馆将面临着全新的技术困惑以及共享性、吸引性被边缘化的危机。如何利用新技术创新大数据背景下数字图书馆的知识服务模式,是当前数字图书馆建设的重点与方向之一。基于此,本文在研究大量相关文献的基础上提出大数据环境下基于 Hadoop 的数字图书馆知识服务新范式,从理论、技术与实践三维层面进行分析。(1)理论层面。理论是认知的基础。文章从大数据的概念与特征进行整体描绘和分析;从对数字图书馆资源现状的探讨,洞悉大数据对数字图书馆的发展趋势的影响;深入解析大数据时代数字图书馆创新服务的珍贵所在。(2)技术层面。技术是挖掘与实现大数据价值的手段,是促进大数据应用的基石。文章分别从 Lucene、Portal 和 Hadoop 文件系统(HDFS)的应用来说明大数据资源从检索、访问、处理、存储到结果反馈的整个过程。(3)实践层面。实践是大数据背景下检验技术在数字图书馆应用价值的最终体现。文章结合相关技术在数字图书馆知识服务中的应用,从现实实际出发,对基于 Hadoop 的云存储技术进行测验,并与传统存储方式进行比较。

1 大数据与数字图书馆

1.1 大数据概述

数据(data)是对现实世界事物的符号表示,是对信息的表达,是反映客观事实的资料和数字。从人类出现伊始便有了数据,数据一直是人们研究和关注的话题。随着信息技术的迅猛发展,大数据的到来开启了时代的转型。大数据(Big Data)是指无法利用已有的工具软件进行数据提取、资源存储、信息搜索与共享、分析和处理的海量复杂的数据信息的集合[1]。同时,本文采纳维克托·迈尔·舍恩伯格及肯尼斯·库克耶编在《大数据时代》一书中论述的 4V 观点来描述大数据的特性,即数据大量化(Volume)、类型多样化(Variety)、处理高速化(Velocity)、价值稀疏化(Value)[2]。大数据风暴正在变革着我们的学习、工作、思维与服务模式,成为了图书馆创新数字知识服务的源泉。

1.2 数字图书馆资源的构成与特征

数字图书馆是以数字技术处理、存储各类图文并茂文献的图书馆,负责引导、搜集和传播数字化信息并向社会提供知识服务的信息机构。由于图书馆有公共图书馆、高校图书馆、专业图书馆和其他图书馆之分,其数字图书馆的资源建设也各有千秋,本文以公共图书馆数字资源建设为抽样和研究的对象。基于资源的类型和组织形式，采纳国际图书馆统计标准 ISO 2789 对图书馆数字馆藏的划分标准[3]，将数字图书馆资源大致分为如下三部分。

（1）数据库。以数据库与网络为基础，集文献检索与信息提供于一体，通过联机方式向用户提供知识服务的知识仓库。主要分为全文数据库、文摘索引数据库、其他数据库。如 CNKI、维普、万方、读秀等。

（2）连续出版物。具有统一的题名，印有编号、年月、顺序号并且定期、不定期在无限期内连续出版或发行的出版物。主要指期刊和报纸，如博看电子期刊。

（3）数字文献。又称为电子文献，是以二进制形式将多媒体信息记录于磁、电、光等介质上，依赖计算机等设备在网络上读取的文本、图像、音视频等文献。包括电子图书、网络视听文献、多媒体资源与其他数字文献。如方正 Apabi 电子图书、天方有声读物、视频点播、特色资源库等。

通过以上分析，可以发现数字图书馆依赖信息技术，通过互连的计算机网络将分布式的信息资源组成与平台无关的数字化多媒体信息库，其多媒体资源类型繁多、数据量庞大，资源共建共享，信息传播强大，服务模式趋于多样化。

1.3 大数据背景下数字图书馆创新知识服务模式的必要性

知识服务是数字图书馆建设的重要内容[4]，数字图书馆知识服务转型是知识服务实践的机制与新范式。伴随大数据而来的海量的、动态发展和关联复杂的知识，使得知识服务工作的流程、模式与机制面临着全新的挑战，其中比较突出的有如下几点：（1）资源检索问题。数字图书馆资源种类繁多、数据量庞大，主要以 Web2.0 技术为支撑向读者提供个性化知识服务，而不同的资源又具有各自的检索系统和使用方法，使得读者进行信息检索变得较为繁琐。（2）业务功能转型。大数据背景下数字图书馆不仅要存储、构建大数据，还要注意收集在知识服务过程中产生的半结构化和非结构化的数据信息，建立信息资源库，为各类数字知识服务提供基础，深化业务功能转型实现服务数字化。（3）读者服务深度。满足读者的泛在知识需求是数字图书馆深化读者服务的美好愿景。当前，我国大多数数字图书馆服务平台都是基于门户网站向读者提供知识服务，少数图书馆虽然开展了移动图书馆建设或将数字图书馆服务延伸到移动通讯、广播电视等领域，但其服务功能水平低，无法使用户使用效率最大化。（4）资源冗余与共享。一些图书馆各自为政、封闭系统，造成大量数字资源冗余，数字资源与服务的互通性与共享性较差。（5）运营成本高。大数据时代，数字图书馆海量数据的存储所耗费成本非常高，另外软硬件维护及知识产权问题也加重了数字图书馆建设的成本。

物竞天择，适者生存这是亘古不变的生存法则。通过以上探讨不难发现，数字图书馆面对大数据时代到来的冲击，为了能够更好地融入大数据浪潮不被边缘化就必须重新进行角色定位和服务转型，把握信息技术发展趋势，把新技术应用融入图书馆数字知识服务理念之中，构建全新的数字知识服务平台。基于此，本文在梳理大量相关文献的基础上，提出大数据环境下基于 Hadoop 的数字图书馆知识服务新范式，并对该服务范式进行技术分析与实践验证。

2　基于 Hadoop 的新型知识服务模型设计

鉴于大数据背景下数字图书馆在知识服务过程中所面临的问题,结合"大数据知识服务"命题[5],提出基于 Hadoop 的数字图书馆知识服务,该技术在一定程度上能够解决数字图书馆知识服务所遇到的问题,它能够降低成本,提高检索速率,最大限度地实现数字资源共享进而深化知识服务。

该模型的搭建自上至下分为四层,即访问层—应用层—逻辑层—物理层,总体模型框架如图 1 所示。

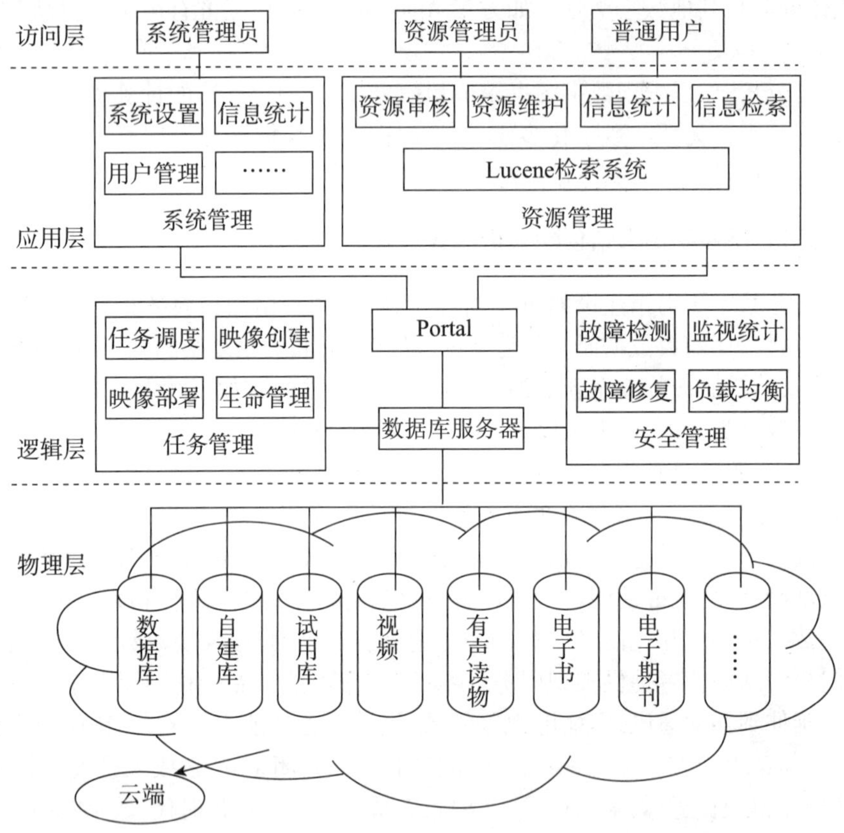

图 1　基于 Hadoop 平台的数字图书馆知识服务模型

2.1　物理层

物理层是整个平台的基础支撑,包括服务器、存储与网络设施、数据库、自建库、试用库等数字资源与设备。该层可以使用配置不高的计算机,通过虚拟化技术把类型各异的服务器与存储设备连通起来,实现大数据的统一管理与监控。

2.2　逻辑层

逻辑层是整个模型承上启下的组件,为实际业务提供各类应用服务,如门户、Web 服务。

还通过安全管理与任务管理功能,将下层存储与上层应用服务无缝关联起来,拓展各层次间的任务协作。

2.3 应用层

应用层通过逻辑层提供的各类应用接口,根据需要进行资源管理、系统设置、用户管理、信息统计。还可以通过 Lucene 检索接口来进行知识检索。

2.4 访问层

访问层是各类用户与管理者获得服务的入口,通过浏览器访问相应服务器就可以获得相应的资源与服务。依据权限的大小可将用户分为三类:系统管理员,主要负责系统管理、角色分配与信息统计等;资源管理员,对数字资源进行审核、维护与发布等;普通用户,主要进行资源的检索与下载。

3 模型应用——基于 Hadoop 的数字图书馆知识服务平台详细设计

使用 Hadoop 作为搭建云存储的底层平台,并虚拟出一个分布式文件系统 HDFS,以 HDFS 为基础结合 Lucene 检索与 Portal 应用来实现数字图书馆知识服务。Portal 给读者提供一个集中体验与访问的平台;Lucene 主要负责资源的检索;HDFS 承担大量数字资源的存储任务;由 VMphere 完成设备的虚拟化与相关管理工作。

3.1 Lucene 知识检索

数字图书馆资源结构庞杂,包括类型繁多的各类自建资源及资源库,面对如此类目庞杂的数字资源,如何使读者在第一时间快速、高效地检索到有价值的信息对提升数字图书馆的知识服务质量举足轻重。基于 Lucene 的知识检索能够有效地帮助读者快速检索到有价值的资源,它包含两个过程(索引和搜索)和三个关键点(索引创建、索引与搜索)。Lucene 检索流程如图 2 所示。

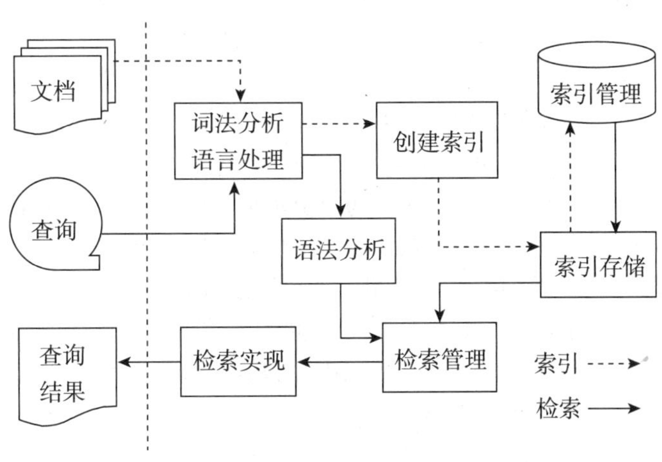

图 2 Lucene 检索流程

Lucene 是一款开源、高效的全文检索引擎的架构。本模型中 Lucene 提供的服务包括两个过程:一入一出。所谓入意为写入,即将源信息(字符串)写入索引;所谓出意为读出,即向读者提供全文搜索,使读者可以依据关键词对源信息进行定位。(1)写入流程:源信息首先经过词法分析和语言处理,例如"分词",即把每一个汉字看作一个词。然后,将源信息中需要的信息添加到文档的每个字段中(如一篇文档的题目、作者、摘要、关键词)。最后,把需要索引的字段建立起来,需要存储的字段写入存储设备。(2)读出流程:读者输入查询关键词,首先,通过分析器进行处理。然后,对分析处理后的关键词搜索相关索引找出对应的文档。最后,读者根据需要从找到的文档中提取需要的字段信息。

3.2 基于 Portal 的逻辑层知识管理

Portal 为读者提供个性化的单点登录,将不同的内容进行整合,每一个知识服务模块被封装成一个 Portlet 存放在表示层。基于 Portal 的数字图书馆知识管理过程如图 3 所示。

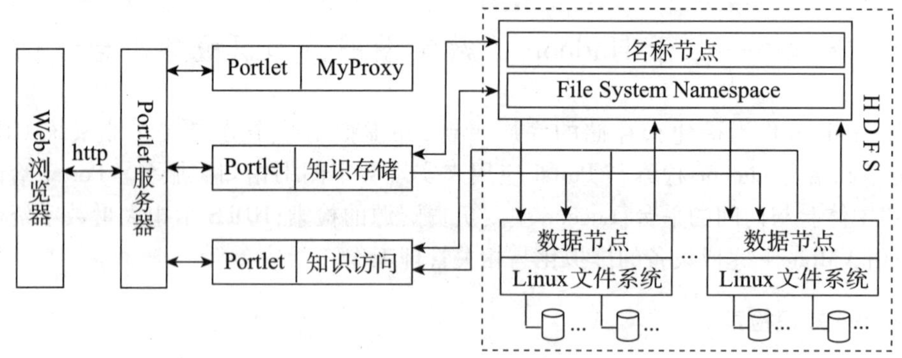

图 3 基于 Portal 的数字知识管理过程

(1)知识存储。管理者通过浏览器访问数字资源的 Portal 页面,在 Portlet 中录入用户名及密码(通过 MyProxy 实现身份验证)。管理者在向云存储中的 NameNode 节点发出存储请求时,首先,NameNode 将文件信息反馈给它所负责的 DataNode 节点;然后,主服务器视文件大小进行分割计算(本文测试过程中按 10MB/块进行计算,不足 10MB 的也算作一块),接着对主服务器各存储节点的状况进行动态分析并将文件均衡分布到各个节点;最后,将文件和数据块信息(即 ID、块顺序、块名、块大小、对应节点的 IP)写入数据库中,服务器最终以 XML 文件形式将数据信息反馈到管理者客户端。存储节点接收一个文件块就向服务器端发送一条确认信息,直至服务器端文件块状态变为存储成功则整个资源存储结束。

(2)知识访问。当读者访问数字资源的 Portal 页面时,Portlet 将资源获取请求发送给 NameNode,NameNode 给出该资源的 DataNode、数据块地址以及数据节点的负载情况,并将数据块信息以 XML 格式发送到读者客户端。客户端接收到 DataNode 和数据块地址的响应后立即为每个存储节点创建一个线程,将数据块并行下载到读者终端的临时文件夹中,所有文件块下载完成之后,Portlet 再将不同的数据内容整合为一个完整的资源,最后将数据提供给读者,并清空临时文件夹中的数据块。

3.3 云存储服务系统(HDFS)

基于 Hadoop 的云存储服务主要是将网络中类型各异的、大量的存储设备整合起来协同工作,共同向资源管理者和读者提供知识管理与服务。因此,HDFS 是构建大数据知识服务平台的核心。如图 4 所示,具体描述如下:一个 HDFS 由一个 NameNode 节点和 N 个 DataNode 节点构成,多个 HDFS 连接构成了本服务平台的 HDFS。NameNode 是 HDFS 的管理节点,将元数据信息存储在内存之中,同时负责命名空间、存储块与集群的管理;DataNode 是 HDFS 的基本构成要素,它将资源以块的形式存储到文件系统中,同时保留块文件的元数据信息,并定期发送所存储的块文件给 NameNode;Client(客户端)封装了与 HDFS 交互(读/写)的相关协议与要素。

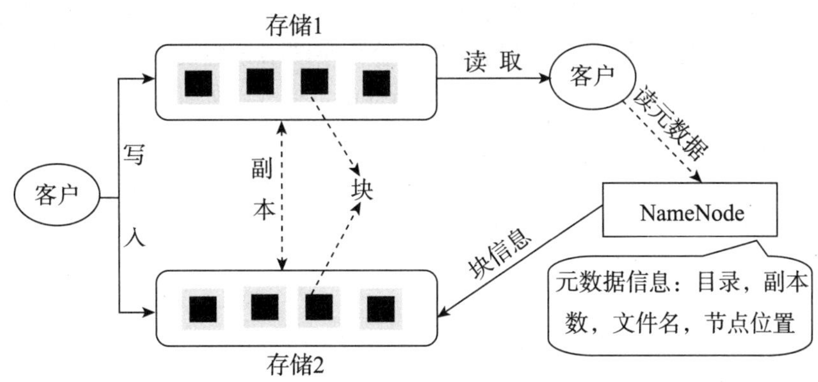

图 4　基于 Hadoop 的分布式文件系统

4　平台服务性能测验

为了验证基于 Hadoop 的知识服务性能,本测验采用 6 台计算机用作云存储服务器,所有节点 PC 机的配置均为:4GB 内存、IntelCore i5 系列 CPU、500GB 硬盘、100MB 全双工网卡,并通过一台 8 口 TP-link 无线路由互连。机器名与 IP 分别设为:qyl1(192. 168. 1. 121)—qyl6(192. 168. 1. 126)。其中,第一台 PC 机作为 Hadoop 文件系统的 NameNode 节点,其余 5 台 PC 作为 DataNode 节点。以上节点采用 Red Hat 9. 0 Linux、Hadoop1. 1、Tomcat7. 0、MySQL5. 3、JDK1. 6 等相关软件部署平台。

在该平台下,使用 1—16 个客户 PC 机分别从服务器端读取 1GB 的数字资源,对传统服务与基于云存储的服务的读取速率进行比较,如图 5 所示。

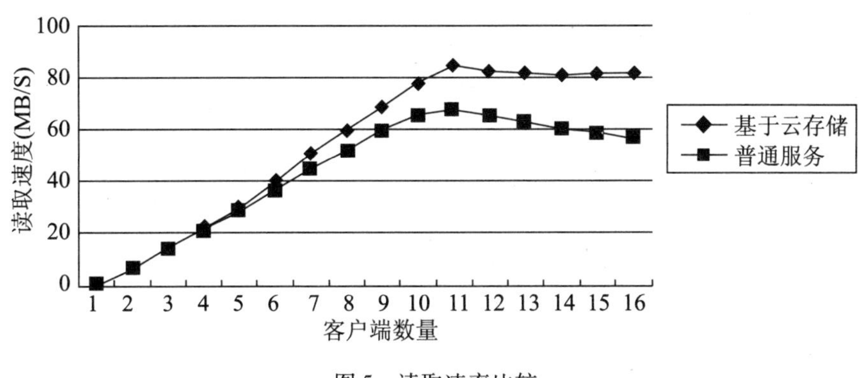

图 5　读取速率比较

检验结果如图5所示,基于Hadoop平台的云存储在数据读取速率与增长速度方面远远高于普通存储模式;普通存储服务的读取速率会随着客户端数量的增加而上升,在达到某个至高点后缓慢降低,而基于Hadoop平台的云存储服务的读取速率并没有随着客户端数量增加负载过重而降低。

5 结语

数字图书馆既是向读者提供知识服务的庞大数据系统,又是信息技术发展背景下的知识管理模式。大数据时代的到来从多角度革新着数字图书馆建设,既为数字图书馆建设提供了历史性机遇,又向数字图书馆的战略性创新提出了挑战。如何从结构复杂、数量繁多的数字资源中挖掘出有价值的隐性信息,如何构建大数据知识服务评价指标体系将是未来数字图书馆研究的思路与方向。以大数据促发展,探寻新技术新理念在数字图书馆中的应用,进而更好地完善数字图书馆知识服务使命,是我们每一个图书馆应尽的职责与义务。

参考文献

[1]大数据究竟是什么?一篇文章让你认识并读懂大数据[EB/OL].[2013-11-04].http://www.thebigdata.cn/YeJieDongTai/7180.html.

[2]舍恩伯格.大数据时代[M].盛杨燕,周涛,译.杭州:浙江人民出版社,2012.

[3]吉汉强,李丽舒.数字资源分类方法的探讨[J].图书馆论坛,2011(2).

[4]张晓林.走向知识服务:寻找新世纪图书情报工作的生长点[J].中国图书馆学报,2000(5).

[5]胡莲香.走向大数据知识服务:大数据时代图书馆服务模式创新[J].农业图书情报学刊,2014(26).

大数据环境下图书馆资源揭示与服务整合策略研究

吴玉灵(江西省图书馆)

随着现代科学技术的不断发展,互联网4G通信技术、云计算服务以及各种社交网络平台等新兴技术和服务的不断涌现和广泛应用,不论是数据的种类还是数据的规模,都得到了急剧的增长,大数据时代的到来已毋庸置疑。

在大数据时代,业界各巨头都在投入重兵打造自己的大数据平台,分析挖掘蕴藏在数据金矿中的价值,图书馆也不例外。图书馆作为公共情报服务机构,是信息资源的集中地。各大图书馆都在开发并完善自己的OPAC、数据库导航系统、手机移动图书馆等,使用户体验到更加高效的资源检索方式和便捷的一站式服务。然而,面对数字资源、著录规范和发布地址的多样化而呈现的资源无序分布的状况,以及服务类型和服务方式存在共性和个性的差异,许多图书馆往往力不从心。

图书馆对资源的揭示的广度和深度直接影响图书馆资源的利用率,图书馆服务读者的策略直接影响到读者的入馆率。因此,建立精准的资源揭示和科学合理的服务整合策略,是当前大数据环境下图书馆信息资源建设亟待解决的问题。

1 资源揭示与服务整合的基本概念

1.1 资源揭示的相关概念

1.1.1 资源揭示的定义

资源揭示的定义可以分为广义的和狭义的。狭义的资源揭示定义是指能够清晰准确地描述某一具体资源,并实现一一对应的映射关系。广义的资源揭示指的是将各种资源按照一定的发布或管理方式进行分解、梳理、归类,形成一个统一的、可迅速定位的资源仓库。

1.1.2 资源揭示的分类

资源揭示按照资源媒介的不同可分为:纸质资源揭示和电子资源揭示。

纸质资源揭示,即将图书馆中通过MARC规范后的馆藏纸质资源,按照传统分类法的馆藏组织编排管理(上架、整架、剔残、剔旧)。

电子资源揭示,即指将图书馆的书目数据库、特有的自建馆藏数据库、外购资源库整合到一起,形成馆藏资源数据仓储,用户可以通过特定的方式进行资源检索定位。

1.1.3 图书馆资源揭示

图书馆资源揭示是指将图书馆中包括纸质资源和电子资源在内所有资源通过各种途径进行揭示的全过程。

1.2 服务整合的相关概念

1.2.1 服务整合的定义

服务整合,即将现有资源服务通过某一特定平台整合到一起,实现服务规范化管理运作。

1.2.2 服务整合的作用

资源和服务从来都是相辅相成的。资源是服务的原料,服务是资源得到利用的保障。服务整合不仅能提高用户查阅资源的检索效率,还能优化图书馆资源结构,提高服务效能。

1.2.3 图书馆服务整合

图书馆服务整合,即将现有图书馆资源服务(包含图书馆的采购、编目、入藏、流通基本服务以及参考咨询服务、讲座预告服务、资源获取服务、馆际互借服务、学科馆员服务等)通过虚拟服务平台整合到一起,实现服务规范化管理运作。

2 图书馆资源的揭示

2.1 图书馆资源揭示的必要性

图书馆资源类型按照资源的媒介主要包含,(1)印刷纸质文献资源:图书、报纸文稿、期刊文献、特种文献资源(政府出版物、会议文献、专利文献、技术标准、学位论文、产品文献)。(2)电子数字资源:电子图书、自建特色数据库、外购镜像型大型数据库、外购托管式远程链接大型数据库。

鉴于图书馆资源的容量大、种类多、区分性弱,要充分描述和揭示图书馆资源,实现高效精准的资源检索定位并非易事,图书馆资源的分布大都是无序的,信息价值的实用性也参差不齐,因此,很有必要通过一定的方法和策略揭示图书馆资源,更好地提高文献资源的精确定位。

2.2 资源揭示的基本思路

大数据环境下图书馆对资源的揭示,是指在庞大的图书馆资源群中,按照一定的策略和标准(例如依据出版物的物理属性:题名、责任者项、附注等信息),通过先进的技术方法,描述包含“关键唯一标识”在内的资源属性,实现资源的精准定位。

2.3 资源揭示的方法

2.3.1 针对于纸质资源 MARC 数据的揭示

MARC 是指机读目录,即 Machine-Readable Catalogue,也称机器可读目录,是计算机编目的产品。它是以代码形式和特定格式结构记录在计算机存贮载体上,能够被计算机识别并编辑输出书目信息的目录形式。

MARC 数据主要揭示出版物的物理属性(包含:正题目与责任者项、主题词、载体形态、分类号、版本项、附注项等)。读者可以通过查阅这些物理属性定位书架上实体资源的具体位置。MARC 数据的出现使得图书馆纸质出版物资源描述揭示高度统一。

2.3.2 针对于电子资源的揭示

电子类资源按照其分类,大体分为:电子图书类、电子期刊类、自建库类、外购库类。

(1) 建立基于 OPAC 和资源库导航系统的资源揭示平台。

(2) 建立基于 TPI 系统的图书馆信息资源揭示平台。

TPI 系统是清华同方为图书情报机构打造的一款集数据资源采集、数据库整合、全文检索、内容发布于一身的资源揭示整合系统。

基于 TPI 的资源揭示系统是基于非结构化文档管理而开发的大型智能内容管理系统。该系统以全文检索数据库为核心，采用 B/S 浏览器检索方式，先进的 C/S 架构，能够同时管理文字、图片、多媒体、电子档案等信息，并提供全文检索服务，支持网页的动态发布，支持分级权限认证。

该系统主要包含以下几个模块：①数据采集（实现互联网大数据信息资源、纸质文档、电子文档的快速采集）；②数据统一存储（要实现资源的统一整合必须在技术上解决数据的统一存储、统一管理，保证数据的一致性，同时利用相关系统的健壮性，保证数据的安全）；③统一认证（解决不同系统的统一认证问题）；④数据迁移（实施数据的统一存储、统一管理和统一认证，需要把一些不同类型的数据迁移到指定的数据库管理系统中）；⑤统一发布（系统不同，发布风格和使用方式各异，为了解决该问题，必须使用资源信息的统一发布）；⑥统一检索（屏蔽所有检索细节，把不同的检索统一成一种检索，使读者用户能够高效利用统一检索界面，迅速获取自己所需要的数据）。

各模块之间协调工作实现软件系统的所有功能。图 1 为基于 TPI 系统资源揭示整合平台功能模块图。

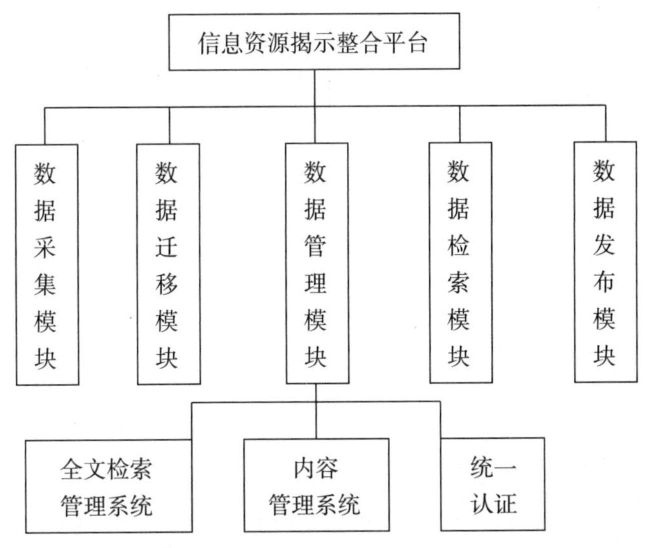

图 1　基于 TPI 资源揭示整合平台功能模块

笔者就以中国知网为例介绍其基于 TPI 资源揭示整合平台应用于图书馆中的案例。它主要运用了 ODL 机构数字图书馆、SDIP 自建数据库整合发布服务系统、USP 异构库统一检索平台等服务技术实现图书馆馆藏资源、自建资源与外购资源的合理资源揭示。

➢ ODL 机构数字图书馆

基于 ODL 构建的机构数字图书馆平台以统一管理信息资源为基础，以个性化的创新服务和创新管理服务为主要目标，按照用户需求进行科学化组织和个性化定制，并实现了定制资源的快速更新和实时发布。以 CNKI 的统一导航、统一元数据、统一检索方式和统一知网节为基础，提供主题定制资源的自动推送服务。

➢ SDIP 自建数据库整合发布服务系统

对于本馆自建的资源库，可以用 SDIP 自建数据库整合发布服务系统来完成。它包含自建库的格式转换、建立 KBASE 库、制作知网节等多个步骤。通过内容整合后,发布到机构馆中,将与机构馆中的 CNKI 资源统一使用、个性化定制,实现机构自有资源与机构馆的无缝集成、内容整合和统一使用,不仅提升了自有资源的使用价值,同时也使得机构馆成为机构的统一资源使用平台。对于机构来说,获得了一个可以制作与 CNKI 同质量的数据制作、分类、发布工具。

➤ USP 异构数据库统一检索平台

由于部分外购数据库中是没有元数据的,不能作为自建数据库整合到机构馆中,而又需要一个统一的揭示平台,那么就可以利用 USP(Union Search Platform)系统解决。USP 解决的是将这些外购数据库整合在一起检索,代替了原来需要到每个数据库中重复构建检索式,重复检索这样的单库检索模式。

(3)建立基于 TRS 的图书馆资源开放式揭示平台

TRS 是北京拓尔思信息技术有限公司的简称,全称为 Text Retrieval System。它是国内最早致力于开发中文信息检索、发布和内容管理的高新技术企业。

目前 TRS 关于实现内容管理、全文检索、数据库整合、内容发布的技术已经比较成熟。下面简要介绍几个 TRS 旗下的资源揭示系统。

➤ TRS 全文数据库系统

TRS 全文数据库系统兼顾结构化资源和非结构化资源、兼顾查全率和查准率,很好地满足了图书馆资源揭示的需求。

TRS 全文数据库系统主要由服务器、管理工具和开发接口部分组成。其具体内容见表 1。

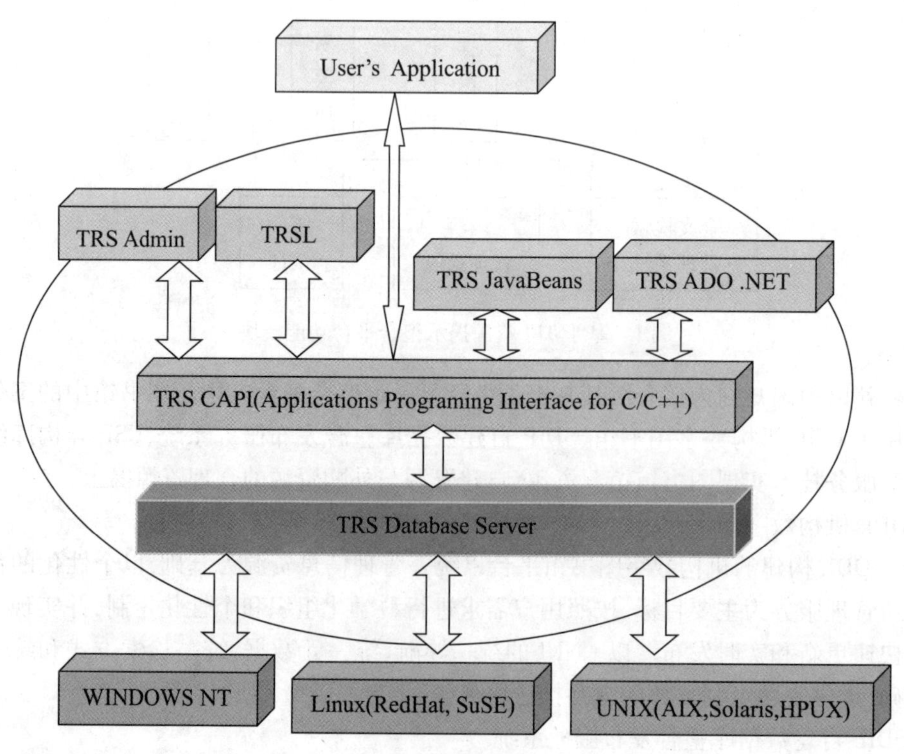

图 2 TRS 数据库服务器体系结构

表 1　TRS 全文数据库系统组成

服务器	管理工具	开发接口
TRS 全文数据库服务器 6.8 (TRS Database Server6.8)	TRS 管理员工具 6.5 (TRS Admin6.5)	C/C++应用开发接口 6.5 (TRS CAPI6.5)
		JAVA 应用开发接口 6.1 (TRS JavaBeans6.1)
TRS 全文数据库运行版 6.8 (TRS Database Runtime6.8)	TRS 命令工具 6.5 (TRSL6.5)	ADO.NET 应用开发接口 6.5 (TRS ADO.NET6.5)

➢ TRS 内容协作 WCM 系统

大数据环境下，图书馆资源的丰富性、无序性、共享性决定了单纯搭建一个简单的检索发布内容网站已经无法满足各种服务资源的需求。TRS WCM 能够支撑多种形式、结构、来源、服务的整合式内容管理平台，支持在云计算架构上进行集群化部署，并且支持内容管理云服务模式。图 3 介绍了 TRS WCM7.0 内容协作管理系统架构图。

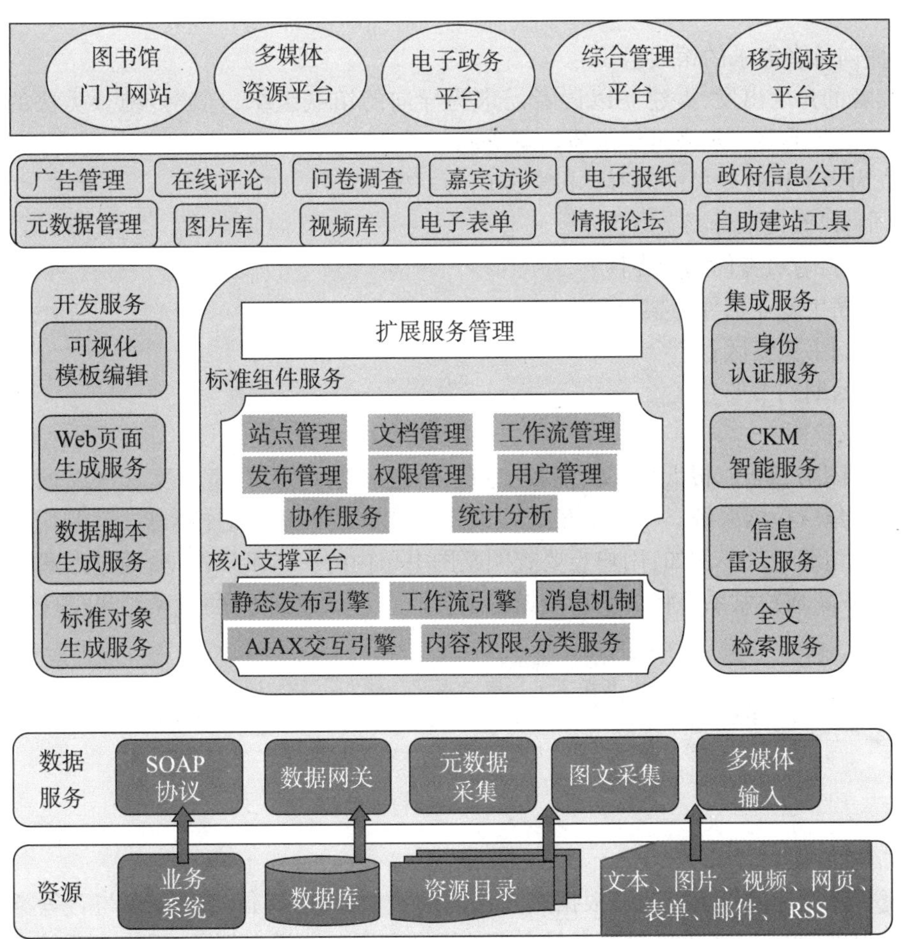

图 3　TRS WCM7.0 内容协作管理系统架构图

2.4 大数据环境下图书馆资源揭示存在的问题

2.4.1 资源揭示深度有待提高

当前许多图书馆的MARC资源大都只包含:题名、责任者项、关键词等基本信息属性。而随着出版业的迅速发展和出版类似物的不断增多,许多出版物类别内容同质化严重。例如,笔者在某图书馆OPAC系统检索题名为“计算机导论”的图书,经查阅发现与该题名相符的书籍竟然有46条记录,然而其基本的MARC属性却并无明显区别,用户很难定位到自己需要查找的资源。

2.4.2 资源揭示的表达没有从读者用户的角度出发

在许多公共图书馆和高校图书馆中,分类法是图书馆管理馆藏资源的基本方法。然而纸质资源揭示中基于分类法的馆藏组织已不能满足读者的需求,基于分类法的馆藏组织只是从图书馆自身的角度设定的。由于分类法的组织方法相对固定,而读者用户的需求又是变化的,两者存在的矛盾会随着时间的推移而愈演愈烈。

2.5 大数据环境下图书馆资源揭示的策略

2.5.1 面向读者需求的馆藏组织

从读者的角度出发,需建立以读者需求为导向的馆藏组织,打破传统分类法的组织方式,利用灵活的典藏管理来组织纸质馆藏资源。

可以为当下比较受关注的群体设立专门的书架、专区。如:

(1)学者、教授推荐书架专区;

(2)考研、考级专门书架专区;

(3)应届生就业辅导书架专区;

(4)孕妇书架专区;

(5)休闲期刊书架专区。

2.5.2 集成检索

开发集图书、期刊、报纸、论文、视频、专利、特色库为一体,具备中文和外文两种检索大类的一站式集成检索系统。一站式集成检索系统能够根据用户的检索需求,调用各种关联的数据库或馆藏目录。例如:用户想要查阅某图书馆内的一本纸质图书,通过点选“图书”单选框,一站式集成检索系统将自动调用馆藏书目联合目录数据库,将检索结果呈现给用户。

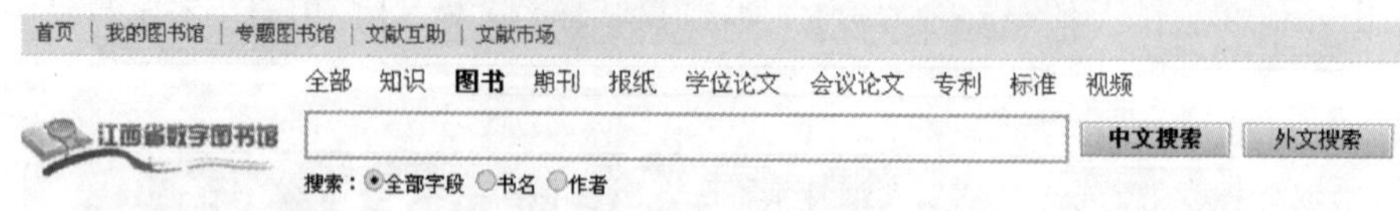

图4 一站式集成检索图例

2.5.3 情境智能设计

情境智能设计是指系统能够根据用户访问的授权方式、具体资源存在与否等类似情境自动做出识别判断操作,提供给读者最合理的资源和服务。举个例子,用户在系统中检索报刊资源,检索系统检索到资源后,判断该用户是否具有权限获取,有以下三种情况:(1)有权限。直接跳转至该报刊全文链接地址;(2)没有权限,但是用户所在单位已经订购该资源板块。系统可以提示用户在其所在机构馆直接获取报刊资源,或者采用文献传递服务;(3)没有权限,用户所在机构也没有收藏该报刊,用户只能采取报刊文献传递服务功能。

2.5.4　资源关联发现功能

设计该功能的主要目的是能够更好地揭示与某一资源相类似的资源。资源关联发现功能可以根据相同的学科、相同的题名或相同的作者等提供一系列其他的资源项。例如,读者希望查询一本与计算机图形学相关的书籍,但是不记得该书籍的准确题名和作者,当查阅到一本叫“OPENGL 编程实例”后,可以通过按学科关联发现的方式找到其需要的书籍。

2.5.5　缩小范围,精炼检索

用户在输入检索题名或是其他字段的值后,系统会检索出许多与该资源类别相关的资源项,通过勾选其他字段信息,缩小检索范围进行二次检索,可以迅速定位用户需要的资源。

其中,缩小范围二次检索中界定的字段有:

(1)内容。包含图书、期刊、报纸、学位论文、会议论文、标准、专利、视频、科技成果、信息资讯、特色库等。

(2)关键词。系统会根据一次检索时用户键入的关键词自动生成与该关键词相关的其他词汇。例如,用户键入“计算机图形学”,系统会提供“任何”“计算机图形学”“虚拟现实”“OPENGL”“可视化”“计算机辅助设计”等单选框供用户选择,同时还提供包含计算机图形学的文献篇幅数在内的基本信息供用户参考。

(3)年份。系统会按年份列出该年出版过的匹配资源的数目。用户如果知道被检索资源的出版年份,可以勾选对应的年份,进行二次检索。

(4)作者。

(5)作者机构。

(6)地区。

(7)学科分类。

3　图书馆服务的整合

3.1　图书馆服务整合的内容

图书馆整合的服务内容主要包含以下几种:

(1)基础流通借还服务。

(2)阅览室服务。包含自习阅览室和电子阅览室。

(3)数字图书馆资源获取服务。

(4)参考咨询服务。

(5)讲座服务。

3.2　图书馆服务整合的基本思路

建立一套基于服务的平台架构方案,实现从基础的业务流程服务、资源获取服务、馆员咨询服务到基于 TRS 的大数据图书馆情报知识管理服务、基于图书馆云平台的服务等的全方位整合。

3.3 大数据环境下图书馆服务整合存在的问题

3.3.1 部分资源服务整合难以做到无缝对接

在资源服务整合的过程中,存在部分资源型服务是无法很好融合到一起的。例如,结构化资源和非结构化资源。非结构化资源由于其文本、图像、多媒体信息的集散,缺乏元数据统一管理,很难将其与其他数据库整合到一起。必须手动地将每条资源记录重新制作,编写其元数据方能实现,这样工作量将大大提升。

3.3.2 服务整合范围和深度有待提高

服务整合的内容涉及图书馆业务工作的各个方面,它既包含图书馆在馆舍物理空间上定位的各种服务项目,又包含近年来开展的各项新兴社交网络产品技术。例如:网络参考咨询、掌上图书馆、手机二维码电子书扫描、政府信息公开目录、图书馆大数据、微信管理平台等。这些新兴的技术并未完全在图书馆中得到应用,因此图书馆服务整合的范围和深度还有待提高。

3.3.3 缺乏服务整合专业技术人才

服务的整合需要专业的计算机服务人才,然而当前各图书馆中,许多年轻图书馆员缺乏服务的整体思维,只是简单地将基础业务服务纳入服务内容行列。服务整合是一项既需要有专门技术水平,又需要有服务全局意识观念的工作。

3.4 服务整合的策略研究

3.4.1 加强图书馆服务项目宣传

许多读者常年待在图书馆,很大一部分读者并不知道如何快捷地利用图书馆的服务。他们来图书馆上自习,大多是因为图书馆优越的学习条件和浓厚的学习氛围。加强图书馆服务项目宣传能够有效提高图书馆服务利用率,方便快捷地解决读者遇到的各种难题。

3.4.2 “由内及外,由表及里”的服务整合策略

“由内及外”是指图书馆在整合资源服务的过程中,先把本馆内的基础业务服务、资源获取服务整合到位,再去考虑其他外部的资源服务或业务服务。

“由表及里”是指图书馆通过读者使用图书馆服务所反馈的现象看到问题的实质,从用户的角度去深层次挖掘服务整合过程中存在的问题,继而加以改进。

3.4.2 加强服务整合人才的培训

大数据环境下,服务整合项目的内容将随着时代的更新而呈现多元化发展。定期为图书馆服务整合人才举办培训能够有效避免人才与技术的脱轨,提高服务整合的效率,增强图书馆服务效能。

4 国外图书馆资源揭示与服务整合策略研究现状

笔者通过分析国外包含国家图书馆、高校图书馆和公共图书馆的 9 个样本对象(见表 2),研究其资源揭示与服务整合的方法策略。

表2　国外图书馆资源揭示与服务整合分析对象

机构类型	机构名称
国家图书馆	英国国家图书馆、新西兰国家图书馆、加拿大国家图书馆
高校图书馆	哥伦比亚大学图书馆、布朗大学图书馆、剑桥大学图书馆、伦敦大学图书馆
公共图书馆	加拿大温哥华公共图书馆、纽约公共图书馆

国外图书馆资源特征表现为多元化、异构化、整体化。其资源组织方式更加紧密、资源揭示方式途径更加丰富、资源服务功能更加完善。

4.1　资源存取开放化

开放存取资源(Open Access Resource),是指采用“发表付费,阅读免费”的形式,通过自归文档和开发存取两种途径,实现开放期刊、开放图书、开放课件和学习对象仓储等内容的知识共享。被调研对象开放化存取资源列表见表3。

表3　国外图书馆资源揭示与服务整合分析对象开放化存取资源列表

机构名称	网址	网页	OA资源揭示				
			OPAC	资源列表			认证
				数据库	电子资源	其他资源	
英国国家图书馆	http://www.bl.uk/	√	√			√	√
新西兰国家图书馆	http://natlib.govt.nz/	√	√	√	√	√	√
加拿大国家图书馆	http://www.bac-lac.gc.ca/eng/Pages/home.aspx	√	√	√	√	√	√
哥伦比亚大学图书馆	http://library.columbia.edu/	√	√	-	-	√	-
布朗大学图书馆	http://library.brown.edu/	√	-	√	-	√	-
剑桥大学图书馆	http://www.lib.cam.ac.uk/	√	-	√	-	√	√
伦敦大学图书馆	http://www.ull.ac.uk/	√	√	√	-	√	√
加拿大温哥华公共图书馆	http://www.vpl.ca/	√	√	√	-	√	√
纽约公共图书馆	http://www.nypl.org/	√	√	√	-	√	√

4.2　资源揭示基础元数据化

笔者所挑选的9个被研究样本对象,大体都将工作重心聚焦于元数据的制作、加工、引用和组织协调上。

在这些样本对象中,布朗大学图书馆提出建立从加工、制作、修改到引用、共享的长效机制。加强外部元数据的引用以及建立规范化元数据描述标准的工作也被列入布朗数字化保存项目中;加拿大温哥华公共图书馆在2011年至2013年的战略框架中指出,元数据资源对于图书馆馆藏的发展极其重要,要充分利用各种途径对该类资源进行收集与长期保存;此外,新西兰国家图书馆、纽约公共图书馆、哥伦比亚大学图书馆也都纷纷提出,要加强图书馆元数据资源的建设,提高元数据制作的质量,构建元数据仓储库。

4.3 资源组织方式机构仓储化

在资源组织方式上,由于受到开放获取认证的冲击,各图书馆之间逐渐在本机构的战略计划部署中提出了机构仓储化的计划,在各分支机构中常见机构知识库,各分支机构知识库最终汇总入总库,实现机构仓储一体化管理。

剑桥大学图书馆是最早建立机构数据库的图书馆之一。该馆在 2012 年至 2014 年战略规划中制定了机构仓储化发展战略,分析了使用元数据构建仓储知识库的优缺点。新西兰国家图书馆也强调了资源组织机构仓储化的重要性,并要求本机构下属的分支图书馆统一资源组织方式,共同构建元数据分级机构仓储。

4.4 资源服务方式集成多样化

研究调查中发现上述 9 家图书馆均采用了现代集成化服务方式。其中,掌上移动图书馆、数字图书馆、资源文本挖掘服务、图书馆大数据微信管理平台、信息雷达集成系统、网站资源导航一站式集成检索服务等在各大图书馆中均有应用。

例如,哥伦比亚大学图书馆计划将资源揭示给搜索引擎、发现工具,以及社会社交网络,揭示的主要内容包含书籍目录、档案、图像以及其他多媒体信息资源,充分改变从搜索、发现到文献传递的传统方式,提升图书馆服务集成化管理水平。

表 4 国外图书馆资源揭示与服务整合分析对象服务整合主要情况

馆制 项目	布朗大学图书馆	加拿大温哥华公共图书馆	剑桥大学图书馆	英国国家图书馆	新西兰国家图书馆
服务整合	资源检索/馆藏目录/流动借阅/其他服务	流通/咨询/讲座预告/参考咨询	流通/咨询/多媒体阅览室服务/资源获取	基础流通服务/业务咨询服务/资源检索服务	流通/咨询/检索/其他服务
人员规划	图书馆助理馆员提供全天咨询服务	图书馆馆员提供咨询服务	图书馆助理馆员提供咨询服务	图书馆研究馆员和副研究馆员提供咨询服务	图书馆馆员和助理馆员提供咨询服务
人员培训	定期举办服务培训	-	周例培训	模块化培训,分阶段分步骤实施	定期举办馆员业务培训
自助服务	网络调查问卷	网络在线咨询	自助预约, IM 服务	桌面式自助服务功能	自助咨询交流
效果评估	网络问卷调查结果显示读者反映良好	咨询内容主要针对部分业务,效果一般	效果良好,读者支持	服务功能清晰明了,服务满意度高	效果一般,用户反映部分业务细节需加强

4.5 国外经验对我国图书馆资源揭示与服务整合的启示

4.5.1 制定适宜的资源揭揭示和服务标准

大数据环境下图书馆资源揭示制度标准应包括:图书馆资源揭示内容选择标准、资源揭示平台系统选择标准、图书馆资源揭示的成本评估标准、资源揭示效果反馈等内容。

大数据环境下图书馆服务整合标准应包括:服务内容整合规范标准、服务整合流程设定标准、图书馆服务整合成本评估、服务整合效果反馈等内容。

4.5.2 建立图书馆资源揭示与服务整合绩效岗位

图书馆对资源的揭示的广度和深度直接影响图书馆资源的利用率,图书馆服务读者的策略直接影响到读者的入馆率。因此,非常有必要依据制定的资源揭示与服务整合的标准建立图书馆资源揭示与服务整合绩效岗位。

4.5.3 以读者需求为资源揭示与服务整合的根本原则

通过征求读者意见,从读者的角度出发,建立以读者需求为导向的馆藏组织,打破传统分类法的组织方式,利用灵活的典藏管理来组织纸质馆藏资源;建立以 OPAC 和资源导航为主,以 TRS 全文检索数据库整合服务为辅,结合当前大数据环境优秀的网络社交平台,为读者提供精准的资源揭示和科学合理的服务整合服务。

4.5.4 提高文献资源揭示与服务整合工作者的专业素质和文化修养

大数据环境下图书情报业的发展,需要依靠图书馆管理者的综合知识和管理能力作为支撑。对于资源服务整合人员来说,不仅需要业务精通,熟悉基本的软硬件平台,还应当对各种不同类型服务的划分有敏锐的判断鉴别和筛选能力。加强图书馆内部管理工作,发挥人才优势,组建高素质资源服务团队。

5 结语

随着海量数据的不断攀升,大数据分析有了丰富的信息资源。美国互联网数据中心指出,目前世界上 90% 以上的数据是最近几年才产生的。如今,每秒钟地球上的人们要发送 290 万封邮件;每天每个家庭要使用 375MB 数据;每分钟人们在 Youtube 上传 20 小时的视频;每天 Google 处理 24PB(1PB = 1024TB)数据;每天 Twitter 上发布 5000 万条消息;每月人们在 Facebook 上浏览 7000 亿分钟;每秒 Amazon 要产生 72.9 笔订单。在未来一段时期内,互联网上的数据每年将增长 50%,每两年便将翻一番。

大数据环境下,图书馆资源也日益激增。由文化部、财政部共同推出的“数字图书馆推广工程”开展的资源联合建设项目工作正紧锣密鼓地进行着。资源联合建设项目包含:元数据仓储建设、往事典藏之政府公开信息资源建设、资源唯一标识符系统建设。元数据仓储资源建设中,有 14 家省馆,16 家市馆开展自建数字资源元数据登记,共登记自建数字资源超过 150 万条。截至 2013 年,国家图书馆已完成与 15 家省级图书馆的专线连接,能够实现大型、分布式系统的互联,为云计算、物联网等技术提供了网络环境。45 家副省级以上图书馆可通过虚拟网共享使用 120TB 的联合共享数字资源。

面对如此日益激增的海量数据资源,图书馆作为图书情报服务机构,更应当注重图书馆资源揭示方法与服务整合策略的研究。提高资源揭示力度,提升服务质量水平,从服务理念到服务策略，从服务策略再到服务实践中去，为广大读者提供更加便捷、精准、高效的数字资源服务。

大数据环境下图书馆资源揭示与服务整合是一项长期而又复杂的任务，不仅需要实时动态揭示本馆的资源数据，还要对各种新兴起的服务项目保持关注，必要时融入图书馆服务整合项目中。加强国际合作，联合各大图书情报机构，共同研究建立精准的资源揭示和科学合理的服务整合策略是各国图书情报机构需要思考的问题。

参考文献

[1]龚亦农. TPI、TRS 和 Metalib/SFX 三种数字图书馆软件系统的资源整合功能比较分析[J]. 新世纪图书馆,2007(3).

[2]宋文,傅红梅,路纳新,等. 文献资源集成揭示的思路与实践[J]. 图书情报工作,2008(4).

[3]黄如花,高协. 美国州立图书馆对开放获取存取资源的调查与分析[J]. 图书馆论坛,2008(6).

[4]贾光耀. 我国高校图书馆开放存取资源揭示的不足及策略研究[J]. 科技情报开发与经济,2010(34).

[5]徐丽芳,刘锦宏. 我国高校图书馆开放获取学术资源集成与揭示现状分析[J]. 多媒体数字出版,2011(3).

[6]魏大威,谢强,李丹. 实施数字图书馆推广工程:有效整合资源、全面创新服务[J]. 图书馆理论与实践,2011(12).

[7]魏大威. 数字文化资源统一揭示与服务平台架构研究[J]. 图书馆学研究,2014(5).

虚拟化技术在图书馆数字化中的应用

索　晶(国家图书馆)

1　前言

随着计算机技术的发展,图书馆的业务也朝着网络化、数字化、电子化的方向转变,各种针对不同业务的应用系统相继出现,各种针对不同人群服务的网站也相继建立,为图书馆各项工作的开展带来了不少帮助。数字化进程带来各种便利的同时,各种全新应用都需要单独购置相应的服务器、数据库和操作系统,这样的流程不光花费大量的资金,同时带来了其他相应的问题。

第一,服务器资源浪费。每一个独立应用平台,无法事先准确预测系统的负载能力,只能按照设计中的最高负载情况配置服务器,造成服务器运行时在大多数时间负载非常低,性能无法得到充分发挥。第二,能耗问题。实体服务器的运行需要消耗大量的电能。除了维持服务器正常运行外,整个机房还需要对温度、湿度、气流、电流等方面进行统一管理。目前服务器机房的设计已经是一项成熟的工程方案,绿色环保低能耗的设计逐渐普及,但机房总功耗仍然不断增长。随着图书馆逐渐由传统图书馆向数字图书馆的转变,对实体服务器的需求会导致功耗的增长越来越快。第三,实体服务器都需要单独维护,以保障系统的正常运行,而且不同服务器之间是异构的,各系统间平台和界面等都不相同,这为应用系统的管理带来了很大的工作量。虚拟化技术的应用为这些问题提供了一个比较理想的解决方案。

2　虚拟化技术

计算机的虚拟化技术是一个广义概念,泛指"把多个物理上独立存在的存储体通过软件或硬件的手段集中管理起来,形成一个逻辑上的虚拟存储单元供主机访问"[1]。也就是指通过软件模拟一些计算机硬件的工作,使操作系统认为自己正在控制的是真实存在的硬件。例如虚拟光驱、虚拟鼠标、虚拟内存、虚拟网络适配器等,都是虚拟化技术的一部分。

早期的虚拟化技术从大型机时代发展而来,20 世纪 50 年代,限于计算机技术的局限,服务器主要是大型机或中型机,这种服务器拥有当时最强悍的性能,但数量非常稀少,无法保证所有人都有机会独占服务器进行运算,多人共享服务器成为必须。这就为虚拟化技术的出现提供需求的动力。最早的关于虚拟化技术的论文是 1959 年的《大型高速计算机中的时间共享》,该篇论文讨论了关于分时系统的实现思路。20 世纪 60—70 年代,UNIX 系统的兴起带来了比较完善的虚拟化技术,允许人们通过不同的输入输出端共享同一台服务器的计算能力。随着技术的进步,虚拟化技术逐渐由大型机向中小型服务器渗透,现在虚拟化技术已经广泛出现在我们的个人电脑上。我们这里主要讨论的还是基于中小型服务器通过使用虚拟化技术,使得各种应用在尽可能少的服务器上运行,提高服务器的运行效率。

3　虚拟化技术的分类

提高服务器效率的虚拟化技术一般来说分为以下三种技术。

3.1　虚拟机技术

虚拟机技术是现在最主要的虚拟化技术,这种技术可以在一台计算机上模拟完整的计算机硬件系统环境,模拟系统的数量由计算机的性能决定。通过虚拟机技术,可以把一台服务器的所有硬件和软件配置都变成一系列的文件,可以非常方便地备份、复制、迁移。在虚拟机上再安装一台同样功能的服务器,所需要做的只是复制一下文件,就可以轻松实现;而把一个系统恢复到某一个时间点,也只需要把原来的备份复制到相应目录里。在使用上这些虚拟机的功能与一台真正的计算机没有任何区别,用户可以按自己的需求在上面安装系统软件和应用软件。而且虚拟机软件内一般还包含有管理虚拟机的部分,可以非常直观地查看各虚拟机的工作状态。这些功能都是实体服务器所无法做到的。

随着虚拟化技术的普及,大型的 IT 厂商都推出了各自的虚拟化解决方案。硬件上有 Intel 的 VT 技术,软件上如微软的 Hyper-V,Linux 上的 XEN 等。但其中最著名的仍然是由 VMWare 公司开发的 VMWare 系列软件[2]。

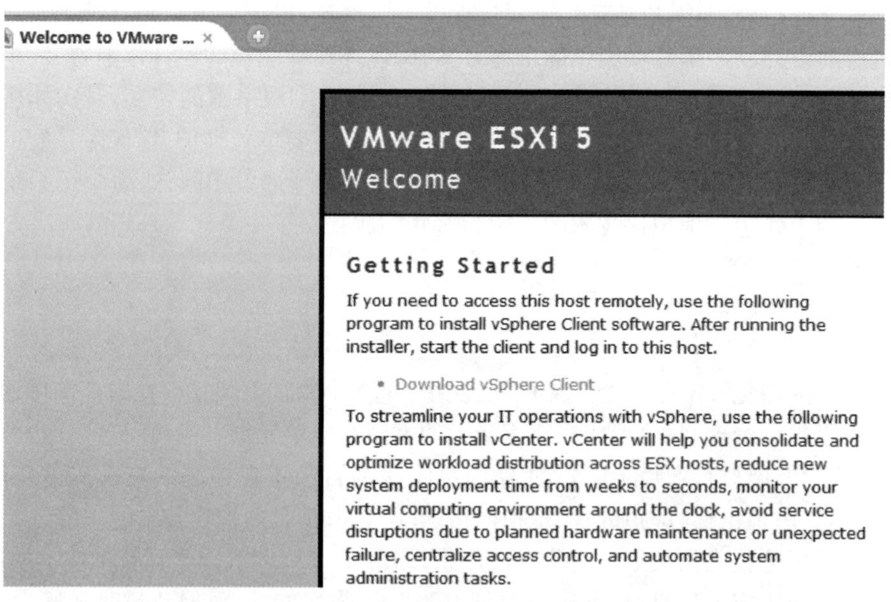

图 1　VMWare ESXi 5.0

除了商业化软件外,Linux 上也有不少免费软件供用户选择,如 KVM 和 XEN。这些软件都已经拥有了比较高的成熟度,商业软件与免费软件互相竞争,共同促进了这类软件的发展。

以 VMWare 为例,目前 VMWare 推出了针对企业用户的两款系统——免费的 VMware Server 以及昂贵的 ESX Server。VMWare Server 是在 Windows 或 Linux 上运行的一款虚拟化服务器端软件,其前身是 VMWare GSX Server。VMWare Server 拥有完备的虚拟机管理工具和满足一般用户需求的基本性能,可以让用户了解 VMWare 的使用方法。

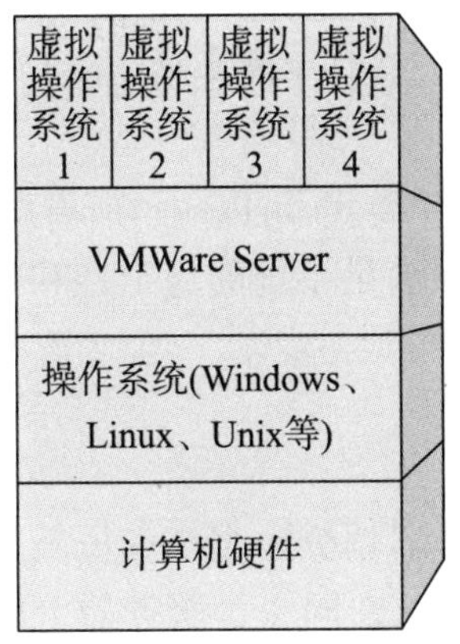

图 2　VMWare Server 结构图

VMWare ESXi 是基于新一代的虚拟机技术 Hypervisor 的软件,该软件独立于操作系统,直接工作在计算机硬件上,可以提供更好的系统稳定性和系统性能。除此之外 ESXi 还提供了收费软件的一系列自动化技术和企业级技术支持。

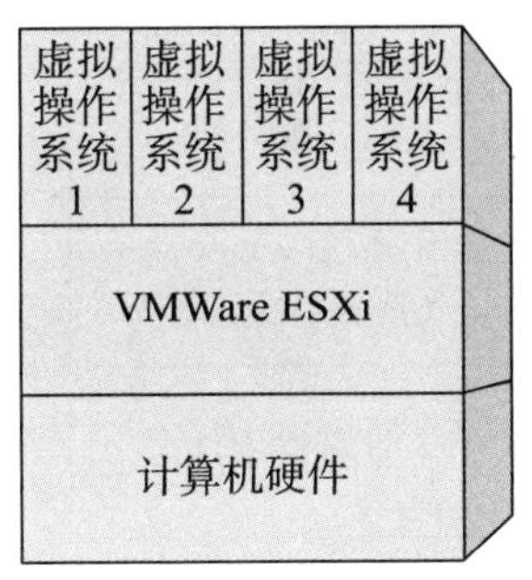

图 3　VMWare ESXi 结构图

对于图书馆来说,大多数应用系统虽然重要,但平时的负载并不高,而面向一些专门人群服务的项目,负载会更低一些,大部分的轻量级应用系统直接采用免费的虚拟机就足以满足日常的应用。

以国家图书馆中文采编部为例,虽然编目一体化已经在全馆推行,但一些有特殊需求的编目科组仍然同时在组内运行了一套用于数据备份和数据处理的小型编目系统。这种系统由各科组负责系统的运维,共同特点是每天上班开机,下班关机,非"24 ×7"运行,甚至只是运行于一台 PC 上。绝大多数情况负载比较低,但对科组的业务有直接的支撑作用。如果引入虚拟化技术,由专业的运维人员把所有这种小型系统整合在一台或两台服务器上运行就可以更好地满足目前的需求,同时提高系统的运行效率和安全性。

扩展到整个国家图书馆,按照不同的服务项目,每个服务器的压力都不相同,每个服务器工作压力的高峰期也不同,比如为读者服务的门禁系统,就是每天 9:00—21:00 比较忙;而图书馆指纹考勤系统的使用高峰只是在早上 8:00—8:30,晚上 5:00—6:00 这两个很小的时间段,而数字电视服务等视频服务只是对硬盘和网络流量的占用率比较高,CPU 的使用率要低很多。大多数时间只能发挥自身运算能力的 10%—20%。以联合编目中心的 UCS 系统为例,日常运行中CPU的运行效率仅在20%左右,会存在一定程度上的浪费。但是每次馆藏灌装时,又会有大量的索引重建工作占用大量的CPU和IO,这时性能又出现了严重的不足,也对用户服务造成一定影响。这种平时和特定时间系统资源的不平衡使用,是虚拟化技术在图书馆应用的一个理想场景。

理论上说,虚拟机技术这种工作模式,可以应付所有应用服务,但实际操作中,还是有一些其他情况,需要引入其他模式,在满足系统的稳定性和效率的基础上,完成和使用虚拟机同样的效果。

3.2 虚拟主机

虚拟主机技术也是把一台服务器划分成多个虚拟服务器的技术,但是这种服务器只针对Web服务,也就是把很多网站建立在同一台服务器上的技术。在使用中,每个网站都拥有独立的域名和完整的Web服务功能(HTTP服务、FTP服务、数据库服务、PHP或ASP脚本语言等)。

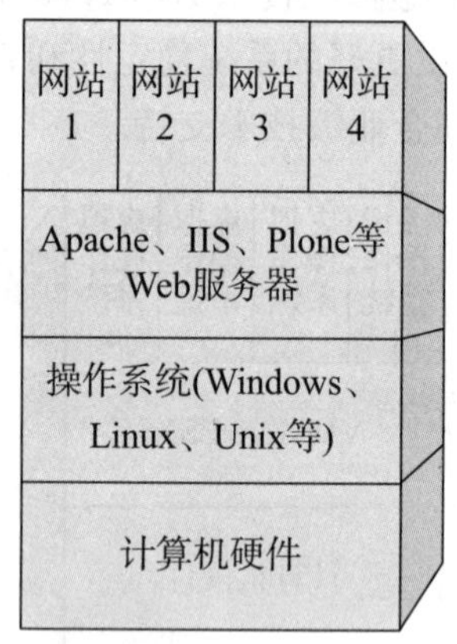

图4　虚拟主机结构图

虚拟主机有两种实现方法:基于IP的方法和基于主机名的方法。

(1)基于IP的方法

首先,在服务器里绑定多个IP,然后配置Web服务器,把多个网站绑定在不同的IP上。通过不同的IP,访问不同的虚拟主机。

(2)基于主机名的方法

首先,设置多个域名的A记录,使它们解析到同一个IP地址上,即同一个服务器上。然后,在服务器上配置Web服务端,添加多个网站,为每个网站设定一个主机名。因为HTTP协议访问请求里包含有主机名信息,当Web服务器收到访问请求时,就可以根据不同的主机名来访问不同的网站。

基于IP的方法在局域网中比较常用,基于主机名的方法在Internet中比较常用。

国家图书馆的官方网站由于系统每天的访问量较大,使用了单独的网页服务器、数据库服务器。除此以外,还有一些部门拥有自己的独立的网站,例如联合编目中心网站、《中图法》编委会等。这些网站虽然也采用国家图书馆的二级域名,但相对独立于国家图书馆的主网站,同时有自己管理服务器的需求,这种情况适合通过虚拟主机的技术提供Web服务。

虚拟主机技术并没有虚拟整个操作,而只是通过 Web 服务器软件实现了对远程用户的虚拟化服务,所以相对于虚拟机技术消耗更少的系统资源。现在的 Web 服务器软件 Apache、IIS 等都提供了非常成熟的虚拟主机技术支持,实现也并不复杂。

另一方面,从数据备份的角度上看,Web 网站的数据备份,主要是对 HTML 文件、脚本文件、图片文件等纯文件备份,直接通过网络复制就可以完成备份工作。同样服务器迁移也只需要简单的拷贝或 FTP 上载操作。

使用虚拟主机技术有虚拟机技术的优点,而避免虚拟机技术会占用一部分系统资源的缺点。在这种情况下,对 Web 服务器使用虚拟主机技术更为适宜。

3.3 数据库整合(多实例)

还有一种不适宜直接用虚拟机技术的应用是数据库服务,主要的原因是出于性能的考虑,一般来说,虚拟服务器无法提供与实体服务器相当的性能,因为虚拟环境本身需要耗费一些资源。据一些测试工作室评测,使用虚拟化技术会降低约 10%—15% 的性能。而数据库系统由于其自身的工作特点,对内存、IO(输入输出)和 CPU 的要求都相对较高,使用虚拟化技术时会损失更多的性能,在服务器整合的条件下,其他虚拟机所运行的程序,可能对性能造成严重的影响,这高负载数据库系统所不能允许的。而且最重要的是,我们除了虚拟化技术,还有更好的解决方案,那就是数据库的多实例功能。

数据库的实例指的是一个数据库服务,包含一系列的进程和为进程分配的内存。一般的数据库软件都是允许用户在同一个数据库软件上同时运行若干实例,这些实例相互独立,完全可以提供和虚拟化技术相同的功能。

从管理的角度上,虚拟机和多实例数据库非常相似,但是虚拟机仍然要比多实例数据复杂一些。因为多实例数据库只基于一个操作系统,只需要给一个操作系统和一套数据库管理系统打补丁,而虚拟机技术却需要分别对每一台虚拟服务器和数据库管理系统单独打补丁和进行管理。

在部署服务器和灾难恢复方面,虽然数据库管理系统同样提供了完善的数据库备份、恢复功能,例如 SQL Server 2005 中的 SQL Server Management Studio,但虚拟机技术显然更有优势,备份和恢复的时间只需要几分钟甚至几秒的时间。

在成本上,数据库的多实例并不需要额外的使用许可,SQL Server 2005 就提供了高达 50 实例同时运行的权限。这样,只要提供一套操作系统和一套数据库管理系统以及客户端访问许可,就可以为多达 50 个应用系统提供数据库服务。而如果使用虚拟机技术的话,那就需要为每个单独的虚拟机单独购买软件许可,成本会大大增加。现在的服务器端软件也已经开始提供虚拟机的使用许可,例如 Windows 2008 数据中心版,就提供了无限制的虚拟机使用许可。当然,这样的软件价格也会比普通版贵很多。具体采用哪种方法实现还需要根据具体情况分析。一些 Linux 上的免费的虚拟机软件例如 VirtualBox、KVM 等也可以选择,只是免费软件没有技术支持,对使用者的要求比较高。

4 结束语

随着虚拟化技术的普及,Intel 也推出了支持虚拟化技术(Virtualization Technology)的

CPU,通过这种技术,可以将一个 CPU 模拟成多个 CPU,使得虚拟机运行更加高效。

现在已经有一些国内的图书馆开始采用虚拟化技术解决本馆的服务器管理的问题,例如解放军医学图书馆、福州大学图书馆[3]、山西大学图书馆等。但目前这些图书馆都是以 VMWare 的软件实现虚拟化。目前还很少见到采用 KVM 等开源软件的虚拟机,部署的范围也比较少,没有实现全馆统一部署管理服务器的案例。虚拟化技术在图书馆的应用还处于比较初级的阶段。

虚拟化技术的优势日益体现,一方面大幅降低了服务器和能源的支出成本,另一方面也极大地增强了系统整体的可靠性和安全性。随着该技术在图书馆界被逐渐重视和虚拟化技术的逐渐成熟,成本的不断降低,虚拟化技术最终在图书馆领域的广泛应用是可以被预期的。

参考文献

[1]鲍智明. 存储虚拟化在数字图书馆建设中的应用[J]. 情报探索,2005(5).

[2]董秋生,黄文,马骏涛,等. 服务器虚拟化技术在数字图书馆服务器整合中的应用[J]. 情报理论与实践,2009(1).

[3]刘荣发. 服务器虚拟化技术在图书馆数字化服务中的应用[J]. 现代图书情报技术,2007(4).

"无所不容、无处不在、无所不能"是未来图书馆的发展方向

李 浩(南京图书馆)

1 引言

在科技进步日新月异的网络社会,人们制造、传播、获取信息的速度是惊人的,方式是便捷的,只要一部智能手机,就可以随时把身边发生的事情与全球共享,也可以随时阅览新闻和查询资讯。从这一方面讲,公共图书馆的功能和作用越来越被弱化和边缘化,并呈加速的趋势。展望未来,公共图书馆何去何从,如何乘时顺势,在公共文化服务体系中发挥更大作用、实现最大价值?笔者认为,未来的图书馆只有在服务资源上无所不容、服务模式上无处不在、服务内容上无所不能,才能在未来立于不败之地,才能不被快速发展和转型的时代所抛弃。

2 当前图书馆阅读服务环境分析

据工信部统计,截至2014年1月底中国移动通讯用户达12.35亿,同比增长10.8%,其中33.94%为3G用户,67.80%为移动互联网接入用户。"第十一次全国国民阅读调查"显示,2013年我国成年国民图书阅读率为57.8%,连续七年稳步提升。但是,受数字化迅猛发展的影响,报纸期刊阅读率逐年下降,数字化阅读方式(包括网络在线阅读、手机阅读、电子阅读器阅读、光盘阅读、PDA/MP4/MP5阅读等)接触率持续增长,达到50.1%,首次超过半数,同比上升了9.8%。调查分析认为,"工作忙"是我国成年人不读书的最主要原因,"获取便利""方便随时随地阅读"和"方便信息检索"等优势促使人们选择数字化阅读。与调查相吻合的是,在快节奏社会环境里,随处可见的"低头族",或没时间、或没兴趣、或没精力手捧一本书进行"深阅读",只有通过智能手机进行便捷化、快速化、碎片化的"浅阅读"。相应地,在当前免费开放的新形势下,图书馆的职能早已悄然发生了变化,已不把读者到馆率作为服务能力的主要考核指标,特别是传统的借还书和到馆阅读。调查显示,即使读者到馆,50%以上的目的并非是传统意义上的借还书和读书看报,他们或是听讲座、看展览,或是享受上网冲浪及多媒体的视听体验,或是参加各种读者活动,还有许多读者为了会客谈心甚至片刻休息。

3 当前图书馆的发展出路和未来图书馆的发展方向

事实证明,汹涌澎湃的数字化浪潮,促使图书馆传统服务功能日益减弱,服务模式受到挑战。按照这个趋势,当所有的信息都能在互联网上得到,当智能手机能解决阅读、查询等问题,我们还需要图书馆吗?不可否认,图书馆正处于一个面临危机的时代。有人甚至预言

图书馆会在2019年消失,美国Alfred大学的用户培训馆员就发表过《2050年大学图书馆尸检报告》,燃起了“图书馆消亡论”的战火。物竞天择,适者生存。如果图书馆不能适应新环境的变化,不能长期满足用户需求,那么图书馆必然被抛弃、被取代,甚至走向消亡。所以,图书馆必须致力于用户需求,不断加强自身建设,在服务资源上无所不容、服务模式上无处不在、服务内容上无所不能,才能不被快速发展和转型的时代所抛弃。

3.1 在服务资源上无所不容

海纳百川,有容乃大。山不辞土,故能成其高;海不辞水,故能成其深。未来图书馆要在“容”上做文章,容得下人,容得下资源。

3.1.1 容得下人

人才是第一资源。一方面,图书馆要聚天下英才而容之,容得下各类人才,容得下员工,鼓励员工为馆效力,为读者开展高质量的服务。另一方面,要容得下读者,使各方民众包括乞丐可以来、方便来、愿意来图书馆享受公益服务,使公共图书馆真正成为免费的、无门槛的第三空间。第三空间是指除家庭空间、工作空间以外的空间,它带给人们的是归属感、平等感、安全感和愉悦感。有人预测,到2017年将有50%的工作在第三空间开展。实践证明,公共图书馆作为第三空间已经受到越来越多民众的欢迎,现在不少民众到图书馆不仅仅是借阅书籍,而是娱乐休闲、访客会友、交际交流,哪怕是坐一会儿。上海图书馆馆长吴建中是我国图书馆作为第三空间的积极倡导者和建设者。上海图书馆近几年来开设了人、信息、技术交互的创新空间,推出了以旅游、地方志和产业服务为特色的学习空间,为图书馆空间再造做了一些有益的尝试。上海图书馆在策划新馆布局时,设计了100个研究小间,积极打造“城市办公室”品牌,吸引更多的人来图书馆交流。应该讲,交流是一种能力,现在世界上都在重新思考空间作为交流的价值。比如,从研发到产业化为什么不通畅,就是因为缺少一个交流的平台,所以现在全球都在兴建创意园区,发展联合办公(co-working)等,就是在挖掘空间在交流中的价值,促进研发向产业化转化的过程。图书馆是促进人与人、人与信息交流的社会空间,应该成为激发创新和创意的动力之源。作为第三空间的图书馆,要增设音乐厅、咖啡厅、会议厅、展览厅、多功能学术活动厅、声像视听室、教育培训中心、餐厅、休息厅、娱乐厅、停车场等,组织各种公益的读书、观展、益智、交流等活动,吸引社会各类人到图书馆来,与商业娱乐休闲场所错位发展,互为补充,相得益彰,以适应未来现代城市文化休闲功能发展的需要。

3.1.2 容得下资源

在资源为王的年代,谁占有的资源多就意味着谁就有更多的服务能力。众所周知,图书馆的首要职能是保存人类文化遗产。未来的图书馆将会打破博物馆、美术馆、展览馆、文化馆的界限,最大限度地收藏能馆藏的一切人类文化遗产,为服务民众夯实基础。这些资源和服务可以包括书目指导、目录、数据仓库、数字图书馆、远程学习、数据库、政府文件、指南、馆际互借、文献传递、特藏、虚拟教室、虚拟参考咨询、虚拟旅行和其他特殊项目。作为数据中心,即使没有实物馆藏,也能通过大数据、云计算等技术方便地提供查询,使民众所有问题到图书馆都能一站式解决。

3.2 在服务模式上无处不在

2003年美国国家科学基金会报告中首次提出了“泛在知识环境”的概念,即:信息资源共享的最高目标"5A"(任何用户在任何时候、任何地点均可以获得任何图书馆拥有的任何信息资源)。

3.2.1 发挥阵地作用,推动全民阅读

"第十一次全国国民阅读调查"对我国国民倾向的阅读形式的研究发现,66.0%的成年国民更倾向于"拿一本纸质图书阅读"。从2009年到2013年的五年时间,有六成以上(63.8%)成年人希望当地有关部门举办读书活动或读书节,推动经典阅读活动的开展。这充分说明,在人们经历了全民经商、读书无用论后,在市场经济大潮中,重新认识到读书尤其是研读经典名著的重要性。阅读的质量与阅读环境是有关联的。作为全民阅读主阵地的公共图书馆要抢抓机遇,责无旁贷,积极倡导深入阅读、经典阅读,为全民阅读营造良好的读书环境,达到温家宝总理所期待的那样:"看到人们在坐地铁的时候能够手里拿上一本书。"要学习三联韬奋书店24小时不打烊运营模式,开辟24小时自助图书馆或服务区,为潜心夜读的读者提供不眠灯光,把公共图书馆打造成为城市的精神地标。

3.2.2 利用科学技术,实现图书馆连锁

物联网被喻为信息产业革命的第三次浪潮。从单体馆的角度上,物联网能将馆藏通过射频识别(RFID)等信息传感设备与互联网连接起来,实现智能化识别、定位、跟踪、监控和管理。自助图书馆可以实现24小时全天候归还图书,实现自助借还,突破图书馆开放时间、地点局限,使图书馆近在眼前。上海社科院信息研究所所长、研究员王世伟论断,未来的图书馆应该是跨系统应用集成、跨部门信息共享、跨库网转换互通、跨媒体深度融合、跨馆际物流速递的服务与管理新形态,是书书相联、书人相联、人人相联的。从这个角度看,未来的图书馆又会通过大数据技术,在一个地区、一个国家,甚至全世界所有图书馆实现馆馆相联、资源馆馆互通,形成全世界图书馆连锁、全球性协同服务,达到"天下图书馆是一家""一方有难八方支援"的盛况。

3.2.3 搭乘互联网络,实现图书馆服务全覆盖

《中国互联网络发展状况统计报告》显示,截至2014年6月,我国网民规模达6.32亿,互联网普及率为46.9%,较2013年底提升了1.1个百分点。我国网民手机上网使用率首次超越PC端,手机成第一大上网终端设备。毋庸置疑,互联网越来越成为人们获取信息和知识的主要来源,但是,不可否认,互联网上的信息是海量的、无序的、不一定准确的。作为互联网基础服务之一,图书馆应该在提供一个快捷的、有序的、准确的、无处不在的、无所不能的搜索引擎方面有所作为、有所作用。当前,国内图书馆在网络化环境下的技术实现和服务到达,主要是以数字图书馆的形式存在的,作为新的发展业态,相比传统实体图书馆,其资源更加丰富、服务更加广泛便捷,其最终建设目标是实现任何群体、任何个人都能不受时间和空间的限制,随时随地地获取所需的资源和服务。图书馆要搭乘普及率越来越高的互联网,集所有图书馆的力量和智慧,打造服务平台,整合先进技术,从根本上提高搜索结果的安全性和用户信任度,实现图书馆服务全覆盖。

3.3 在服务内容上无所不能

在数字化浪潮下,无纸化的绿色发展已成为共识。未来的图书馆要通过数字化、网络化、信息化和大数据技术,以读者需求和人本管理为根本出发点和最终归宿,把绿色发展和数字惠民作为本质追求,把信息资源共享作为最终目标,智能化地调动馆、书、人等方面的资

源,前瞻性、全面性地开展无处不在、无时不在、无微不至的智慧服务,实现图书馆价值和读者舒适度、满意度最大化。

3.3.1 以用户为中心,提升知识管理与知识服务水平

未来的图书馆是以高质量的全媒体资源为核心,在先进的智能技术推动下实现馆员和用户协同感知与创新的高于数字图书馆的发展模式。未来的图书馆可以带来更高的服务管理质量、更具魅力的公共文化环境和更大的信息共享空间,大众阅读更加及时化、便捷化、动态化、碎片化、多媒体化,信息鸿沟将被彻底填平。未来的图书馆的知识管理与知识服务应该是一站式的,让读者感觉没有解决不了的问题。手机作为服务读者的终端,要成为联系读者与图书馆的桥梁,让非到馆读者有种"手里握着图书馆"的感觉,让图书馆真正成为读者的无处不在、无所不能的强大的知识和信息后盾。并且,相对于杂乱无章的海量互联网信息,图书馆所提供的知识和信息服务是准确的、有序的、有据可查的、有后台支持的。

3.3.2 开展嵌入式图书馆员(embedded librarian)服务

人是世间的主宰,图书馆又是通过人服务人的文化服务机构。未来图书馆对馆舍、资源、技术、管理、服务、馆员、读者等都提出了更高更严的要求,最关键的是馆员队伍,这支队伍必须充满智慧,有较高的知识、信息和社交素养,具有迅速、灵活、正确地做出理解和处理的能力。能应用大数据做出正确的判断,以科学、全新、高速的方式提高对各种信息的分析、比较、提炼能力,逐步成为"用户问题的解决专家",更智慧地提供一站式服务。嵌入式图书馆员(embedded librarian)服务是国外图书馆服务的主流模式和新的趋势。图书馆只有开展嵌入服务,图书馆员走出物理的图书馆,到用户之中,嵌入用户的科研教学过程之中,才能增强图书馆和图书馆员在用户中的显示度和影响力,才会得到用户的认可和更多的支持。未来的图书馆还要牢固树立人才资源是第一资源的理念,明确从业标准,建立职业资格认证制度和岗位聘任制度,要改革管理机制,打破职称、学历的条框限制,注重能力和实绩,实行公开竞聘,激发干事创业的工作热情,使各种有专业背景、有创新意识和工作业绩的年轻人脱颖而出,为图书馆事业发展提供新的活力。

4 结论

总之,泛在的网络社会使得世界日趋扁平,深刻地影响和改变着人类社会。在智慧地球、智慧城市概念和互联网、物联网、云计算、大数据等先进技术的推动下,未来图书馆必将是更加数字化、网络化和智慧化的图书馆,是在服务资源上无所不容、服务模式上无所不在、服务内容上无所不能的,就像当年人们使用"傻瓜照相机"一样方便自由而不受技术约束,信手拈来,随心而往。也只有这样,图书馆才能在瞬息万变的未来彰显全部价值,发挥更大的作用。

参考文献

[1]中国出版网."第十一次全国国民阅读调查"成果发布[EB/OL].[2012-03-06].http://www.chuban.cc/yw/201404/t20140423_155079.html.

[2]王世伟.未来图书馆的新模式——智慧图书馆[J].图书馆建设,2011(12).

[3]初景利,杨志刚.物竞天择,适者生存——图书馆新消亡论论辩[J].图书情报工作,2012(11).

[4]李浩.公共图书馆能为“中国梦”做些什么——基于美国图书馆协会“美国梦始于你的图书馆”项目[J].河南图书馆学刊,2014(6).
[5]李浩.免费开放后的公共图书馆要逐步走向天堂——用星巴克理念打造“第三空间”的思考[J].图书馆建设,2011(10).

音视频文献主题规范与数字图书馆建设

韩　飞(国家图书馆)

1　前言

数字技术带领人类进入从未有过的时代,在这里信息爆炸式地出现并超越地理、物理的局限传播到世界每一个角落。交流、教育和闲暇方式比之过去更加丰富,文化需求也由此快速地增长。公众不再仅仅满足于文字阅读,而是将关注转向广播电视、互联网和移动互联网。

特别是数字教育、数字音乐、在线音视频数据库和微电影等数字产品雨后春笋般出现,而数字技术和互联网空间也正为我们开辟出全新的多媒体时代。此时,音视频资源的价值和影响力也得到长足的提高。

那么作为社会文化事业中重要的组成部分,图书馆在数字时代应当如何应对这种趋势呢?从馆藏建设看,图书馆需要对丰富多元的音视频资源进行不断的补充,从而保证能够紧跟时代服务于社会;从文化职能履行看,图书馆及数字图书馆应当切实反映当前社会变化,为文化存续和研究打好基础。所以,未来数字图书馆的建设离不开音视频馆藏文献。这要求我们一方面拓宽采访渠道,另一方面还需要建设好资源检索、揭示能力。

本文要强调的是音视频文献主题规范的建设。原因是当前国内图书馆系统和国家图书馆都还没有建立起一个普遍适用的、权威的音视频文献主题规范。在具体的编目工作中,依然使用的是“非控主题词”,并不设检索点;而在读者检索、使用过程中,音视频资源只有题名、著者两个主要检索点。从文献揭示看,忽视音视频经常涉及的乐器、题材等重要因素;从文件检索看,无形地屏蔽了部分检索渠道;从馆藏建设看,反映了对于音视频文献关注的缺乏。反观国际图书馆学界却已从1998年开始关注这项问题,例如“书目记录功能要求”(Functional Requirements of Bibliographic Research)就强调实体、属性、实体间关系,实体及其属性与用户任务的映射关系等,而紧跟FBRB报告国际图联就进一步出台了“规范数据的功能需求”和“主题规范的功能需求”两项文件。

数字图书馆应当是全媒体、全文献的图书馆,那么音视频文献主体规范的意义与价值更得到凸显。而音视频文献主题规范的建设,关乎音视频馆藏开发能力,进而影响到在数字时代社会服务的能力。

本文将以此为出发点展开讨论,从分析和强调音视频主体规范建设的必要性与意义开始,进而参考和借鉴国外经验,最终为探索建设我国音视频文献主题规范提供几点政策建议。

2 音视频主题规范建设必要性与意义

2.1 音视频资源定位

美国国会图书馆在其“国会图书馆主题规范”(Library of Congress Subject Headings)的开篇中就提到:有一些文献,我们关心的是“他们关于什么(what it is about)”;而另一些文献,我们则关心的是“他们是什么(what it is)”[1]。其中,后者则主要涉及音视频等非书籍文献。“恐怖电影”,我们关心的是体裁;“弦乐”,我们首先想到的是使用乐器;“赞美诗”则同时涉及了宗教体裁、历史影响力和演唱者。可以看出,这些文献都可以从不同的角度来描述。而这就要求在对待音视频文献时,需要抱有一种立体的思维。

此外,从大脑反应来看,音视频的观赏和读书在大脑内所引发的反射弧是不同的;从音视频文献的制作来看,所涉及的艺术门类也是不同的;从载体来看,与文字先后经历石刻、羊皮等到纸张一样,音视频内容也先后经历了唱片、光盘等再到数字化。也就是说,音视频文献其地位应与文字文献同等重要,只是在表现形式、载体形式上不同而已。

所以在数字时代应当克服音视频是“消遣品”等偏见。不用说新兴网络课堂和数字书包等,几十年前我们便有了函授大学、教学光盘等。我们应当建立一种抽象的和超越具象的理念,将其带出传统偏见,首先把音视频文献提升到与文字文献同样的高度上来。在这样的理念指导下,我们才能发展出认识它的专业理论和实践体系。

2.2 数字时代音视频文献发展趋势

“搜索引擎”“社交网络”等网络产品的出现打破人们传统认知中对于知识系统性认识的必要性,树立了一种“碎片化”的认知规律。正如《人民日报》2013 年开展的第四届“读者评报”调查的结果显示的那样:网络(54.12%)、报纸(46.32%)和电视(43.83%)是受访读者最主要的获取信息渠道;阅读的习惯上,近四成(38.35%)的人习惯于“先看标题”,“从头到尾仔细看”的不到 15%;过半数(51.56%)受调查者平均每天用于阅读报纸的时间在半小时以内[2]。

另一方面由于数字技术和网络传播对于多媒体资源天生的亲和力,致使更易获得和生产多媒体资源,最终从需求和供给两个方面推动了文化产品多元化。2012 年的统计结果显示,在汽车类、新闻类、娱乐类、体育类和生活分享类 5 类网络用户访问情况中均超过 90% 的是“综合视频”和“网页搜索”,且截至 2012 年 5 月,“在线视频”已经成为全网渗透率第一[3]。而且,2013 年全网经济规模达 6404.3 亿元,全国数字出版市场规模达 2540.35 亿元,年增长率为 31.25%。其中动漫、音乐和游戏等涉及音视频大类的产品总产值则超过行业年产值的四分之一[4]。

从以上的实证论述可以看出,数字时代认知模式向碎片化发展而文化需求则向多媒体化趋近。因此,数字时代是一个多媒体的和信息高度关联的时代。音视频此时的重要性必然得到实质性的提高。

相应的,音视频文献的重要性也应得到提升。这就要求图书馆应当从文献研究的深度和支撑未来发展的高度对待音视频文献。尊重这类文献的特点,以多维度、立体化的视角挖掘、揭示文献信息,创建符合音视频文献特征的检索体系。其中,可以想象的是音视频文献主题规范词的建立,将是这个体系建立的基石。没有主题规范,那么各类音视频文献无法进一步关联,数字技术的优势也无从得到体现。所以,我们有理由相信,数字时代音视频文献规范词对于文献揭示、检索的意义是前所未有的重要,它将是文献之间和文献与公众之间牢固的节点。

3 国外经验做法介绍

在明确音视频文献主题规范对于数字图书馆发展系统的重要性后,我们接下来将要介绍美国和澳大利亚相关的经验、做法,为未来音视频文献主题规范发展提供参考和借鉴。

3.1 美国国会图书馆题材/载体主题词

2007 年开始,美国国会图书馆"政策与标准规范部"成立专门项目组建立的"国会图书馆题材/载体主题词(Library of Congress Genre/Form Term,简称 LCGFT)"。这个项目是国会图书馆针对过去几十年来在工作中和规范中所涉及的有关"题材/载体"主题词的一次整理和再挖掘。事实上,在此之前国会图书馆已经拥有了良好的基础,1980 开始国会图书馆曾就 LCSH 进行了修订,补充加入了"图像主题词库""广播载体/题材指南"以及"动态图画题材/载体指南"等专门服务于音视频文献的主题词库。如今 LCGFT 已经成为了独立的项目组,且主要分为视频类、广播电视类、图像类、声音记录类等。它与"国会图书馆主题规范"以及"国会图书馆少儿主题规范"共同构成了国会图书馆的主题规范体系。

建立 LCGFT 的目的就是为了更全面地揭示国会图书馆音视频等文献,增加信息关联渠道,提升读者体验。它与"国会图书馆主题规范"相互独立,互为补充,却共同享有一项基本原则——文献保障(Literary Warrant),即对文献信息的客观保留[5]。

以下我们参考具体书目数据来解释 LCGFT 如何揭示文献。从以下书目数据可以看出,对《哈利波特与魔法石》而言,国会图书馆在魔法、魔法师以外,还加了"奇幻电影""故事片""剧情片"和"改编电影"4 个可控主题词。从多维度揭示了这部电影,并为其设置了多个信息关联点。并在文献编目中,以"$2"注释主题词来源于哪一个规范词库。

Title:Harry Potter and the sorcerer's stone

600 10 $a Potter,Harry $c(Fictitious character) $v Drama.

650 #0 $a Hogwarts School of Witchcraft and Wizardry(Imaginary organization) $v Drama.

650 #0 $a Magic $v Drama.

650 #0 $a Wizards $v Drama.

655 #7 $a Fantasy films. $2 lcgft

655 #7 $a Feature films. $2 lcgft

655 #7 $a Fiction films. $2 lcgft

655 #7 $a Film adaptations. $2 lcgft

[Physical description:2 videodiscs(152 min.):sd. ,col. ; 4 3/4 in.]

而在文献检索过程中,体裁和艺术风格也成为了可检索点。例如,在国会图书馆网站检索"永远的帕瓦罗蒂"(Pavarotti Forever),会发现网页除题名和艺术家这两个版块以外,还有"主题"作为向外二次检索的检索点,反观我国国家图书馆近似文献的检索情况,却没有"主题”检索功能(见图1、图2)。可见国会图书馆已经建成了音视频可控主题词,进一步规范了书目数据,并有效地拓宽了信息关联途径。读者可以通过图中“歌剧,选段”“英语,赞美诗”等题材连通到更多的同类文献中,这样一来国会图书馆的教育功能就被更好地开发和展示出来,读者的使用也更加便捷。

Subjects
Operas--Excerpts.
Popular music--Italy.
Popular music--United States.
Carols, English.

图1 国会图书馆“永远的帕瓦罗蒂”主题词检索界面

题名	帕瓦罗蒂纪念经典
中图分类号	J652.42
	J652.1
著者	Pavarotti演唱
	帕瓦罗蒂 演唱

图2 我国国家图书馆检索“帕瓦罗蒂几年经典”检索界面

3.2 澳大利亚音乐中心网

“澳大利亚音乐中心网”是澳大利亚专门服务于本国音乐事业的网站。它集音乐欣赏、音乐教育和产品销售为一体。本文关注的是该网站的信息检索体系。

具体来说,在该网站检索音乐作品时可以通过题名、时间线、主题和对澳大利亚音乐的影响、乐器、室内 & 交响乐、合唱 & 声乐 & 戏剧音乐、保留剧目、音乐家 & 作曲家、受众(教师、艺人、学生等)、风格 & 体裁、文化与传统、音乐理论、地域、事件、载体以及是否有可销售音像产品等近20种途径。

仔细观察这些检索点,他们并不是单线程的排列,而是形成了一个立体的系统。以“功能性”揭示的视角看,其中,属于“艺术创作”这个层面的有:题名(作品)、室内 & 交响乐(内容表达)、合唱 & 声乐 & 戏剧音乐(内容表达)、乐器(内容表达)、载体(载体表现)和是否有可销售音像产品(单件);而属于“相关个人和团体”层面的有:音乐家 & 作曲家(创作)、受众(使用);属于“主题内容”的有:风格 & 体裁、主题和对澳大利亚音乐的影响、事件、时间线、保留剧目、地域、文化与传统、音乐理论[6]。

这样一来,访问者可能从任何一个信息点都可能延伸到一个门类的信息并了解到当前信息在整个澳大利亚音乐体系内的位置。这种结构体现了数字时代互联网信息关联的趋势和特点,反映了该网站文献揭示时人性化的理念和功能化的检索体系。

在这个理念的指导下建立起的检索点,是由相应的“主题规范库”构建起来的。如果没有主题规范在其中作为“锚”,那么来源于不同的作品,它们涉及的人名、体裁、影响力等不同方面是无法关联的。"澳大利亚音乐中心网"所体现的立体式、功能性的检索体系,事实上体现了其对音乐文献的揭示和管理能力,其中核心之一就包括了规范的建立。

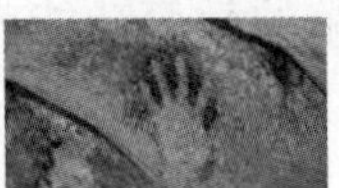

图3 "澳大利亚音乐中心网"部分信息检索途径

以上案例告诉我们,国际上对音视频主题规范的建设加以重视并付诸实施。一方面,读者享受到了更好的信息服务;而另一方面,音视频文献则得到了更科学、全面的挖掘,由此形成的一种良性循环正是数字图书馆需要的。可以想象,在这样的图书馆内,任何一个文献都是一个"信息节点",人们可以通过不同的角度追索到一个信息并且可以通过它再追索到更多类的信息。这样的一种状态,与互联网结构以及数字时代潮流更为贴合。所以说,音视频文献主题规范的建设是图书馆顺应数字时代所必要的,也是数字图书馆建设的题中之意。

4 政策建议

在了解到了建立音视频主题规范建立的意义和重要性以及分析了国外的经验做法后,本文将从以下三个方面,为初步探索数字时代我国图书馆音视频文献主题规范的建立提供建议和参考。

4.1 革新音视频文献理念,加强主题规范意识

本文认为,数字图书馆的建设恰好为我们提供宝贵的转型契机,应当抓住这个机遇,对音视频文献建设工作进行梳理和再挖掘。首先应当明确数字图书馆时代音视频文献应当居于什么样的地位,以及未来应当如何向社会提供音视频读者服务。由此,当前我们应当革新音视频文献理念,从以往的模糊走向清晰,从偏见走向客观。具体来说我们应当逐步建立起针对音视频的管理、研究机制,以同等视角对待音视频和文字文献。数字图书馆音视频建设也并不应简单地侧重数字出版物,而且要借此机会树立起一种超越载体、统筹各类音视频文献的管理模式,做到"尊重过去、开创未来"。

进一步讲,还应当重视日常编目工作中对于音视频文献揭示时所积累的经验。尽管当前工作涉及的多是非控主题词,但是许多非控主题词往往被编目员传承下来,已能逐步反映某一类馆藏。我们应当高度重视这些经验,从而对未来发展音视频规范主题建设打下经验基础。

4.2 开展国际经验学习,增强馆际馆内交流

一方面,可以通过学习国外先进理念、经验,开阔视野,明确工作目标。在学习的过程

中,要避免简单的模仿,而是要了解国外理论、做法背后的法律、历史背景,并积极把学习成果传播开来。其次,我们可以由音视频各部门带头,开展馆际馆内交流活动,既交流心得又交流困惑,从而一同解决问题、共享成果。

另一方面,可以发挥国家在分类法、主题规范领域内已有的人才优势。借鉴国外经验通过成立专项小组,将在音视频文献采访、编目等领域内的专家与国家图书馆规范建设领域的专业人士结合起来,从音视频文献揭示和规范建设方法两个方面为音视频文献主题规范建设提供助力。

4.3 重视用户体验 利用大数据揭示读者需要

未来数字图书馆音视频文献主题规范的建设要注重服务于我国社会,这就需要我们不断掌握读者需求,从而建立起一个真正能够服务于、服务好读者的规范体系。从功能性的角度来看,我们应当掌握我国读者对于音视频文献的偏好和需求,还应当了解读者对于不同的音视频文献最显著的检索点。

幸运的是,数字技术和大数据管理理念为我们提供了解决办法。可以通过"采集读者行为""记录读者分布"等做法,逐步建立起关于读者与音视频文献的关联关系,从中试图摸索符合国情的规律。

总结本文的论述,首先强调了数字时代信息关联和信息检索的重要性。其次,数字时代也应当是认知方式多元化的时代,它为我们在阅览音视频时提供了更多的可能性。从这两个角度看,数字图书馆音视频文献主题规范就变得十分重要。一方面它将服务于越来越受到关注的音视频文献领域;另一方面,能够提高信息检索的精度和广度。可惜的是这个领域在我国尚属空白,所以需要我们积极学习国外先进理论、经验。而在探索适合我国国情的音视频文献主题规范的时候,我们还可以发挥理论、专业人员、技术等方面优势。此外,还能够利用数字化理念与技术,对我国读者偏好和国内特色音视频特点保持高度关注。从而建设出一套功能性强、能够体现我国数字图书馆技术优势,并且能够切实服务于我国读者的音视频文献主题规范。简而言之,数字图书馆更加需要对音视频文献进行主题规范建设,这不仅是外延式的,更是内涵式的发展,从而能够为我国数字图书馆可持续发展提供坚实的支撑。

参考文献

[1][5]Library of Congress. Introduction to Library of Congress Genre/Form Terms for Library and Archival Materials[EB/OL]. [2014-08-21]. http://www.loc.gov/aba/publications/FreeLCSH/gftintro.pdf.

[2]人民网."第三届人民日报读者评报活动落幕 超过 8 万名读者参与"[EB/OL]. [2014-08-15]. http://culture.people.com.cn/GB/87423/17600796.html.

[3]艾瑞咨询."2012 年网络短视频营销价值研究"[EB/OL]. [2014-08-15]. http://news.iresearch.cn/Zt/177005.shtml.

[4]中国数字出版产业年度报告课题组. 2013—2014 中国数字出版产业年度报告[M]. 北京:中国书籍出版社,2014.

[6]Australian Music Centre. Australian Music Centre Official Website[EB/OL]. [2014-08-15]. http://www.australianmusiccentre.com.au/.

基于 Interlib 构建市域内党校系统图书馆的集群管理

杜　香(中共烟台市委党校)

1　党校系统图书馆的群体发展现状

1.1　信息化发展不平衡

由于区域经济发展不平衡,党校系统信息化发展也极不平衡,就全国范围的党校来说,信息化主要集中在东部发达地区,且以大城市和省级党校以及个别市级党校为主。这些党校的信息基础设施投入大、软件应用广,数字化图书馆的建设已具有一定的规模,而不发达地区党校和一些基层党校特别是(区)县党校由于缺乏上级党校在图书馆信息化方面的统一规划和指导,加之受资金、技术和人才等方面的制约,信息化发展缓慢,有些基层党校图书馆的业务仍处于手工操作阶段,数字资源还是空白。

1.2　信息资源闲置与严重不足并存

纵览全国党校网站,市级以上的党校图书馆基本都购置了一些大型的全文数据库和电子图书库,但在信息资源的有效利用上,囿于单个党校的培训规模以及师资规模,价格动辄上万甚至几十万的数字资源其有效利用率还是较低,未能实现资源效益的最大化,信息资源的闲置和浪费较为严重。以我校购买的中国知网为例,知网可同时检索和下载文献的标准并发人数为 50 人,我校共有教研人员 50 人,每天同时在线的人数不超过 10 人,大多并发数是闲置的,而那些规模不大、资金有限的区(县)级等基层党校,却无力购置这种大型数据库,纸质文献数量也相对有限。笔者对烟台区域内 13 个区县党校 2013 年图书经费进行调查,最多的 3 万元,最少的只有 0.5 万元,其中只有 1 个党校实现了图书的自动化管理,并购买了知网充值卡和超星读书卡,大多数党校电子资源的购置费为零,教师的教学科研主要依靠网上资源以及零星的几本期刊和报纸,有急需下载的文章只能到他馆寻求帮助,存在着严重的资源缺乏、供给不足的状况。

1.3　各自为政,重复建设严重

浏览全国各地党校网站,可以发现各地党校的网络资源处于相对封闭的状态,主要资源都集中在校外人员无法访问的党校内部网,仅从网站所列的数据库资源列表中可以看出,党校所购置的数据库主要集中于 CNKI、人大复印报刊资料和超星电子图书等通用数据库,种类少,重复大,互补性差,其他一些如中国统计年鉴、国研网等对党校教学科研有重要参考价值的特色数据库因单个馆资金有限而无法购置。自建数据库也因党校教学科研的共性也大同小异,这种“你有我有,你无我无”的低水平重复建设导致党校图书馆资源同质化严重,不仅造成了人财物的极大浪费,也满足不了党校教学科研的深层次需要,不利于党校系统整体资源优势的有效发挥。

1.4 共享意识薄弱，缺少统一规划

全国党校图书馆的共建共享工程始于 2006 年 5 月在上海召开的“全国党校图书馆数字资源共建共享工作会议”，确定了首批以中央党校为主体、由全国 15 家副省级以上党校图书馆联合参与的 15 个具有党校基础学科和优势学科的大型数据库的共建工程[1]，但对于省级以下图书馆的发展缺乏统一规划和指导，缺乏党校系统协同发展、共建共享的理念，面对信息资源数量激增、价格不菲的现实，有些地方党校图书馆选择加入区域内图书馆联盟，在电子文献资源方面实行联合采购、共建共享，但这些都是一些临时的、较松散的图书馆联盟，而基于同一业务平台实行统一规划、统一管理、统一运作的集群化管理在党校系统并无先例。

2 实现市域内党校系统图书馆集群管理的可行性分析

2.1 具有同一系统的组织优势

信息资源的共建共享是一项系统工程，需要在统一规划、统一布局、统一管理下进行整体建设，2008 年新颁布的《中国共产党党校工作条例》明确规定“上级党委党校负责对下级党委党校进行业务指导”[2]，这种上下级党校在业务上的指导关系便于进行集中的组织、协调、管理，为共建共享的健康有序发展提供组织保障。

2.2 具有同一地域的便利性优势

同一区域内的图书馆，可以充分利用区域共同的管理机构、共同的社会组织结构和政治文化背景、共同的资金来源渠道以及相同的区域特色需求等，在集群的建立和运作等方面容易达成共识，形成合力，具有很大的可操作性。同时全市范围内各党校相距并不遥远，地域的便利性为馆际沟通提供了方便，发达的交通和快捷的物流业及党校系统之间频繁的交流都为党校图书馆的集群管理创造了便利的条件。

2.3 具有服务客体的同质性优势

党校图书馆服务的主要对象是党校教职员工及党的各级领导干部和理论骨干，尽管各级党校所培训的学员层次不同，但所培训的目标和方向是相同的，因此党校的课程设置、教师教学科研内容大致相当，图书馆的资源配置相近，这种服务客体的同质性便于集各党校图书馆的资金、技术、资源于一体，集中采购、联合共建、开放共享，有效地实现全市党校系统信息资源的合理配置与高效利用，以群体优势和规模效益解决单个党校图书馆势单力薄的现实问题，更好地支撑和服务于区域内党校教师的教学科研、干部教育培训以及党的建设工作的大局。

2.4 具有畅通的网络环境和开放的集成管理平台优势

计算机技术、网络技术与现代通讯技术的发展，为图书馆的信息化、网络化、数字化管理提供了设备基础和技术支撑，而基于 B/S 模式的第三代图书馆集群化业务管理平台的应用，为区域内各个独立分散的党校个体图书馆依托网络而形成互联互通、共建共享的虚拟整体图书馆提供了统一的业务支撑平台。同时由于许多基层党校特别是区县级党校还未搭建自

动化业务平台,避免了因异构平台对接而产生的一系列技术问题和重复建设的浪费,也使信息化基础薄弱的各区县级党校图书馆在集群的技术、资源支撑下实现了跨越式发展,这是一条现实而又经济的可行途径。

3 基于 Interlib 实现市域内党校系统图书馆集群管理的可行性操作

3.1 实现集群内各馆现有馆藏资源的整合

将全市各党校图书馆的全部馆藏资源(包括书目数据、馆藏数据、读者数据、流通数据)统一集成到中心馆的 Interlib 系统平台中,建立全市党校系统图书馆的中心业务数据库,在保证各馆网络畅通的前提下,各成员馆通过 VPN 访问中心馆的 Interlib 平台实现图书采访、分编、典藏、流通等各项业务的自动化管理和操作并通过 OPAC 检索全市党校系统的馆藏资源数据。

3.2 实现集群内各馆图书的协调采购、合理配置

由于各党校图书馆服务客体的同质性,为避免“你有我有大家都有”的资源浪费,针对党校的学科体系,各馆在图书的采购上可各有侧重点,实行合理配置、协调采购,将有限的资金用在刀刃上,解决文献重购与缺藏的矛盾,提高有限资金的使用效率,以最小的成本最大限度地满足党校读者对信息资源的多元化需求。

3.3 实现集群内各馆图书的联合编目、集中检索

利用 Interlib 系统按照统一标准和规范实行联合编目,各分馆通过登录中心馆的 Interlib 系统直接进行新书的验收和编目,加工完成的新书目录在添加各自的典藏信息后自动整合到中心馆的馆藏目录中,集群内的各馆登录中心馆的 OPAC 后可进行集中检索。

3.4 实现集群内各馆读者证的“一卡通”和通借通还

由中心馆制定管理规范,按照统一标准,订制“一卡通”读者证,凭借“一卡通”在党校图书馆群体内任意馆都可以预约或借还图书,不受地理位置限制,实现“一馆办证,多馆借书;一馆借书,多馆还书”的“通借通还”服务模式[3]。每一个基层分馆都成为整个区域图书馆集群的服务窗口,在方便满足读者需求的基础上发挥文献资源的最大效能。

3.5 实现集群内各馆数字资源的联合采购

区域内党校系统图书馆可充分发挥集群优势参与地区性图书馆联盟,携手其他图书馆在数字资源的采购方面开展联合议价、联合谈判,以团体优惠价格组织引进数据库;对一些利用率高而价格不菲的数据库,全市党校系统图书馆可以共同出资,在中心馆的服务器上建立镜像站点,在获取出版商准许后该数据库为区域内各党校共享,区县党校图书馆只需为联机服务支付最低的费用就可以获得海量信息资源,方便本馆用户[4]。使各馆有限的经费投入得到更大的产出,节省的资金可以集中购买其他的数据资源,充分实现 1 + 1 > 2 的经济效益和社会效益。

3.6 实现集群内党校特色数据库的共建共享

基于同一业务平台的图书馆集群管理，有利于党校系统间的协调沟通、统一规划，在标准化、规范化、可扩展性、实用性原则的基础上实行分工合作、联合建库。党校的"三个阵地，一个熔炉"的作用决定了党校图书馆是以马列主义、毛泽东思想和建设有中国特色社会主义理论的文献资料作为馆藏主体和核心，具有鲜明的党建特色、干部教育特色和思想理论特色，同时党校也存有大量的地方文献资料和针对地方经济社会发展的调研报告、学术论文等具有潜在价值的资料，深层次地开发共建这些特色资源不仅有利于党校系统的教学科研和干部教育培训，对地方政府决策等也具有重要的参考价值，而且也以个性化的集群优势极大地丰富了区域内文献资源保障体系。此外，党校的教学科研要适时地解读和解决改革开放和社会主义现代化进程中一些重大的理论前沿问题和现实问题，这对信息资源的针对性和时效性提出了更高的要求，任何一个个体图书馆很难在短时间内将教学科研急需的这些分散在各种媒体上的资源整合后有序地提供给用户，只有在区域内形成合力联合共建，"众人拾柴火焰高"才有可能在短时间内达到快捷的共享。

3.7 构建市域范围内虚拟化的"大党校"格局的文献资源保障体系

基于 Interlib 集成管理而形成的党校系统图书馆的中心业务数据库，是集区域内党校系统之合力共建的信息资源总库，大大提升了区域内党校系统文献资源收藏的全面性、系统性，每一个分馆借助整体优势和规模效应共同保障本校教职员工的信息需求和本区域内干部教育平台的信息服务支撑，这标志着全市党校系统图书馆整体管理能力和服务水平的提升，形成虚拟化的市级"大党校"格局的文献信息资源保障体系和干部教育数字化平台，为将来横向上与区域内公共馆和高校馆构建区域性的文献资源保障体系，纵向上汇入全省党校系统乃至全国党校系统文献信息资源保障体系创造条件、夯实基础。

4 构建市域范围内党校系统图书馆集群管理需解决的现实问题

4.1 必须要有各级党校主管部门和校委的重视和支持

走区域内党校系统图书馆集群管理、协同发展的共建共享之路，必须要从党校事业整体发展的宏观视角出发，从培养党的各级各类高素质干部队伍的总体需求出发，树立大干部教育平台、大党校、大图书馆的理念，各级党委和校委的重视和支持是关键。党校一切活动的经费都是政府财政支出，市域范围内各党校图书馆的经费也没有单列，因此要实现党校系统图书馆集群管理必须依靠各级党校主管部门和校委的行政推动，以确保政策落实、资金到位。

4.2 必须建立以中心馆为核心的组织和协调机构

统一的规划和有效的制度是保证集群内各成员馆高效运行和良性发展的有力保障。市域范围内市级党校图书馆在资源、人力、经费、软硬件环境等方面都处于优势和领先地位，在集群管理的组织、协调、引领等方面理应发挥核心作用。可由市级党校图书馆负责牵头制定一系列的工作程序、规范标准和规章制度，制定区域内共建共享方案，安排技术业务方面的培训和指导,集群内各成员馆要订立协议,确立资源整合的分工合作、资金分配以及馆际互借、共建共享等权利与义务。

4.3 必须要有统一的业务平台和服务平台作支撑

基于B/S模式的图书馆集群化管理系统为各馆业务整合提供了平台,是区域图书馆实现资源共建共享的有效载体,同时为方便集群内各成员馆对所有共享资源的使用和获取,还需要在中心馆搭建一个集各种资源、服务于一体的界面友好、方便快捷的统一检索服务平台。这一平台的建设不仅着眼于党校系统内部资源共建共享的需要,还要着眼于未来党校系统与其他图书馆系统之间共建共享的技术平台与标准需求,因此需要从整体化、网络化、标准化的角度进行综合考虑,这是很值得研究的课题。

4.4 必须要有明晰的产权归属

集群管理的目的是最大限度地实现各馆业务上统一管理、服务上发挥整体功能,但并不改变任何图书馆的行政隶属关系以及所有文献资源的产权归属问题。因此,集群管理模式下必须通过馆藏数据明确标识文献的所属馆和所在馆,妥善解决图书文献资产所有权与使用权的分合问题,即使图书资料在集群内通借通还,各成员馆的财产账依然清晰不乱[5]。

4.5 必须要有明确的利益平衡机制

利益平衡是决定集群能否良性和持久运作的重要因素。图书馆集群管理是一个利益与义务的共同体,资源共享、利益互惠是集群内所有成员馆共同追求的目标,但由于各级党校的发展基础和发展水平参差不齐,导致付出和收益不可能达到同比均衡,特别是作为中心馆的市级党校图书馆应有奉献精神和责任担当,同时党校主管部门和校委在中心馆的人、财、物等方面给予大力支持,在集群管理的软硬件设施,包括共享平台建设、特色资源库建设、大型数据库引进等方面给予专项资金支持,各成员馆也要打破"主动共享、被动共建"的思想,通过积极地参与资源采购、数据库共建以及公平的成本分担机制来激励信息资源共建共享的协调合作,力求达到合理的均衡。

参考文献

[1]李青,胡利勇.论党校系统信息生态体系的良性构建[J].图书馆,2007(5).

[2]光明网.中国共产党党校工作条例[EB/OL].(2008-10-30)[2014-04-20].http://www.gmw.cn/01gmrb/2008-10/30/content_854074_2.htm.

[3]张利娜.用集群技术连通"信息孤岛"[N].中国文化报,2012-11-16(7).

[4]曹志梅.区域图书馆联合体的建设内容探析[J].情报理论与实践,2007(6).

[5]冯玲,等.基于协同视角的区域图书馆业务统筹管理——以东莞图书馆为例[J].图书与情报,2009(6).

基于图书馆特色的在线教育平台策略探析

魏　青(国家图书馆)

1　引言

信息技术的变革加速了当代社会的变化,改变了信息的流动规律与传播规律,最重要的是改变了人们获取信息的方式和渠道,因此改变了人们的学习方式。2012 年随着美国的顶尖大学陆续设立网络学习平台,在网上提供免费课程,给更多学生提供了系统学习的可能,MOOC(Massive Open Online Courses)大型开放式网络课程给中国开放教育资源运动带来新一轮的冲击。在这次席卷中国教育以及相关业界的 MOOC 运动的浪潮中,图书馆作为向社会提供科学文化教育资源和知识服务的机构,应该构建具有图书馆特色的在线教育平台,充分发挥图书馆的资源优势,在 MOOC 环境下开启新的服务模式。

图书馆在线教育平台应为全国乃至全球希望得到学习资源的读者提供崭新的途径,为每个人洞开一扇学习的大门,终极目标是提供一种知识的服务,只要读者能够接入因特网,我们就可以为任何人在任何地方、任何时间学习任何知识提供最优质的学习资源。建设具有图书馆特色的在线教育平台,应分析自身的资源优势,整合优化各种类型数字资源,形成基于大数据的网络学习平台,开发各种模块化的服务功能,形成灵活化、个性化、微型化的课程体系,与其他机构进行深度合作,优化课程资源,面向读者开放,发挥图书馆资源的最大效用,成为构建学习型社会的中坚力量。

2　建设多元化特色资源,发挥图书馆资源优势

2.1　图书馆在线教育平台课程内容建设

教育内容资源的创作主体、生产方式、载体形态和应用场景正发生着革命性的变化,一个“教育大数据”时代正在加速到来。图书馆在线教育平台的课程资源内容应利用图书馆的资源优势面向大众,以文学、历史、经济、生活、百科等方面为主,在注重实用性的基础上,形成科学性、系统性、专业性的知识体系,并且紧密结合百姓生活百科、职业教育培训、经济产业发展、文化传承发扬、科学知识普及等方面的需要来设置课程。MOOC 课程内容可以用形式多样的媒介表现,包括声音,图片,文本、影像、动画、游戏等,给读者带来全方位感官的接触,最大限度地达到教学效果。在课程资源的建设和引进中一方面可以充分参考读者的意见,可以采取线上和线下的调查问卷的形式征询读者意见,以及采取读者推荐的形式展开[1];一方面可以利用大数据挖掘技术,对读者的在线搜索行为、浏览记录、借阅信息、意见评价等数据进行分析,提取出读者热点关注的专题。

2.2 图书馆在线教育资源建设合作模式

图书馆在线教育资源建设可以采取自建和合作两种模式。一是自建方式,在课程内容的建设上,图书馆应充分利用已有数字资源的优势,可以将图书馆的培训课程、名家讲座、纪录片、戏曲、非物质文化遗产等资源重新整合利用,形成系列的课程体系。二是合作方式,图书馆可以与各大高校以及在线教育机构进行深度合作,共同开发或者引进优质的课程资源。实际上有些图书馆已经成功的实践了,比如大英图书馆自2014年2月起开始提供大众线上开放课程(Massive Open Online Course,MOOC)服务,开启全球国家图书馆提供MOOC开放获取资源的先例。课程内容委托FutureIearn公司制作,在开放学习平台上免费提供[2]。

2.3 图书馆在线教育平台应发挥资源向导功能

图书馆在线教育平台可以充分发挥图书馆资源向导的作用,为读者提供MOOC课程中相关教学资源的访问路径,比如课程中提到的教学教材、参考书刊、电子课件、相关视频音频、涉及的图片、新闻评论、数据集、标准等各种类型、各种格式的资源。不过这些资源是分别散布在各个数据库或保存于图书馆的独立系统,大部分并未与课程管理系统进行融合[3]。这就需要图书馆在线教育平台对所有资源进行跨数据库跨平台的深度整合优化,围绕着MOOC课程体系的各个知识节点与课程主题为中心,层层递进式挖掘数字资源,并对资源中的知识点进行拆分提取和关联性的连接,最终将这些不同来源、不同格式的资源整合为一个多元化的教学资源向导系统。

还有一个问题就是,MOOC的学习模式颠覆了传统教育模式,学习者不再是被动地接受知识,而是需要参与到整个教学过程中,在发现问题和解决问题的过程中探索新的知识,每个学习者对教学资源的要求就更趋于个性化、专业化、实用性,更注重参考资源之间的知识关联,而且他们也不仅仅是资源的使用者,还可以是资源的提供者,课程的合作者。因此,图书馆在线教学平台要实现与数字资源全方位无缝的嵌入式链接,可以引入LibGuides系统,教学者、学习者、馆员可以通过这个平台在线沟通、信息交流与共建共享,实现在线资源导引,还可以利用LibGuides系统的特色服务功能,制作个性化网站,嵌入教育视频、博客、使用标签,进行RSS订阅、截屏、社会网址收藏等。

3 打造灵活多样的课程模式,面向更广泛的读者群体

随着移动通讯技术、社交媒体以及MOOC运动的蓬勃发展,微课的教学模式在国内外在线教育中逐渐兴起。微课程(MicroLecture)是以阐释某一知识点为目标,以时间较短的在线视频或者音频、文本、动画等多媒体微内容为表现形式的课程。微课程具有教学主题独立集中、重视学习情景再现、教学活动互动等优点,可以整合于正式的现实课堂学习,也可整合于非正式的学习环境,可以在计算机或手持移动终端运行[4]。

图书馆在线教育平台的课程模式应灵活多样,可以是一堂微课程,还可以是一个微课程体系、主题引导、知识点解析、热点剖析、专题探讨等形式。在微课程中可以插入音乐赏析、技巧演示、游戏插件、阅读材料、自测题目模块等。课程的开发者在设计课程时应更加注重知识点的实际应用、学习者的学习思维模式以及知识迁移能力等方面,并且针对不同的读者

人群、学习动机、自学能力以及环境来开展多层次的课程体系。另外在线教育平台课程管理系统应该可以将课程的微内容拆分为一个个微小的实用性主题信息单元，然后形成可以选择的动态目录，根据学习者的需要重组这些微型学习内容，使得课程的开发可以面向更广泛的读者群体，真正实现学习内容的个性化定制。

4 建设个性化服务模式

4.1 智能化学习路径设计，提高网络学习效率

网络学习赋予了学习者很大的自由度，可以在各种教学资源之间任意跳转，学习者在学习的过程中往往很难找到最符合自己学习需求的学习资源和学习路径，很容易迷失方向，这种类似于在大海中航行时迷失方向而不知所措的现象，称为“信息迷航”现象。这个问题的根本原因是传统的在线学习系统缺乏智能学习路径导航设计，不能记录学习者的学习路径，也不能自动识别学习者的个性化需求，主动推荐符合学习者需求的学习路径，进行智能化的动态导学。

首先，新型的在线教育平台要让学习者了解“我学过什么？学习的程度如何？”。网络在线学习中，即使是在微课程的学习过程中，学习者的学习虽然是片段式的，分布式的，但是仍然有学习思维过程和学习的轨迹，这就可以用学习路径来表示，并通过技术手段实现动态展示出学习者的学习历史，甚至可以让系统按照学习者所学习过的知识点自动生成测试题目让学习者随时了解自身的学习情况。

其次，在线教育平台要让学习者知道“接下来我应该选择学习什么？”。平台可以开发智能动态导学模块，根据学习者的学习需求、学习能力、学习风格、学习知识水平、时间安排等差异智能地提供指导。比如在学习之前，学习者选择需要学习的知识点或者主题，然后做一个学习能力测试，选择一次可以学习的时间、学习的方式、学习步调等信息，系统对各种信息进行分析并且对该学习者以前学习过的对象进行评价，最终判断出目标用户的学习路径偏好，就可以从数据库中搜索以知识点为单位的学习内容为学习者自动生成一个学习路径，做出一个智能的学习策略导航，从而提高在线学习者的学习效率。

最后在线教育平台要让学习者知道“我学到了什么？”。平台可以为学习者提供一个学习笔记和分享学习成果的系统模块，让学习者可以随时对微课程做出标记和笔记，总结记录学习心得，并且提供微博、微信、QQ、豆瓣、博客等方式发布分享学习成果，并且可以对学习资源评分评价，给其他的学习者提供参考。

4.2 在线交流交互设计，开展协作学习模式

在未来，最有价值的部分不再是知识本身，而是知识使用过程中的交流、沟通、探讨和启发，因此在线教育平台中学习社交系统是必不可少的关键环节，在这个模块中我们可以设置论坛、博客空间、微博、微信等多种交流方式，为学习者构建一个互动的协作学习空间，将相关的学习者紧密的连接在一起，互相学习，探讨主题，咨询解惑，分享学习经验和成果，实现资源共享，提高学习效率。

但是如果只把社交交流模式简单复制到在线教育平台是不能够充分发挥协作学习的效果，必须在平台上建立一个个可以深度交互，具有相同学习目标的“圈子”。这需要学习社交

系统记录学习者的学习过程、学习方式、兴趣爱好等信息，通过数据分析技术对可以进行同频交流的学习者进行相互推荐，从而让学习者找到可以在学习中获得交流的对象。

4.3 主动推送相应资源，提供资源信息支持

大数据和互联网思维为教育事业带来了理念的革新，基于用户数据分析，提供个性化内容和服务将成为在线教育平台的发展趋势，对大数据已经从概念的探讨进入到实际应用阶段，用户更加注重产品体验。伊利诺伊大学香槟分校图书与信息科学研究生院的副院长 Linda C. Smith 教授就指出，图书馆可以将图书馆员“嵌入”MOOC 环境中从而向学习者提供信息支持[5]，也就是说图书馆在线教育系统应充分发挥“图书馆馆员”的作用，为学习者提供资源信息的向导，主动推送相应教学资源。个性化资源信息服务模块首先需要利用数据挖掘技术对学习者的学习历史路径、正在学习的课程、学习目标、学习方式、兴趣内容等信息进行深度挖掘与分析，构建学习者的个人学习信息资源库，然后运用知识发现算法对在线教育平台的各种资源进行关联分析，定期搜索选择与用户需求匹配度高的资源，经过加工整理后主动推送给学习者，最终实现个性化的知识服务。此外，在线教育平台还应该提供网络在线参考咨询服务，帮助学习者解决数字资源使用方面的疑难问题，答案可以采用目前比较流行的 Chat、微信、留言板、电子邮件等形式及时反馈给用户。

结束语

分享知识、传播知识是图书馆的首要使命，利用互联网、大数据、云计算、多媒体等新技术手段建设新型的在线学习平台，图书馆将为更广泛的人群服务，将分享更为丰富的知识资源，将提供更多元化的知识开放服务。

参考文献

[1]王聪聪. MOOC 运动及其对公共图书馆建设的影响[J]. 图书馆论坛，2014(4).

[2]顾立平. 大英图书馆提供 MOOC 服务[J]. 中国图书馆学报，2014(2).

[3]傅天珍，郑江平. 高校图书馆应对 MOOC 挑战的策略探讨[J]. 大学图书馆学报，2014(1).

[4]梁乐明，曹俏俏，张宝辉. 微课程设计模式研究——基于国内外微课程的对比分析[J]. 开放教育研究，2013(1).

[5]KOHN K. As the Spirit MOOCs You：Massive Open Online Courses and Illinois Libraries[EB/OL]. [2014-02-13]. http://www.ila.org/Reporter/Oclober_2013/ Pales-7.pdf.

数字图书馆用户关系管理与个性化服务研究

胡海鹰(河南省图书馆)

1 数字图书馆用户关系管理的意义

1.1 符合以用户为中心的管理模式的需要

用户关系管理通常建立在以人为本的基础上,通常以用户为中心,针对用户的不同特点和需求,建立个性化的服务理念,在现有的公共图书馆中,得到了较好的实践。用户关系管理是一种综合性的管理,强调的是信息资源、业务流程之间的整合,再利用技术手段,来达到以用户为中心的目的[1]。传统的图书馆管理一般是以资源为中心,在本文中,数字化图书馆的建设将实现从物到人的转变,即从以资源为中心转向以用户为中心,相对而言,这样的管理模式节约了大量的成本,而且对于提高图书馆的运作效率也起到了极大的促进作用。随着社会的发展,同一群体的不同个体之间,竞争力越来越强,如何改变原有的模式,以可持续发展为基础,向着更高的要求出发,成为许多企业管理者所要解决的关键,而图书馆作为一个服务性行业,其管理理念的转变就显得更为重要。

1.2 满足个性化服务的要求

随着信息社会的发展,人们对于信息的需要也趋向于多样化。对于图书馆而言,如何打造个性化的服务,满足不同用户群体的需求是经营成功的关键。图书馆用户关系管理的模式是指在收集用户基本资料的基础上,为其提供专业化的服务。在数字化图书馆中,在每层馆藏中,都会提供数字化的书籍检索设备,用户可以根据自己的需求,来选择自己所需的书目,从而减少查找书目的时间[2]。图书馆则可以根据用户预留的信息,在其搜索历史的基础上,对不同的用户群体的检索痕迹进行分类整理,从而确定用户所需,真正为其打造个性化的服务。从大的角度而言,图书馆个性化服务是数字化网络发展的必然趋势,同时,个性化服务质量的优劣性也体现了图书馆的服务质量。

1.3 适合数字化管理的流程

图书馆用户关系管理是通过建立一套完整的用户信息系统,将用户提供的数据和本馆中的数字资源数据相结合,在数据整合和分析的基础上,为用户提供更优质化的服务,真正满足个性化的需求[3]。通过对用户数据的掌握,可以基本明确用户的喜好和需要,从而定制专业化的服务。在数字化技术的应用中,实现了数据的自动处理,在现有的技术条件下,计算机能够实现多用户的终端共享,这对于信息的传播和普及起到了极大的作用。数字化管理能够处理复杂的数据,实现多维度的分析,同时结合了网络信息和数据仓库等资源,是一个强大的数字化分析系统。

1.4 体现对数字图书馆用户资源的充分利用

在现代竞争性行业中,个体之间拥有的资源在数量和质量上有很大的不同,谁能掌握更多更完善的资源就决定了谁能在该行业立于不败之地,而图书馆用户关系的管理就是充分利用用户资源的体现。正所谓有需求就有市场,用户的需求是图书馆打造其服务理念的主要参考依据,只有充分符合用户的需求,才能够发挥本馆最大的优势。数字化管理的理念将用户资源的管理作为本馆的主要工作之一,建立了与用户间的密切联系,根据现有用户的资源,可以定制出更加专业化的服务特色,从而吸引更多的用户,对于在保值基础上,实现用户资源的增值具有重要作用[4]。

2 数字图书馆用户关系管理研究的主要内容

2.1 收集用户的基本资料

用户关系管理的理念中,重在收集用户的资料,通过对其资料的整理来投其所好,分析出客户所需。需要指出的是,在图书馆的用户资源中,学生群体占据了绝大多数。所以,在数据分析的时候,应该重点考虑学生群体。在收集资料的过程中,不妨从以下两个方面来考虑:其一是针对不同学科的分类,而这也是大多数图书馆分类的主流方向。根据科目分类,大体可以分为文科性质和理科性质的书籍,其中文科类主要包括历史、文学等方面,而理科类则主要包括物理、机械、计算机等方面。根据学生年龄分类,可以分为儿童书籍、青少年书籍以及经典名著等。其二是根据用户的借阅记录分类,一般是随机抽取某一时段的多个数据,再平均分配,从而确定较为受欢迎的书目。

2.2 分析用户的基本需求

在用户关系管理的大前提下,用户的基本需求主要包括需求意识、需求结构及需求特点,通过掌握其动态的信息,对书籍进行分门别类处理。从统计数据结果中不难看出,用户的需求向着广泛化、深度化及实效化的方向发展,从而对于图书馆的管理提出了更高的要求[5]。随着技术的发展,各学科之间交叉融合,用户的需求更是呈现出动态与回溯共存的特点,既有文本格式的,也有多媒体格式的。所以,对于用户的基本需求的分析重在把握其活动信息、日志文件,以及网站的注册情况等,从而了解用户的价值取向和个性化需求。在用户需求的分析中,可以用到多种方法,常见的有关联分析,重点在于了解用户对于不同书籍的偏好程度,从而改变图书馆的组织关系,达到最优质的服务。

2.3 重视用户的反馈信息

建立服务效果的评价是了解用户反馈信息的重要一环,在服务行业中,用户的满意程度是行业发展的重要指标,个性化服务理念的定制也是建立在信息的反馈方面。用户的评价直接反映了其对于图书馆服务的认可程度,能够更加直接地反映图书馆的经营状况,其他指标一般很难代替。其中,用户反馈信息的分析涉及的范围较为广泛。通过对流动性用户和长期性用户的分析,了解用户的忠诚度;通过对服务满意程度的等级评价,了解用户的抱怨程度;通过对用户的意见分析,了解用户对于图书馆服务理念的预期质量,从而打造个性化服务。最后,对各种数据进行融合比较,在对本馆的技术水平、书目定价、服务质量与用户的反馈信息相比较,在原有的基础上,向着用户预期的目标前进。

2.4 加强图书馆员培训

虽然数字化的经营理念中,计算机自动化服务占据了主要服务部分。然而,真正面对用户的是图书馆员,所以,在数字化的趋势下,对于馆员的培训依然重要。对图书馆员进行系统的培训,要求其熟练掌握图书馆中数字化的操作流程,让每一位用户都能够在明朗化、公开化的环境下借阅书籍。这不仅是图书馆员自我修养提高的体现,更是图书馆打造个性化服务的特色之一。

3 改善数字图书馆用户关系管理的关键举措

3.1 转变原有的管理理念

图书馆中用户关系的管理不仅是一项技术,更是一种思想,一种管理模式的新理念。它体现了以用户为中心,打造个性化服务的根本思想。而数字化图书馆的建立正是将用户作为发展的主要导向,在深入了解其需求的基础上,改变其原有的服务模式。在历史的实践中,我们也可以清楚地看到需求对于市场的意义,需求可以带动市场,甚至可以改变市场的结构。

3.2 发展和维护用户关系

图书馆数字化管理的重点还是在于对用户的管理,而用户的管理则不外乎发展用户关系和维护用户关系。发展用户关系主要针对新用户,可以通过报纸、杂志以及网络等宣传方式,让更多的人了解图书馆的真正价值,在保留老用户的基础上,发掘新生的力量。由于图书馆中的大部分群体是学生,所以,发展的对象可以放在社区中,包括待业的青年和下岗工人等,为其提供一个良好的交流平台,同时也是提升其自我修养的最有效的手段。在维护客户关系上,主要针对老用户,通过对老用户的市场调查和预留的信息,了解热门书目的动态,其中重点还是在于老用户的反馈信息,掌握其个性化需求,从而真正做到以用户为中心。

3.3 建立向用户学习的关系

用户关系管理的核心是通过与用户接触,了解其反馈信息,从而不断提高服务质量。换句话说,用户关系管理其实是一个建立向用户学习的关系的过程。用户关系处于长期的动态变化中,所以,当下的重点是建立一种与之相适应的用户管理关系。只有在了解用户真正所需的基础上,才可以将其需求作为本馆运作的驱动力,实现图书馆意义的增值。此外,建立双方之间的相互关系,对于用户本身而言,也是自身能力提升的一个有效的平台。通过图书馆的有效资源,建立终生学习的理念。在众多媒体的报道中,许多下岗工人,通过自己的不断努力,在大量查阅资料的基础上,实现再就业或者是自主创业的案例时有报道,这对于社会而言,也是价值提升的一种体现。

3.4 提高管理水平

为了进一步提高管理的效率，降低管理成本，实现数字化和网络化管理是现代图书馆的主要手段。一个完善的管理系统是实现用户互动的渠道，同时，也是建立图书馆和用户关系之间的重要桥梁，其具备数据分析和整合资源的能力，能够快速定位用户群体，区别群体中的差异性，从而为用户打造个性化的服务。数字化技术的应用，其优势还在于能够使得不同功能相互结合，借助会计电算化的理念，对用户关系有一个更深层次的了解。作为数据分析的一种工具，它实现了多指标多用户的分析，是现代图书馆中应用较为普遍的一种方法。

3.5 提升图书馆的个性化服务

以用户关系为主线，利用数字化技术，打造个性化服务的图书馆，对于提升图书馆服务水平，建立其在同行中的影响力具有深远的意义。数字图书馆为用户提供的服务主要涉及定题跟踪服务、网上专题信息服务、个性化链接、联机检索、光盘检索以及目录查询等，基本能够满足不同用户群的需求，是目前图书馆服务业的主流模式。从专业的角度来说，提供个性化服务的图书馆建立在用户的习惯、偏好以及行为等基础上，为用户提供满足信息内容和系统功能的服务。这是一种人文化的服务，它以用户的需求为主要导向，以用户的个性和需求为图书馆改进和发展的参考依据，是对图书馆大众服务的一种引导。

4 结语

随着网络信息资源的多元化，用户对网络的依赖性越来越强，对信息有了更加深层次的需求。大数据的发展催生了数字图书馆的力量，弥补了传统图书馆的不足之处，图书馆成为最大的信息资源库之一。相对于传统图书馆，数字图书馆提供的服务更为人性化，它打破了地域之间的限制性，实现了信息的共享，也就是说，数字图书馆充分利用了大数据趋势下的优势，大力开发和拓展了资源的有效性和高效性。实践证明，以用户关系为基础的图书馆取得了良好的成效，相信在未来的发展过程中，数字图书馆个性化服务将成为时代发展的主流，服务于更多的用户。为了获得更加成熟的系统服务，还需要加强技术的开发，采集有效信息，不断拓宽市场。

参考文献

[1]刘景宇. RSS 在图书馆个性化信息服务中的应用[J]. 图书馆学研究，2009(4).
[2]王卫军，袁静. 个性化数字信息服务研究[J]. 甘肃科技，2010(6).
[3]师晓青. 手机图书馆信息服务应用价值研究[J]. 情报资料工作，2011(1).
[4]黄远慧. 浏览器工具条在数字图书馆的信息服务功能[J]. 图书馆学研究，2011(12).
[5]杨晓湘，孙坦. 中美图书馆 MyLibrary 个性化服务系统的比较研究[J]. 现代情报，2011(10).

图书馆 SoLoMo 模式架构初探

王　兵　黄　红(南京图书馆)

1　基本概念

1.1　SoLoMo 概念

随着移动通信技术的发展和智能手机的普及,移动互联网得到了快速发展。2011 年 KPCB 风投公司约翰·杜尔将互联网最具代表性的 3 个关键词整合在一起:social(社交)、local(本地化)、mobile(移动),形成了一个伟大的概念:SoLoMo。SoLoMo 将互联网时代最核心的几个元素,美妙地融合揉捏在一起,精准地描述了信息社会互联网的发展状况及发展趋势,此概念一经提出便风行全球。

SoLoMo 作为互联网一种应用理念和模式,它改变了人类的信息交流方式,重新构筑了人类生存的信息与知识的环境。在交流方式方面,复杂的网状信息交流结构,替代了以往个体仅作为信息接收者的被动的单向交流,每个人既是信息的接受者,同时也是信息的发出者;在内容方面,SoLoMo 使互联网的交流内容变得更加广泛,文字、图片、视频等多媒体信息形象生动、丰富多彩;在空间方面,智能手机让人们脱离了 PC 等固定电子设备的束缚,任何人随时随地都可以自由地获取或发布信息,信息更加贴近生活。

1.2　模式概念

模式是指从生产经验和生活经验中经过抽象和升华提炼出来的核心知识体系,是解决某一类问题的方法论。简单地说,就是从不断重复出现的事件中发现和抽象出的规律,是解决问题的过程中形成的经验的高度归纳总结。各个领域都有自己的模式,建筑领域有模式,图情领域有模式,软件领域也有模式。模式是解决问题的最佳实践方略,一个良好的模式,有助于高效完成任务。

1.3　软件架构概念

软件构架是一个容易理解的概念,但要给出精确的定义很困难。Perry 和 Wolf 认为:软件架构是具有一定形式的结构化元素,即组件的集合,包括处理组件、数据组件和连接组件。处理组件负责对数据进行加工,数据组件是被加工的信息,连接组件把软件架构的不同部分组合连接起来。Garlan 和 Shaw 认为:软件架构是与问题相关的一个设计层次,它高于计算过程中的算法和数据结构设计。软件架构是软件结构的详细描述,包括系统的总体组织和全局控制结构、通讯协议、同步、数据存取、所设计组件分配的功能、物理分布、组件的合成、规模和性能、设计方案的选择等[1]。

软件架构是一系列相关的抽象模式,用于指导大型软件系统各个方面。软件架构描述的对象是直接构成系统的抽象组件。各个组件之间的连接则明确和相对细致地描述组件之间的通讯。软件体系结构是构建计算机软件实践的基础。与建筑师设定建筑项目的原则和目标是绘图员画图的基础一样，软件架构师或系统架构师陈述软件构架作为实际软件系统方案的基础。

2 图书馆 SoLoMo 应用分析

2.1 图书馆 SoLoMo 概念

21 世纪初，图书馆信息技术应用出现了 Web2.0 化和移动化两股热潮，经过发展，Web2.0 化和移动化融合成 SoLoMo 产物[2]。图书馆在 SoLoMo 环境下信息的组织、管理、传播、利用的方式发生了根本性的改变，更多地强调读者的参与和互动，呈现出简单、方便、开放、个性化等特征。移动图书馆 2.0、图书馆微信公共服务平台等成为图书馆 SoLoMo 应用的具体体现。

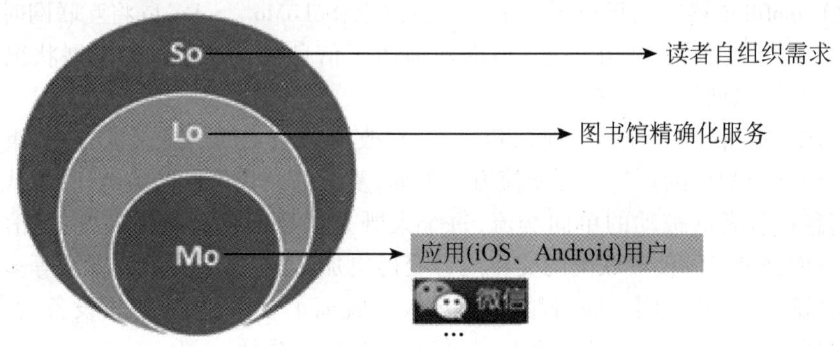

图 1 图书馆 SoLoMo 概念

2.2 图书馆 SoLoMo 应用

近年来许多图书馆都建立了移动图书馆服务平台。图书馆的移动服务主要是将传统图书馆的服务移动化，通过手持终端（手机）来完成图书馆基础业务以及对一些资源提供简单的传播。随着图书馆 SoLoMo 应用的开展，许多图书馆开始建立“社交 + 本地化 + 移动”的信息服务模式，如图书馆微信、微博服务。图书馆微信公共服务是一种较典型的 SoLoMo 服务平台，目前国内大多数图书馆都建立了微信平台，如国家图书馆、南京图书馆、杭州图书馆、上海图书馆、首都图书馆、深圳图书馆、温州市图书馆等。图书馆利用微信平台，定期发布图书馆相关信息，读者通过该平台，获取图书馆定期推送的活动、讲座、电影、展览、新书介绍等各类信息。有些图书馆也充分利用该平台向读者提供图书馆的基础服务，如：检索、预约、续借、我的借阅、书刊借阅排行、常见问题和参考咨询等服务。还有的图书馆能够利用微信定位功能（LOCAL）提供“附近图书馆”等便民服务。通过图书馆微信服务平台，读者还可以向图书馆提出问题或建议，实现与图书馆馆员的互动，读者还可以借助这些平台找到阅读兴趣相同的朋友，促进读者之间的网络互动。

2.3 图书馆 SoLoMo 应用存在的问题

SoLoMo 在图书馆的应用已初显成效，但仍存在一些问题。主要表现在：大部分图书馆侧重于移动阅读服务的建设，在图书馆社交网络方面的建设步伐较慢。如移动图书馆及图书馆的微博、微信等互动平台还没有被大范围推广利用，互动模式简单、交互程度较低、形式单一。不同信息资源提供商定制开发的移动图书馆系统之间互不兼容。图书馆在用的各类业务系统、管理系统或自研发的基于 Wap 的手机数字图书馆系统，能完全支持 SoLoMo 服务模式的很少[3]。购置的移动服务平台还不能完全适用于各类移动设备。这些都是图书馆信息技术需解决的问题。

3　图书馆 SoLoMo 架构

3.1　SoLoMo 架构分析

图书馆 SoLoMo 模式主要包括基础核心平台、管理平台、智能分析平台和应用门户几部分。基础核心平台主要包含后端服务管理与终端应用支撑两部分，可按 SoLoMo 的业务扩展需要不断扩展，衔接图书馆对外服务与第三方信息资源应用服务接入，按图书馆应用服务标准要求整合后发布，提供应用运行支持以及应用扩展性支持。管理平台主要负责内容的组织与管理、读者管理、运维监控、服务绩效等功能。智能分析平台主要对读者的行为、需求、特征以及 APP 生命周期进行分析，并且对读者的日常使用数据进行分析反馈。应用门户主要是 IOS、Android 两个版本的客户端应用，主要包含基础公共功能，基础业务应用，以及其他第三方信息服务应用下载等。其逻辑架构如图 2 所示，由资源层、平台与服务层以及应用层三部分组成。

<table>
<tr><td rowspan="2">应用层</td><td colspan="4">应用门户(iOS、Android)</td></tr>
<tr><td colspan="4">个人首页 | 公共服务 | 综合服务 | 咨询服务 | 社区服务 | 第三方服务</td></tr>
<tr><td rowspan="4">平台与服务层</td><td colspan="2">基础平台(终端应用支持)</td><td>运营平台</td><td>分析平台</td></tr>
<tr><td colspan="2">ESB企业服务总线</td><td>内容管理
运行监控</td><td>读者行为分析
读者需求分析</td></tr>
<tr><td colspan="2">基础平台(后端服务支持)</td><td>社交信息管理</td><td>参考咨询分析</td></tr>
<tr><td>自建数据库资源</td><td>购买数据库资源</td><td>公共服务</td><td>第三方服务</td></tr>
</table>

图 2　SoLoMo 模式逻辑架构图

3.1.1　资源层

资源层主要包括自建数据库资源、购买数据库资源、公共服务、第三方服务。自建数据库资源指图书馆数字化资源、图书馆相关的业务数据以及智能分析数据。购买数据库资源包括来源于读者信息资源整合、移动应用资源整合、互联网资源整合以及第三方数据库资源整合。智能门户平台的建设需要在图书馆当前已有的基础业务平台上进行建设整合。公共服务与第三方服务主要是图书馆对读者服务项目进行梳理,结合第三方信息服务,将各种类型的应用服务资源汇聚到智能门户平台,为社会个人和公众提供随时随地、丰富、便捷、个性化的信息和服务,同时为社会资源参与的建设和服务提供技术基础与环境。

3.1.2 平台与服务层

平台与服务层实现对整个图书馆 SoLoMo 应用服务运行的支撑与管理分析。

(1)基础平台:作为图书馆 SoLoMo 应用服务的基础框架,为整个核心技术平台提供基本的服务功能。基础框架平台能将现有各种业务能力进行整合,具体可以归类为应用服务器、业务能力接入、业务引擎、业务开放平台,提供业务调度中心服务,实时监控平台的各种资源,并将这些资源通过 API 开放给业务应用。基础框架平台还从外部获得基础数据,为智慧分析平台展现提供数据分析结果,提供数据来源。

(2)运营平台:负责运营各种服务。运营的内容包括了基础服务和增值服务。对于第三方服务,由运营平台监控,第三方运营商负责运营。运营平台还提供监督管理人员对平台的内容和交互进行监控与管理。

(3)智能分析平台:对读者的日常操作行为进行数据收集,做出智慧的分析和预测;对于有问题的部分给出预测和预警。该平台能够帮助图书馆更智慧地使用平台提供的服务,可以基于全域数据,结合传统报表、多维分析、KPI 指标模型、数据监控等,简单直观地展示智能平台的各种数据量,针对重点数据监控,为领导决策提供强有力的数据支持。

3.1.3 应用层

应用层按照分类可以提供个人首页、公共服务、综合服务、业务服务、社区服务以及第三方服务等内容。应用层是注重读者体验性的移动客户端应用(IOS、Android),主要提供移动应用门户,面向读者提供个性化展现等[4]。

3.2 网络架构

整个系统网络部署架构分为三层。在最外面一层是互联网层,主要提供读者访问。中间层为业务接入层,主要部署 SoLoMo 硬件服务器。第三层是数据层,主要部署各专项业务系统以及业务数据存储,实现 SoLoMo 与各数据资源系统的数据交换。读者通过手机或其他智能终端进行门户访问登录。

4 应用服务与平台的关系

图书馆各种应用服务建设可依托 SoLoMo 服务模式,以满足群众日益增长的文化需求为出发点,以提高人民群众文化素质和生活质量为根本任务,采用文化事业公益性和市场服务相结合的方法,构建亲民、便民、利民的全民公共文化服务平台,提供全民文化产品和服务的门户及 APP[5]。具体可思考以下几方面的问题[6]:

(1)如何充分挖掘各类图书馆、文化馆等社会文化组织的潜力?

(2)如何提高信息沟通效率、提升图书馆文化服务供需信息配对成功率?

(3)如何优化图书馆等文化资源的组织管理与活动管理?

(4)如何促进全民文化素质行为的养成与强化?

(5)如何提升各领域资源的利用效率?

(6)如何提升全民文化水准,带动服务业和文化产业的发展?[6]

要解决上述问题,在建立图书馆 SoLoMo 信息服务模式平台时可从以下几方面着手:

(1)在现有文化资源的基础上,收集、存储、分析、检索、研究、传递文化信息,提供个性化文化信息服务,满足社会和公众的需求。

(2)通过大数据分析,建立指标并进行统计及分析,了解场地的空间分布现状,形成合理的空间布局,更好地安排文化活动和制定产业发展规划。

(3)了解各基层组织及各种类型的文化场地情况,有利于分析比较,找出差距,正确引导,最终使读者通过各种应用服务满足自己文化素质的提高和文化活动的需求。

5 SoLoMo 业务集成聚合

5.1 技术支撑服务集成

SoLoMo 集成各种网络通讯能力和业务能力,并以 IT 应用开发的模式进行协议适配和接口封装,开放给第三方进行集成调用,支撑图书馆新业务的快速孵化。各种能力统一由 SoLoMo 进行集成,再封装为标准接口并开放给各种应用和 SoLoMo 内部各个子系统模块调用。

5.2 应用集成

为实现 SoLoMo 各种移动应用的聚合和集成,SoLoMo 需要针对平台自有应用、图书馆应用、第三方应用等各类业务系统实现快速接入支撑功能,并提供相应的安全认证和管理控制方案。平台为应用系统提供预集成的各种能力访问接口和数据管理接口,应用系统通过平台提供标准接口进行接入配置管理、内容和服务调用访问、网管监控等,实现全方位的无缝对接。

5.3 内容集成

SoLoMo 支持从外部数据文件导入内容、从第三方实时数据接口查询内容,并可以通过网络抓取引擎将 Internet 上的数据自动采集到平台,多种内容数据在平台上聚合,通过分类与关联,实现内容的聚合及融合。

5.4 客户端集成

SoLoMo 通过标准化的接口支持读者以手机客户端的方式访问平台的业务和内容,同时支持通过无线网络接入和访问读者的各种应用。

5.5 插件集成

SoLoMo 对第三方应用插件实现统一的配置管理,读者可在手机客户端调用相应的插件,实现语音、云箱、GIS、流媒体等各类应用的访问。

6 结语

SoLoMo 时代,对读者而言,不仅希望在图书馆 SoLoMo 环境中展示简单的借阅行为,更期望有沟通、了解、被注意、被欣赏等情感诉求,推荐、点评他们阅读后认为好的图书,找到兴趣爱好相同的朋友或在引导下阅读、找书等,这些作为内在动力,促进了围绕图书馆信息交流的社交网络的诞生。SoLoMo 模式下信息将有效地服务读者的现实生活,既可以通过信息流通带动读者行为发生,也可以通过读者行为发生,协助读者完成行为目的。最终信息不再是以平面信息作用于读者,而是能够帮助读者搭建立体三维信息,使信息的使用能够和现实生活更好地交融。并且以空间点状思维为读者使用导向,以平面数据为快速信息流通的方式,从而形成针对读者的多维数据传播模型,并在此基础上构建立体化图书馆 SoLoMo 信息服务架构。

参考文献

[1]陈飞. 软件架构模式在信息系统开发中的应用研究[D]. 大连:大连海事大学,2005.
[2]谢蓉,刘炜,等. SoLoMo 与智慧图书馆[J]. 大学图书馆学报,2012(3).
[3]熊太纯. 图书馆互动服务现状与 SoLoMo 的应用[J]. 情报资料工作,2014(2).
[4]陈云海. 移动互联网 SoLoMo 应用模式分析[J]. 电信科学,2012(3).
[5]白才进,王红. SOLOMO 环境下图书馆发展变革[J]. 图书馆学研究,2012(5).
[6]田蕊,龚惠玲,陈朝晖,等. 基于移动技术的国外博物馆新型传播模式对图书馆服务的启示[J]. 情报资料工作,2012(5).

大数据在智慧图书馆中的应用研究*

杨征　张甦　谢丰　蔡颖(国家图书馆)

众所周知,在互联网蓬勃发展的今天,我们早已迎来了一个新的信息革命时代——大数据时代。2013 年 9 月,工业和信息化部发布了《关于印发信息化和工业化深度融合专项行动计划(2013—2018 年)的通知》,其中明确提出了推动物联网在工业领域的集成创新和应用,并表示将重点以传感器网络、RFID、大数据为应用切入点。这里所提到的大数据是指以传感网络和 RFID 等物联网技术设备采集到的各类数据集合,这些数据是互联网的基础内容。因此,不论是传统行业还是新兴行业,谁率先与互联网数据融合成功,谁就能够从大数据金矿中发现暗藏的宝藏,就能够抢占先机,成为技术改革的先驱力量。

我国图书馆行业作为文化行业的先锋力量,自 2000 年开始数字图书馆建设以来,就开始将纸质图书、资料等经过数字化等高端技术处理成为电子数据,而这些数据日积月累,就成为了图书馆间的一部分大数据。基于这些大数据形成的数字图书馆与传统图书馆的结合就成为了一种新型图书馆——智慧型图书馆。而智慧型图书馆作为一个全方位开放式的现代图书馆,把大数据的特点与现代图书馆建设发展架构相结合,对智慧图书馆中的大数据进行分类,再对大数据在智慧图书馆中的重点应用进行研究,从而探讨出大数据在未来智慧图书馆中的发展之路。

1　大数据

1.1　大数据的含义

“大数据”与“海量数据”有别,海量数据可能仅仅指的是数量巨大的数字化数据,但是大数据不但包括了这样的数据,还具备自己独特的第三维度——时间或速度维度(涉及数据流、结构化与非结构化数据的处理速率及效率),它在内容上已经超过了海量数据的内容范围。再看它的通用含义,现阶段比较通用的定义是大数据是一种数据巨大、形式多样数据,经常与数据分析与挖掘、数据仓库、智能分析以及云计算等热点话题一并研究。

1.2　大数据的特点

根据对大数据的应用调研分析可以发现,大数据主要具有以下几个特点:

(1)从容量上看,大数据自身具有数据量巨大的特点。大数据包含的数据量级别可以跃升到 PB 级别,未来继续发展还可以达到更高的量级。面对如此快的数据量增长速度,传统的集中存储和集中计算早已无法对此类数据进行处理[1]。

(2)从数据类型上看,大数据具有数据类型多样的特点。随着信息技术的不断发展,数

* 本文为科技支撑项目“国家科技支撑计划”(2012BAH01F01)研究成果。

据的种类不断增多,如网络日志、检索记录、电子邮件、音视频、博客存储、微信或其他类型传感器数据等;同时,这些数据的格式也不相同,这些都使得传统的数据管理系统无法处理类别各异且可变的数据。大数据可以具备非结构化属性数据、半结构化数据、结构化数据。

(3)从数据的价值上看,单条数据可能只是一个单独的个体,不具备太多使用价值,但是若将大量的单条数据联系起来,就蕴含了丰富的信息,相当于数据库的聚宝盆。因此将大数据中不同类型的数据进行融合并加以分析后,都会挖掘出新的业务信息。

(4)从被处理能力的角度上看,为了达到数据预测的要求,使得大数据必须能够被高速、实时处理。大数据相关技术也必须要能够对大量数据进行高速分析、深度挖掘。

1.3 大数据与智慧型图书馆的关系

大数据的特点决定了图书馆中的大数据业务的特征和读者服务模式的转变。智慧型图书馆离不开现代信息技术的应用,当然也包括大数据的应用。在 2012 年,我国教育部高校图工委信息技术应用年会专门组织“大数据时代的图书馆知识服务创新研究与探索”专题报告。会上一些专家指出,数据引证在当今大数据时代来临以及数据密集型范式兴起的背景下,被赋予了新的内涵和重要性,催生了知识计量学这一学科,而大数据则可以给图书馆带来很大变革,变革内容主要包含建立各类知识服务及业务建设的风险模型、新型知识服务引擎、网络化信息资源智能组合方式、用户流失分析及价值分析、预测资源故障、智能辅助决策等,并且把大数据时代的资源建设作为下一代智慧型图书馆的发展战略措施之一[2]。

2 大数据在智慧型图书馆中的应用研究

智慧型图书馆一般被要求可以为用户提供智能、广阔、协同等服务模式,也就是说可以利用网络将图书馆的纸质资源变为数字资源,再根据数字资源之间的协同关系连为一体,高效地挖掘、整合、利用各个数据结合之后形成的结构化、半结构化和非结构化数据,从而形成图书馆的大数据。可以说大数据为传统型图书馆进行了功能优化升级,让图书馆资源为读者应用提供了新的服务模式,创造了传统型图书馆向智慧型图书馆转型机会,通过对数据的升级,也加强了科学知识之间的关联性和数据挖掘质量。通过对这些大数据的收集、挖掘、分析、应用,从而提升了获取时代信息的能力,提升了智慧型图书馆服务品质,这些都将为图书馆的数据管理、数据服务和数据创新创造了一个新的时代。

2.1 大数据在智慧型图书馆中的分类

图书馆的大数据是实现智慧型图书馆的基础所在,根据现在已有的图书馆业务类型,图书馆大数据类型多种多样,现阶段应用较多的数据分为以下几类:

(1)RFID 射频数据:RFID 数据目前在世界上的大型图书馆中都得到了广泛的应用,它是通过 RFID 设备嵌入在图书馆纸质资源中,从而实现对文献资源的跟踪与分析,这将是大数据最重要的来源之一。

(2)传感器数据:传感器是可以应用到图书馆设备的一种数据采集器,它分布在图书馆的各个位置或者环境中,从而对于图书馆温度、湿度等物理环境进行感知,生成数据,由于图书馆是一年 365 天开馆,因此这类型数据量也会非常巨大。

(3)社交网络交互数据:社交网络随着日新月异的科技更新,它成为人们生活中必不可少的一种生活方式,因此社交网络中产生的数据可以远远超过任何一个传统类传播媒介,毋庸置疑,这类数据将在未来生活中快速、大量聚集,成为大数据的主要来源。

(4)移动互联网数据:移动互联网是在互联网基础上发展起来的新型互联技术,这就可以让图书馆便捷地获取电子设备、图书资源、读者用户行为和读者需求等信息,并且对于这些信息进行分析,更好地帮助图书馆业提升服务模式。

2.2 大数据在智慧图书馆中的应用研究

现阶段由于数字图书馆的建设和传统图书馆业务的拓展,因此图书馆业务中拥有大数据的地方很多,比较典型的是信息汇聚系统和搜索系统,下面就将详细介绍这两个系统对大数据的应用:

2.2.1 信息汇聚在智慧图书馆中的应用研究

信息汇聚系统通过图书馆的应用系统将读者用户所有动作都汇聚到一起,再通过信息分析系统对读者行为进行分析从而更新每年图书馆应用需求,以最优化的方式满足读者需求和以节省的方式节约图书馆经费;并且信息汇聚系统还包含两部分内容:文献管理和智能图书导航,这两部分可以实现对文献的管理和为读者提供快捷的智能图书导航服务。

汇聚的数据来自于管理系统和业务服务系统,这些数据通过传感网、互联网和移动互联网等网络形式上传至智慧型图书馆自动化管理系统和智慧型图书馆检索系统中,并且借助一套信息汇聚系统将全部读者行为信息数据进行汇聚整理。

通过图书馆智能分析系统将深度挖掘汇聚的读者行为信息转化为读者的行为偏好和管理决策信息。

借助智能分析系统,向管理者和图书馆检索系统分别推送决策信息和读者行为偏好,再由检索系统向其他应用服务推送行为偏好。具体的工作流程如图 1 所示。

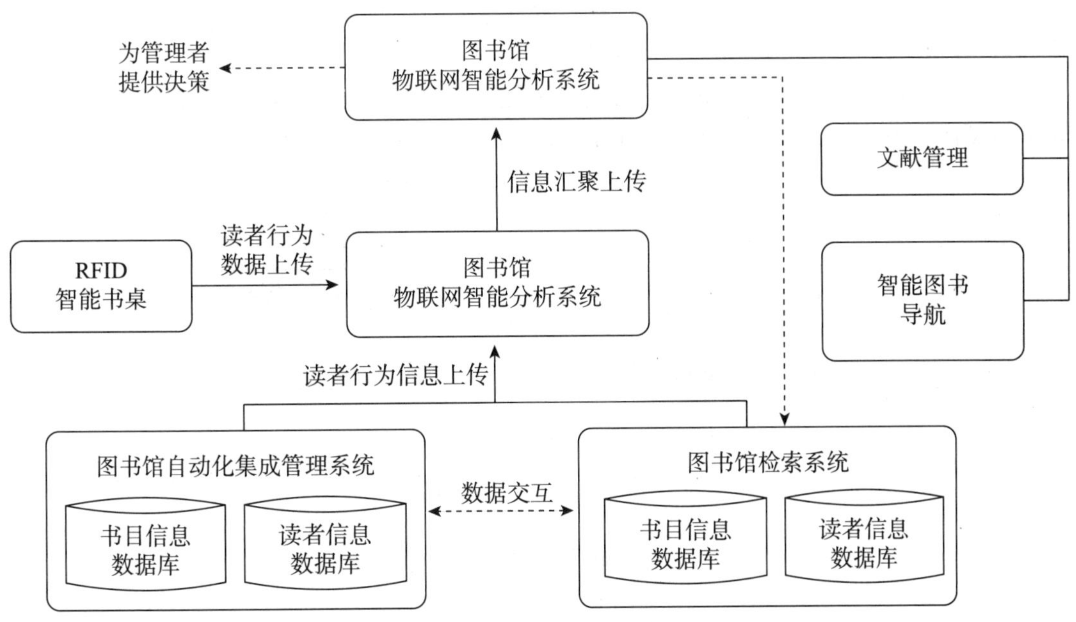

图 1 图书馆智慧化管理流程

图书馆智慧化管理中,其核心的部分是智能分析系统,而智能分析系统中最关键的步骤就是数据挖掘。数据挖掘简单理解就是从大量的数据中挖掘出有用的信息,它通过抽取大量的读者业务数据,经过转化、分析和模块化处理,从中提取辅助决策的关键知识,即从一个数据库中自动发现相关的读者借阅行为和偏好,甚至是一些潜在的行为和偏好。

数据挖掘的步骤一般如下:数据采集→数据预处理→数据调整和技术选择→模型的研发和知识发现→模型和知识的综合解释与评价。整个流程是反复进行的,需要不断优化和趋近。

以智慧型图书馆数据分析应用为例,按照读者借阅图书的分类,使用聚类方法将读者划分成为具有不同借阅特点的组,每一组的读者在借阅图书的分类构成上具有很大的相似性,而不同组的读者在借阅图书的分类构成上则有较大的相异性。由此可以分析出读者在借阅行为方面的一些行为趋势和个性,为决策者提供参考。

随着读者行为偏好向多样性和动态性发展,通过智能化管理模式,图书馆将会为读者推出个性化的信息推送服务。根据读者行为偏好的不同,图书馆智能化管理也为管理者的决策提供了依据,管理者将会了解什么时间该为哪类读者提供何种服务,从全局角度改善了服务能力和质量。在采用统一技术标准的前提下,智能化管理将会把原本各自为政的各项服务有效整合,使其相互提供服务的参考依据,互相促进,共同发展。

2.2.2 数据挖掘在智慧型图书馆中的应用研究

在智慧型图书馆中,数据挖掘技术可以有效地告诉图书馆员应该对于何种数据进行采集。分析人员根据采集到的数据能够迅速地得到图书资源的使用情况,对适合不同类别的读者的图书资源进行聚类,可以迅速而准确地进行书单定位。图书馆书目数据库是图书馆的基础资源,每天编目人员要对新数据进行编目,对旧数据进行维护,制定数据挖掘策略可以准确地把握图书馆未来的发展方向。

数据挖掘是一种透过数理模式来分析企业内储存的大量资料,以找出不同的客户或市场划分,分析出消费者喜好和行为的方法[3]。数据挖掘一般是指从大量的数据中自动搜索隐藏于其中的有着特殊关系的信息的过程。数据挖掘的任务有关联分析、聚类分析、分类分析、异常分析、特异群组分析和演变分析等。

涉及图书馆大数据挖掘最重要的是用户兴趣分析,整个用户兴趣模型的创建过程包括Web浏览内容分析和Web浏览行为分析两部分,流程如图2所示。

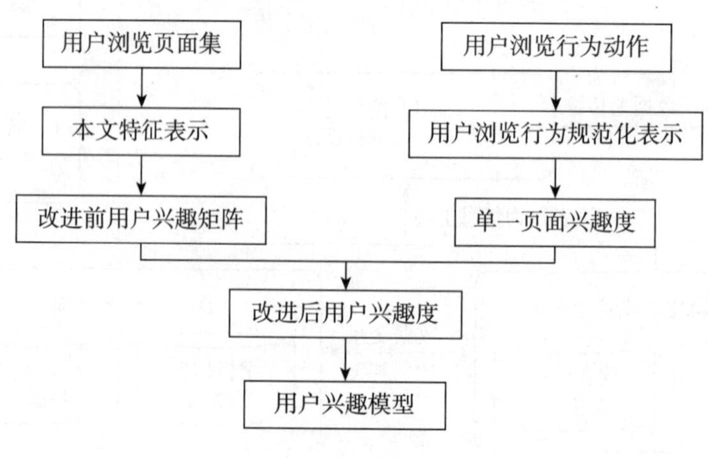

图2 用户兴趣模型流程

Web 浏览内容分析，就是采用 Web 聚类分析方法对用户已浏览的 Web 页面集进行内容聚类，得到用户感兴趣的页面集；Web 浏览行为分析是对用户浏览页面时的行为信息进行分析，得到用户对单一页面的兴趣浓度。将二者相结合，就得到了用户感兴趣的主题类别及对每类主题的兴趣度，即用兴趣分类树表示的用户兴趣模型。

2.3 大数据对于智慧型图书馆发展的影响

大数据的应用研究可以激发图书馆领域的相关人员对于“图书馆大数据体系建设”和“信息智慧服务模式”等问题进行研究，RFID 射频数据、传感器数据、社交网络交互数据及移动互联网数据这四类大数据将会成为上述研究的主要数据来源，并且对于图书馆学、情报学等相关学科产生影响，这几类影响主要表现为[4]：

(1)图书网络行为分析、读者用户行为预测、移动图书馆数据分析、图书知识服务技术搜索引擎将会成为图书馆业“大数据”研究的主要领域；

(2)大数据可以在对海量科学文献进行常规分析的基础上，让文献之间的关联分析、时间序列分析、图表分析、社交网络分析以及移动用户行为分析等宽度和深度分析成果都不再是遥不可及的事情，而是让图书馆变成人、物“触手可及”的地方；

(3)情报学所受到的冲击应大于图书馆学、档案学，因为它对信息、软硬件及网络等技术依赖性相对较强，并且与数据存在特殊关系，使得它必然会在较大程度上受到大数据理论与应用研究的影响；

(4)信息资源获取、存储、组织、分析、决策以及信息可视化技术、工具等也会伴随大数据在图书馆应用的逐步深入而发生根本性的变化。

3 大数据在未来智慧型图书馆中的发展之路

图书馆行业的学科领头人和管理者制定图书馆大数据整体战略与局部发展战略时，需要根据不同的情况，对图书馆产生的不同类型大数据进行角色定位，再结合图书馆的级别、主要服务模式、服务范围、馆藏类型等因素，建立一个完善的分层、分级的发展战略，构建图书馆大数据的文献服务纲要，从而探索出图书馆大数据的体系架构、服务模式、文献收集类型以及图书馆技术模型等。

图书馆大数据时代已经到来，大数据的应用和大数据理论的结合必会推动图书馆学、情报学等学科和图书馆发展事业的进步，同时也会为世界、国家、团体以及个人提供更为先进的文献资源和创造性服务成果。这种图书馆新型服务体系模式上的转变，不光是由量变到质变、局部到整体的转变，更是由微观到宏观的图书情报领域观察模式的转变，将这些与互联网技术、数字图书馆技术、云计算技术等结合，会使图书馆的存在方式和读者对于图书馆的认知产生质的飞越。因此，想要发展图书馆大数据科学就要根据已经构建的学科体系，增强学科界、图书馆界以及技术界之间的学术交流与合作。

参考文献

[1]迈尔 - 舍恩伯格,库克耶. 大数据时代[M]. 杭州:浙江人民出版社,2013.
[2]张新娜. 大数据时代智慧图书馆建设路径分析[J]. 图书馆研究,2014(1).
[3]叶子辉. 数据挖掘技术及 Web 应用[J]. 信息安全与技术,2010(12).
[4]张兴旺. 图书馆大数据体系构建的学术环境和战略思考[J]. 情报资料工作,2013(2).

在机遇中不断提升　在挑战前创新转型

——浅析大数据时代下的数字图书馆推广工程与图书馆用户新体验

彭良松(贵阳市图书馆)

近年来,随着信息技术的发展,人们生产、存储的数据开始激增,数据量也从GB时代迈入TB时代,2011年全球新产生数据量1.8千万亿MB,需要用575亿个32GB的iPod储存,足以砌起两座长城。与此同时,一个新的概念“大数据”(Big Data)应运而生。2011年5月麦肯锡公司在发布的*Bia Data:theNext Frontier for Innovation*报告中,首次使用了“大数据”这一概念。所谓“大数据”,百度百科将其定义为“巨量资料”,指的是所涉及的资料量规模巨大到无法通过目前主流软件工具,在合理时间内达到撷取、管理、处理并整理,帮助企业制定更积极的经营决策的目的的资讯。2012年3月29日,美国政府宣布用2亿美元投资大数据计划,正式将大数据研究从商业行为上升到国家科技战略的高度。

在我国,政府和企业也开始意识到大数据的重要性,贵州省现在主推的城市名片就是大数据。2013年,随着富士康(贵州)第四代绿色产业园、三大电信运营商数据中心落户,贵州乘势而上打造国内领先水平的大数据基地,推动高科技、绿色节能的云计算产业发展。贵州省还专门出台了《关于加快大数据产业发展应用若干政策的意见》,制定了30条鼓励措施,推动大数据产业的发展。贵州省的图书馆,在大数据即将到来的时代,也应该未雨绸缪,主动去思考如何迎接大数据时代的机遇和挑战。本文将重点分三部分展开阐述,分析数字图书馆中的大数据,阐述大数据对于数字图书馆的意义,总结数字图书馆应该如何利用大数据提升管理和服务。

1　数字图书馆中的大数据

数字图书馆是在互联网基础上发展起来的一种新型的服务方式,与传统图书馆服务相比,不受时间和空间的限制,为用户提供了更为便捷的服务。近年来,全国数字图书馆每年都会有大量的新增数据。以贵阳市图书馆为例,2011年年底,数字图书馆馆藏数字资源总容量为9.8TB,2012年馆藏数字资源总容量近12TB,到了2013年馆藏数字资源总容量增长到了28TB。短短3年的时间里,数字资源增长了2.8倍。所以说,现在很多数字图书馆,已经或即将走入大数据时代。数字图书馆的大数据的来源主要有以下几种渠道:

一是图书馆自身的文献资源,如原有的图书、新购的图书,以及随书的音频、视频资料等,二是有关图书馆本身发展的数据资源,如图书馆历年留下的图片、视频材料等;三是外购的数据库,比如有些图书馆会购买一些期刊或论文的资源库,会购买大量视频和动画等,满足不同读者的需要;四是网络访问数据,用户通过终端访问数字图书馆数据库所留下的访问记录、评论等;五是咨询数据,互联网和通讯技术的发展使图书馆的参考咨询工作呈现出形式多样化的局面,FAQ、BBS、E-mail咨询、IM咨询、社交网络(微博、微信、QQ等)咨询等产生了大量非结构化的咨询记录,有的图书馆还开发了咨询管理信息系统。无论是非结构化的咨询记录还是结构化的咨询数据,从大数据的视角去思考和分析,对研究用户、评估咨询质量和效果、开发咨询新业务等方面都大有裨益。综合分析数字图书馆大数据,可以总结出三个特点,即数据规模大、数据种类多、数据价值密度低,对于数字图书馆而言,大数据时代的到来既是一种机遇,也是一种挑战。

2 大数据对于数字图书馆的意义

当今社会,三分技术,七分数据,得数据者得天下。在以云计算为代表的技术创新大幕的衬托下,原本很难收集和使用的大数据开始容易被利用起来了,渗透到国家和社会的各个方面、各个行业。谷歌的首席经济学家哈尔·范里安(Hal Varian)说,"数据非常之多而且具有战略重要性,但真正缺少的是从数据中提取价值的能力",这种能力除了技术能力外,也包括运用大数据的思维能力。随着计算机业的发展,技术上的困难终将被克服,大数据能否发挥作用,最终取决于分析数据的思维能力。而且,大数据概念的出现本身就给人们提供了一个思维方式,即可以从很多看似平常的数据或资源中挖掘有用的信息,通过对海量数据的分析,获得更多有价值的产品和服务。从这个意义上说,大数据不仅是一种资源,更是一种理念,其最大的价值不是数据本身,而是通过对数据的分析来改善和提高工作质量和水平,这就是大楼据理念。比如美国总统奥巴马第二次参加总统大选的时候,其团队通过分析挖掘近两年搜集、存储的海量数据,寻找和锁定潜在的己方选民,运用数字化策略定位拉拢中间派选民及筹集选举资金,从而战胜对手罗姆尼,赢得大选。有专家分析,未来几年大数据在商业智能、公共服务和市场营销三个领域的应用非常值得看好。而图书馆则属于公共服务的范畴,大数据对于数字图书馆的建设和发展而言,有着重要意义。

首先,近年来,数字图书馆的数据资源日益丰富,包括电子期刊、电子图书、电子报纸、数据库、音视频资源、网络资源等一系列的数字资源,存储、挖掘、分析、利用这些大数据,对于数字图书馆的建设和服务而言至关重要。其次,民众对图书馆的服务的需求越来越高、越来越明确,如何帮助用户从大量的信息中获取自己想要的数据,成为图书馆重要的服务使命,大数据分析能够帮助数字图书馆建立更好、更快的知识服务引擎。再次,大数据技术还能够帮助数字图书馆更好地分析用户的行为和使用习惯,了解用户需求,从而帮助数字图书馆开发出更符合用户需求的产品,发展更多的用户,避免用户的流失。此外,对大数据的分析还能够帮助数字图书馆更好地控制各种风险,如更好地控制图书馆的知识产权安全、指导图书馆的投资等。

如何在信息量不断增长的情况下,更好地满足人们获取有效信息和知识的需求?当人们抱怨信息过量,需要借助一些媒介从海量的信息中筛选出有用信息甚至直接获取知识时,正是图书馆发挥作用的时候。毫无疑问,大数据为图书馆提供了新的视角,不仅更细致、准确地洞察用户,而且能更深入地剖析业务工作,引导图书馆向更人性化、专业化的层面发展。由此可见,大数据对数字图书馆的建设和发展有着积极的意义。对于数字图书馆而言,要积极面对大数据带来的机遇和挑战,主动去想办法、想对策,更加有效地将大数据技术与数字图书馆结合起来,更好地提升管理和服务。

3　数字图书馆应该如何利用大数据提升管理和服务

利用大数据技术构建图书馆的新型知识服务引擎,将会是未来几年内图书情报领域信息技术研究的主要内容。知识服务是基于用户需求的服务,需要从用户类型、群体特征、年龄、职业等各方面对用户的需求状态、特点、信息心理、行为及信息利用过程和效果等展开研究,这样才能针对不同的用户提供相应的知识信息,取得最佳服务效果。因此用户资源已成为现代图书馆最重要的战略资源之一,对用户数据的管理和研究则成为图书馆提高服务水平的关键问题。新型知识服务引擎包括资源及学术搜索引擎,资源及服务推荐引擎,知识服务社区实体(包括用户及资源)行为智能分析引擎,用户知识需求预测引擎及多维度信息资源获取、组织、分析及决策引擎等。例如美国 Hiptype 公司用大数据分析技术来分析电子书读者阅读习惯和喜好,这也是国内外图书情报领域首例利用大数据技术构建知识服务社区实体(包括用户及资源)行为智能分析引擎。可以通过分析资源(包括软硬件资源、网络资源、信息资源、服务资源及知识资源等)的状况来预测可能的故障,或帮助图书馆制定应对资源突然的波动的策略?例如网络攻击、垃圾资源过滤、软硬件资源故障、信息服务需求障碍及知识资源波动等,建立更加灵活的、智能的网络化信息资源智能组合方式。图书馆可以灵活、方便地从已有结构化及非结构化数据资源中抓取有用的知识、关系、模式、症状用于新的知识服务方式。

伴随着数字图书馆进入大数据时代,如何更好地存储、整合、分析、利用大数据成了摆在图书馆面前的重要课题。有专家指出,大数据时代,任何单位和组织需要具备三种能力:第一,整合数据的能力;第二,探索数据背后价值和制定精确行动纲领的能力;第三,精确、快速、实时的行动能力。那么作为数字图书馆,在大数据的机遇和挑战面前可从四个方面做出努力:

3.1　与时俱进,提高技术实力

随着信息技术的发展,数字图书馆面对的数据会越来越多,如何更加深入地去挖掘、抓取、优化和利用这些数据,成为数字图书馆面对大数据应该首先解决的技术问题。对于数字图书馆而言,必须提升自身的技术实力,解决大量数据的存储问题。有专家指出,图书馆的大量数据应分为两部分存储,一部分考虑到被破坏和攻击,需要以光盘的形式存储,另一部分考虑到未来大数据战略应用部署而以硬盘形式存储。以贵阳市图书馆为例,除了直接购买的光盘数据资源外,其余部分均为硬盘存储,这样虽说存储数据时快捷了许多,但不利于重要数据的保存。从长远考虑,贵阳市图书馆数字资源的存储还是应该区分开来,光盘数据存储用于存储不需要对外公开的重要数据。硬盘存储扫描而来的图片数据,可以在互联网上与国内外对接。此外,笔者认为,在大数据时代,图书馆要想有效地进行数据存储、数据挖掘、数据分析,就必须引入云计算,云计算的核心是海量数据的存储以及数据的并行处理,是一种可行的处理大数据的技术。云计算能够快速地对大量数据进行部署,而消耗很少的资源和空间。对于数字图书馆而言,如果不能很好地掌握云计算,就无法有效地进行大数据的管理。大数据已经向我们展示了一个美好的愿景,但是在现实和愿景之间,需要用技术去搭建桥梁。作为数字图书馆,不能满足于现有的技术条件,要想方设法提升自身技术实力,为大数据管理打下坚实的基础。

3.2 学习培训，提升人员素养

虽然数字图书馆并不像传统图书馆那样依赖人的管理，但是数字图书馆要想更好地服务用户，同样离不开数据管理人员。“数据是信息化时代的石油”，数据管理人才是数据密集型科研环境下的稀缺人才，图书馆必须培养专业的数据管理人才，清楚大数据概念，了解大数据的特征，掌握大数据管理，从而更好地对数字图书馆进行后台管理。此外，作为图书馆人，在大数据时代，一定要注重职业道德修养。最近一项对欧洲150万手机用户的数据集进行的研究表明，只需要4项参照因素就足以逐个确认其中95%的人员的身份。因此，对于图书馆而言，为了保护用户的个人信息必须加强对图书馆员职业素养的培养，一方面可以为图书馆员提供外出学习培训交流的机会，引导图书馆员走出去，了解大数据发展的实时动态，学习其他图书馆的在大数据管理方面的先进经验。另一方面，图书馆可以积极地对外引进相关的专业人才，同时也要组织内部的学习和培训，开展大数据学习研讨会，评选大数据管理方面的优秀馆员，给予鼓励和奖励，营造全员学习大数据管理的氛围。

3.3 精确分析，满足用户需求

在网络传媒的冲击下，传统图书馆的公共服务职能明显弱化，数字图书馆是图书馆在网络时代的重要应对之策，但是数字图书馆并不等于简单的搜索引擎，而是一定要为用户提供个性化的优质服务。大数据分析有一个重要的用途，就是通过数据分析，可以了解很多潜在的规律，甚至可以预测事物的发展趋势，从而为下一步工作提供指导。比如前面我们所说的，淘宝通过对历史数据的分析，特别是用户的消费习惯、搜索习惯以及浏览习惯等数据所进行的综合分析，在双十一促销期间，针对用户需求推出营销计划，创造了销售奇迹。对于数字图书馆而言，也可以通过对数据的精确分析，更好地提升服务，满足用户需求。图书馆获取的用户数据有两种，一种是传统的问卷调查数据，一种是用户使用图书馆服务系统所产生的交互数据。前者是目前用户研究的主要途径，但这种方法存在一定的弊端，如效率低、样本数量有限、调查效果取决于调查问卷的设计是否合理、是否充分准确地表达了调查者的意图、调查结果是否充分反映了用户意见、被调查者的态度是否真诚等各种因素，使调查结果存在误差或无法充分表达用户的真实想法和具体需求。事实上，用户有时很难准确地表达自身需求，而交互数据是用户在使用图书馆的过程中所产生的自然数据，包括读者信息、访问数据（访问时间、路径、相关链接）、借阅信息、咨询信息、检索数据、下载数据，甚至RFID射频数据等，它们是直观、客观、实时和动态变化的，能迅整反映出用户需求的变化趋势。关注和分析这些数据，可了解和揣摩用户的心理和习惯，并根据变化及时调整服务策略，快速满足读者需求。比如，图书馆可以根据读者服务数据对读者借阅习惯、爱好等的数据分析，了解每一名用户的喜好和需求，以用户的需求为主要导向，找出新的服务方案、策略，大力开发和发展资源的有效性和高效性，为用户提供更加个性化的服务。此外，通过大数据分析，了解用户的需求和评价，还可以为数字图书馆未来的发展指出方向，影响图书馆的发展计划和决策。

3.4 调整方式，扩展服务内容

社会在发展、时代在发展，图书馆的职能也应该不断地发展变化。在信息化时代，如果图书馆还停留在文献借阅等传统职能上，路只会越走越窄，直至无路可走。大数据为图书馆职能的调整和转变提供了无限的可能。在大数据时代，图书馆的传统业务将向数据分析、数据挖掘方向转移，对大量数据的分析与处理将成为图书馆的主要业务。以信息的处理与服务为优势的图书馆的服务范围及领域将会得到更大的扩展，为政府和社会机构提供一定的数据分析服务、数据挖掘服务将会成为大数据时代图书馆的常态服务内容。只有依靠数据分析，调整服务方式、转变服务职能，图书馆才能找到生存之道。国外很多图书馆开始利用数据分析，为政府和社会机构提供服务，这也给我们国内的图书馆提供了可借鉴的发展方向。

当今社会，大数据时代比我们想象的来得还要快，大数据几乎跟我们每一个行业、每一个人都密切相关，数字图书馆的建设和发展同样避不开大数据的命题。在大数据带来的机遇和挑战面前，图书馆必须积极应对，提升自身的管理服务，不断创新转型，为广大用户和读者提供更加优质的服务，为社会公共服务事业的发展做出贡献。对于贵州图书馆而言，更应该乘着大数据建设的东风，将数字图书馆建设得更完善，为广大群众，为政府和社会，提供更加卓越的服务。

参考文献

[1]李白杨，张心源. 数字图书馆建设中大数据问题初探[J]. 情报科学，2013(11).

[2]韩翠峰. 大数据时代图书馆的服务创新与发展[J]. 图书馆，2013(1).

[3]张文彦，武瑞原，于洁. 大数据时代的图书馆初探[J]. 图书与情报，2012(6).

[4]刘明，李娜. 大数据趋势与专业图书馆[J]. 中华医学图书情报杂志，2013(2).

[5]李恬. 大数据理念与图书馆大数据[J]. 新世纪图书馆，2014(6).

[6]樊伟红. 图书馆需要怎样的“大数据”[J]. 图书馆杂志，2012(11).

大数据对公共图书馆服务的影响探讨

张鹤明(广西壮族自治区图书馆)

21世纪,伴随着计算机和互联网技术的发展,云计算、物联网、社交网络等新兴技术不断出现,社会正在进入大数据的时代。大数据时代可以实现对海量信息的搜集、分析和整理,帮助人们更方便快捷地获取有用的信息。因此,通过使用大数据的技术,将大量有用的信息反馈给读者,成为新形势下公共图书馆发展的新趋势。不可否认,大数据的存储和运算能力对公共图书馆的建设和发展来说既是机遇也是挑战,如何应对这一新的信息技术的冲击,关系着公共图书馆未来的发展走向。在公共图书馆信息技术建设尚不完善的当下,加大资源投入,建立完善的公共图书馆管理制度,大力提高对数字图书资源的分析、储存和处理能力,确立较高的管理和监督标准,重视大数据时代公共图书馆的信息安全建设,才能更充分地发挥公共图书馆的应有职能。

1　大数据的基本内涵

1.1　大数据的概念

计算机和网络技术的飞速发展,促进了信息经济时代信息总量以几何级数的速度增长,要想对这些信息进行快速、准确的分析、归类,提取出有益于企业以及个人的信息,就必须借助于强大的信息管理技术,大数据时代的到来开启了人们对信息重新管理的新时代。学界对大数据的概念尚没有达成统一的认识,维基百科的定义为:大数据又称海量资料,其所涉及的资料数据规模巨大、总量甚多,无法透过目前主流软件工具,可以在合理时间内达到撷取、管理、处理并整理成为帮助企业制定更积极经营决策的资讯[1]。大数据最初是由世界著名的麦肯锡咨询公司首先提出,其后,包括美国军方、国防部在内的诸多政府机构、企业事业组织都宣布投入大量资金推动大数据技术的研发和应用。公共图书馆作为知识的粮仓,其对信息的储备必然会由传统的纸质书籍收藏走向电子数据存储的新阶段,而且随着时间的推移,读者借阅信息越来越多,因此,公共图书馆也要大力提升使用大数据提供服务的质量和水平。

1.2　大数据的特征

大数据是信息化社会对信息进行管理和分析的新技术手段,随着对大数据研究的深入,大数据的一些基本特征也逐渐显现出来。(1)数据存储量大。巨大的存储功能是大数据最显著的特征,由以往的MB、TB跃升为PB、ZB,已经显示了这一数据存储新时代的到来。(2)信息的种类繁多。大数据对信息的存储不再仅仅满足于文字、音视频资料的存储和整理,已扩展到网络日志、图片、地理信息以及XML、HTML等多种类、多格式的信息,既满足了信息经济时代人们的需求,也极大地提高了人们对信息的处理能力[2]。(3)信息处理的速度快。信息处理的速度决定了大数据无与伦比的优势,在浩瀚的信息时代中,大数据处理信息的速度基本上都是遵循1秒定律,只有迅速地搜集到有效的信息才能在竞争激烈的市场经济环境下迅速占得先机。大数据的这些特征也使得其在市场中的应用越来越多,快速准确地搜集必要的信息不仅有助于提高企业管理的效率,也能极大地促进企业综合效益的提高。将这些特点应用到公共图书馆的日常管理工作中,对分析读者的阅读行为、提高读者服务的质量和吸引更多的读者通过图书馆查询有价值的信息大有裨益。

2 大数据对公共图书馆服务的影响

2.1 大数据推动了读者对个性化服务的新需求

大数据时代的到来,使读者对公共图书馆服务质量有了更高的要求。例如,公共图书馆应根据客户的爱好和特点推行个性化的服务,通过对读者以往在该馆借阅书刊的分析,主动为读者推荐相关的书刊,既缩短了读者查询书刊的时间,也提高了公共图书馆管理的效率。大数据是依靠互联网和计算机建立起来的,为读者提供电子资源可以避免因时间和空间的限制带来的阅读困难。许多读者可能没有时间去公共图书馆借阅书刊,而使用计算机阅读既给读者带来了诸多的便利,也极大地增加了读者可以获得的信息总量。公共图书馆还可以通过大数据对用户以往的借阅历史、个人背景信息、浏览信息、借阅信息等进行分析,通过网络定期推送热门书刊、提供参考咨询服务,极大地方便读者,使其迅速有效地获取有助于自己实际需要的书刊资料。为读者提供个性化的服务是大数据时代对公共图书馆服务的新要求,能否以大数据的技术和资源优势为读者提供丰富多彩的个性化服务,考验着大数据时代下公共图书馆能否及时应对新技术的挑战。

2.2 巨量、复杂的数据对图书馆的存储和处理能力提出新的挑战

大数据时代的到来必定对公共图书馆知识的存储、处理、分析和整合能力带来了前所未有的挑战,随着手机、平板电脑等移动终端的流行,人们越来越喜欢通过电子设备进行阅读。公共图书馆作为知识的储存基地,必然要适应新形势的要求,推出更多的电子资源满足读者的需求。将纸质资源转换为电子资源是一项繁重的工作,但如何快速、准确地对信息进行处理考验着公共图书馆的信息管理水平。一方面,数据存储的数量和质量是一所公共图书馆发挥自身价值的基础。当前,许多公共图书馆自身海量数据的存储及运算能力尚不规范,又面临大数据对存储能力的高要求,二者之间的矛盾如何化解,关系着公共图书馆在大数据时代能为读者提供哪些阅读服务,以及能否满足不同读者的个性化需求。存储能力不足、存储质量不高是大数据时期公共图书馆亟待解决的问题[3]。另一方面,数据即是业务的基础,对数据的处理能力,包括分析、整合、推送能力的高低决定着公共图书馆为读者提供服务质量的高低。公共图书馆要提供存储信息服务、搜索服务、咨询服务等,这一切都建立在对信息处理能力高低的基础之上。现行的大多数公共图书馆服务仍以纸质书籍的借阅为主,服务形式单一,缺少方式多样、形式灵活的服务手段。

3 公共图书馆应对大数据时代挑战的具体策略

3.1 提高、完善公共图书馆的人才素质与管理制度

大数据时代公共图书馆服务的改进，离不开优秀的人才和完善的公共图书馆管理制度。一方面，公共图书馆要招聘具有扎实计算机和互联网专业基础的人才，为大数据服务的提供奠定人才基础。定期对馆内员工进行培训，邀请专家、学者为馆员授课，提高所有馆员利用大数据提供服务的意识，丰富大数据的管理和使用经验，提高为读者提供服务的水平。此外，还要提高管理层和馆员的人文关怀，图书馆的目标是为读者提供优质的阅读服务，要警惕公共权力和商业资本对公共图书馆数据资源的渗透和控制，发挥好公共图书馆的公共服务功能。另一方面，公共图书馆要建立完善的管理制度。首先，要认识到公共图书馆是公共资源，是国家提供的公益服务，服务质量的高低取决于公共图书馆自身的建设水平以及馆员服务意识的高低。要通过不断完善的管理制度，提高馆员的服务意识和水平，发挥好公共图书馆的应有职能。其次，公共图书馆要努力提高馆员的素质，对于工作中表现不积极、服务不热情、失误不断的馆员，要及时进行教育、辅导，严格落实岗位责任制，才能更好地提高公共图书馆的服务水平。

3.2 提高公共图书馆的数据整合能力

大数据时代需要公共图书馆建设更好的特色数据库、数字资源服务系统及富有个性的门户网站等，加强对电子数据信息的整合和处理能力，其是大数据时代公共图书馆必须具备的能力。一方面，公共图书馆要在现有资源的范围内，购买性价比高的计算机设备，配置较高速的宽带以及相应扫描仪、打印机等设备，为大数据的建立奠定技术基础。省市级的公共图书馆可以集中各自的优势，协力建设云存储平台，实现资源的共享，既扩大了本馆资源的储备量，又节省了必要的资金，减轻了应对大数据的压力[4]。另一方面，图书馆要以现有的设备为基础，大力提升数据的分析、处理能力，完善公共图书馆的网络基础设施建设，围绕以数据为中心的知识创新型服务中心，深入进行数据的分析和挖掘，通过对用户的借阅记录、信息行为、微博日志等各类数据进行深入分析，挖掘出有价值的信息，通过大数据反映的信息改善和提高公共图书馆服务的方案，不断提高服务的效率和质量。此外，公共图书馆要定期对馆藏的数据信息进行维护，包括备份、杀毒等，防止信息被黑客攻击或受到病毒的侵扰，保证馆藏资源和读者信息的安全，防止客户的隐私被泄露。

4 大数据时代图书馆发展的展望

大数据的出现，改变了我们对数据的认识，也改变了我们的工作和生活方式，大数据对各行各业的影响正在持续不断地发生。通过大数据，可以实现对数据的深入挖掘和高效利用，大数据是集成人工智能、商业智能、数学算法、自然语言理解和信息技术等多个跨学科领域的技术成果，是信息科技领域的一次革命性的进步。公共图书馆作为信息的集散中心，在大数据的冲击下，要以现有的资源为基础，大力提升对信息的处理和整合能力，提高信息的安全性和便捷性，不断利用大数据丰富为读者提供服务的形式，通过提供个性化的服务，充

分发挥公共图书馆社会公益的职能。总之,公共图书馆只有不断完善自身的网络基础设施建设,才能在大数据的时代背景下,有效缓解大数据对公共图书馆的冲击,并建立起以大数据为基础的服务模式,丰富公共图书馆对外服务的多样性。

参考文献

[1]张兴旺. 图书馆大数据体系构建的学术环境和战略思考[J]. 情报资料工作,2013(4).

[2]张瑶,陈维斌,傅顺开,等. 基于大数据的高校图书馆推荐系统仿真研究[J]. 计算机工程与设计,2013(7).

[3]刘明,李娜. 大数据趋势与专业图书馆[J]. 中华医学图书情报杂志,2013(2).

[4]杜成军. 浅析大数据时代对图书馆的技术影响[J]. 电子测试,2013(9).

以微信公众平台助力数字图书馆服务的升级

王星胜(湖南省少年儿童图书馆)

1 数字图书馆服务的新特性

数字图书馆(Digital Library)是用数字技术处理和存储各种图文并茂文献的图书馆,实质上是一种多媒体制作的分布式信息系统。它创造性地运用知识分类和精准检索手段,有效地进行信息整序,使人们获取信息不受时空限制。通俗地说,数字图书馆就是虚拟的、没有围墙的图书馆。它以网络和高性能计算机为环境,向读者和用户提供比传统图书馆更为广泛、更为先进、更为方便的服务,从根本上改变了人们获取信息、使用信息的方法,较之传统图书馆具有很大的优势[1]。

传统图书馆以读者到馆看书、找书、借书为读者利用图书馆的主要方式,而数字图书馆由于不受时间和空间的限制,并且存储信息的方式更加多样化、存储内容更加海量,所以服务读者的方式也更加多元,进而提供优质服务的难度也普遍加大。当代社会迅猛发展,各行各业愈发强调用户体验,市场经济中,产品从设计、生产、销售,再到售后,各个环节均十分重视“用户至上”的理念,市场主体普遍认同只有生产出受到用户肯定的产品、只有提供受到用户褒扬的服务才能在残酷的市场竞争中实现自身的可持续发展,否则只能是昙花一现,即赚取一桶金后,被市场抛弃。数字图书馆的发展自然不能脱离整个社会大环境,读者对于图书馆的服务质量要求越来越高,对于数字图书馆高服务水平的期待也愈发强烈。数字图书馆自身充满鲜明的时代特点和新技术特点,数字图书馆服务也应立足于时代前沿,摈弃掉以往传统图书馆老旧的被动服务的思维,应加强与读者的交流与互动,站在读者的视角,切实为读者获取其渴望的信息资源而不断改善服务,应切实了解读者的真实需求,真正做到消除信息不对称、消除信息鸿沟,让每位读者能真切感受到数字图书馆的包容性、便利性和实用性。

2 微信公众平台的飞速发展

微信(We Chat)是腾讯公司于2011年1月推出的一款为智能终端提供即时通讯服务的免费应用程序[2],它不但能实现发送文字、语音、图片、小视频的功能,而且具备实时对讲、视频聊天的功能。仅耗时433天,微信用户即突破1亿大关,而截至2014年二季度末,微信及其海外版合并月活跃账户数达4.38亿,同比增长了57%。毋庸置疑,微信已成为海内外华人使用面最大、使用频度最高的移动类即时通讯软件,微信,已名副其实地成为一种生活方式。

微信公众平台于2012年8月正式上线,一年后微信公众平台开始分成订阅号和服务号。运营主体是组织(比如企业、媒体、公益组织)的可以申请服务号,运营主体是组织或个人的可以申请订阅号[3]。微信公众平台可以向用户推送图文消息和视频内容,并且可以根据用户发送过来的消息，与用户实行一对一的有效互动。至2013年11月，微信公众平台账号数量即达到200万。至2014年7月，微信公众平台数量飙升至600万，并且每天仍涌现大量新注册的公众平台账号。

微信公众平台账号数量为何增长如此迅猛，一方面是因为运营主体认可公众平台所具有的巨大价值，一方面是因为用户对于公众平台的充分认同。腾讯公司一直在完善微信公众平台的各项功能，在2014年8月中旬又发布了新的公众平台功能。每一次功能的发布和完善都是腾讯从用户体验出发所做的努力。透过微信公众平台的发展，广大用户能实实在在地感受到再小的个体，也有自己的品牌。愈来愈多的公司、政府机构、社会组织、商家都开通了相应的微信公众平台，向广大用户传播自己的理念、阐述自己的政策、发布自己的产品、公布自己的讯息等，并同广大用户进行实时地交流，以了解粉丝心态、需求，从而更好地为关注自己的用户提供尽善尽美的服务。因此，数字图书馆的服务不应错过如此优质的平台，应充分以微信公众平台来助力数字图书馆服务的升级。

3 基于微信公众平台的数字图书馆服务的优势

2014年5月7日腾讯公司对组织架构进行调整，专门成立微信事业群，负责微信基础平台、微信开放平台，以及微信支付拓展、O2O等微信延伸业务的发展，“微信之父”张小龙担任微信事业群总裁[4]。张小龙团队一直致力于完善和发展微信公众平台的各项功能，并且公众平台接受第三方开发者根据具体问题进行的实际开发，可以认为，公众平台的技术性和开放性将确保公众平台的良性的可持续发展。

3.1 提高数字图书馆的利用率

据统计，截至2014年第二季度末，微信的海内外月活跃账户数已达4.38亿，无可争议地成为海内外华人使用量最大的移动即时通讯应用。据调查，高校近90%的学生如今都在使用智能手机[5]，智能手机在社会广大中青年中的普及率也逐渐上升，甚至也有部分老年人在使用智能终端。微信用户基数的庞大，加上微信公众平台的受欢迎程度，决定了数字图书馆开通微信公众平台后，可以迅速增加数字图书馆的使用频度，若是能合理、精心地运营公众平台，那么将极大地扩展数字图书馆的知名度和美誉度。

3.2 信息服务的便利性得到有效提高

传统的图书馆服务需要耗费大量的人力、物力、财力，读者必须亲自到达对应的图书馆才能享受到相应的服务，这既浪费了读者的宝贵时间，也增加了图书馆的服务成本。数字图书馆本身则具有网络化、全天候服务的特点，将数字图书馆栖身于微信公众平台上后，将能最大限度发挥数字图书馆的上述特点，并且将极大地拉近数字图书馆与读者的距离，读者运用数字图书馆的便利性得到了极大的提高。读者可以在有 Wi-Fi 的环境中，或者在有网络流量的状态下，打开数字图书馆微信公众平台，即可以查找资源并直接在手机等智能终端上阅览。因此，数字图书馆借助微信公众平台可以随时随地向读者提供服务，读者将感受到数字图书馆的贴身服务。

3.3 信息服务集成化程度提升

传统的图书馆由于经费短缺、人力有限等各种原因,很难将惠及大众的大量服务集于一身,尤其比较偏远地区的图书馆,可能仅仅能满足少部分读者对于纸质图书的需求,而无法向读者提供电子化、数字化的图书馆服务。栖身于微信公众平台上的数字图书馆,将消除地域限制,只要有网络信号的地方,都可以使用。数字图书馆能够提供的服务是比较多元的,包含并不限于文字、语音、图片、视频等,而且全都集中在微信公众平台之上,这样读者只需进入微信公众平台,就能享受到各种形式的数字图书馆资源服务,可选择余地很大,选择起来也十分方便,因此,微信公众平台将使得数字图书馆信息服务集成化程度得到有效提升。

3.4 更加充分地挖掘和满足读者需求

微信公众平台以其独具特色的用户交互特性以及后台统计功能,伴随着大数据分析技术的发展,使得数字图书馆的服务人员能够更充分地了解读者对信息资源的需求情况。服务人员通过后台的软件助力,可以明晰地统计出读者对各类信息资源的需要程度,也可以统计出哪类读者使用数字图书馆资源的次数最多,并且通过读者发送至公众平台的反馈消息,可以知晓何类读者对何种信息资源需求最迫切。数字图书馆微信公众平台在读者中的使用范围越广,那么获得的这些统计数据也将更具代表性,数字图书馆服务人员进而可以根据统计分析结论来最大限度地契合读者的需求,使得自身的服务更具针对性。而当读者切身感受到这种改变后,也会更加自然、明确地表露出自己的需求导向,数字图书馆服务人员又可以对这些大量的数据进行统计分析后进一步改善服务,使数字图书馆更加贴合读者需求,这样就创造了一个数字图书馆和读者共生共荣的良性循环。

4 利用微信公众平台开展数字图书馆服务

4.1 开通微信公众平台

微信公众平台的注册十分简单,在电脑浏览器中打开对应的注册网址,按照提示一步步地填写信息,即可顺利完成注册。注册完成后,本馆数字图书馆对应的微信公众平台即已开通,但腾讯提供的原生的微信公众平台的功能比较简单,并不能满足数字图书馆服务的各项要求,图书馆方面应主动联系专业的微信公众平台第三方开发团队,由专业的第三方技术团队针对图书馆提出的数字图书馆的各项功能、指标进行相应的技术开发,并将本馆的数字图书馆资源全部链接至微信公众平台,然后在一定范围内对公众平台进行测试,测试完成后即可向所有读者开放。

4.2 日常消息推送

微信公众平台具有完备的群发消息功能,一般情况下消息到达率 100%,可以保证每位关注了微信公众平台的读者都能收到群发的消息。群发的消息类型多样,包括文字、图片、语音、视频、图文消息等,其中应用得较广的当属图文消息和视频。图文消息,顾名思义,即是图片和文字糅合在一起的文档。图书馆工作人员可以截取各类数字资源的图片,并配以相关的文字说明,来向读者展示丰富的馆藏数字资源。图书馆工作人员亦可以将查询和获取馆藏数字资源的操作步骤制作成视频文件,并于微信公众平台上群发此类视频,这样广大的读者便能随时随地地通过播放视频来了解查询和获取馆藏数字资源的操作方式。总之,不同类型的群发消息,既可以用来向读者展示数字图书馆丰富的各类资源,也可以用来引导读者操作微信公众平台来获取自己需要的数字资源。

4.3 人性化的用户管理

在微信公众平台的后台管理系统中,能够方便地查看关注了公众平台的粉丝数量,并且能够对粉丝进行分组管理。尤其对那些经常和微信公众平台互动、在公众平台上表现特别活跃的读者进行重点关注,能加深图书馆工作人员对于以这些活跃读者为代表的广大读者的理解。读者每向微信公众平台发送一条消息,工作人员都能在后台看到,并且能够一一回复给他们,这样既保护了读者的隐私,又回应了读者的关切,密切了图书馆员和读者的联系,从而更好地发挥数字图书馆的功用。

4.4 实用的图文分析

登录进入微信公众平台后台管理系统后,有一项功能为图文分析,这项功能十分实用,图书馆工作人员可以据此了解关注了公众平台的读者关于群发消息的各项统计数据。图文分析囊括的数据包括图文页阅读人数、图文页阅读次数、图文转化率、原文页阅读人数、原文页阅读次数、原文转化率、分享转发人数、分享转发次数等。当这些数据积累到一定的量之后,再运用专业的第三方大数据统计分析工具,就能更加精确地知悉读者的关注点和兴趣点,以便更具针对性地推送更多读者喜闻乐见的消息和添加更多读者迫切需求的信息资源。

4.5 灵活的开发接口

微信公众平台支持用户进行更高级的开发,用户可以使用公众平台的开发接口,在自身服务器上接收用户的微信消息,并可按需回复。此外,公众平台还提供了更多更高级的接口来完善公众号的功能,如会话界面的自定义菜单、多客服接口、获取用户地理位置、高级群发接口等。当图书馆员认识到当前系统的不足之处或者察觉到用户的具体需求时,即可要求第三方开发团队利用开发接口进行技术开发,以使得用户更加方便地使用微信公众平台获取所需的服务。正是微信公众平台秉承的构建生态系统的开放性、包容性原则,才使得栖身于微信公众平台之上的数字图书馆能让读者便捷地利用其庞大的数字资源储备。

5 移动互联网时代的数字图书馆服务

随着以智能手机为代表的移动智能终端的普及,全社会已悄然由 PC 互联网时代逐渐过渡到移动互联网时代。据《中国移动互联网发展报告(2014)》蓝皮书显示,截至 2014 年 1 月,我国移动互联网用户总数已达 8.38 亿户,在移动电话用户中的渗透率为 67.8%;手机网民规模达 5 亿,占总网民数的八成多,手机坐上了上网终端第一把交椅。由此可见,我国实际上已经进入全民移动互联时代。

移动互联网时代的到来,必然对数字图书馆服务提出了更高的要求。当代社会工作、生活节奏愈来愈快,不少人已无法像过去那样或者像学生时代那样,抱着一本纸质书籍静静地阅读,如今的阅读呈现出鲜明的碎片化的特点。而微信公众平台的兴起恰恰能满足人们对于碎片化阅读的需求。从某种意义上说,微信的本质是连接,那么微信公众平台恰恰能将数字图书馆和读者紧密而有效地连接起来,从此数字图书馆和读者可谓相生相伴,两者完全可以零距离接触和沟通,因此在移动互联网时代,以微信公众平台助力数字图书馆服务升级是一件迫切且成效显著的工作。

参考文献

[1]百度百科. 数字图书馆[EB/OL]. [2014-08-17]. http://baike. baidu. com/view/8181. htm.

[2]百度百科. 微信[EB/OL]. [2014-08-17]. http://baike. baidu. com/subview/5117297/15145056. htm? fr = aladdin.

[3]百度百科. 微信公众平台[EB/OL]. [2014-08-17]. http://baike. baidu. com/view/9212662. htm? fr = aladdin.

[4]中研网. 浅析:腾讯公司宣布成立微信事业群[EB/OL]. [2014-05-07]. http://www. chinairn. com/news/20140507/095923366. shtml.

[5]朱宁. 用微信拓展数字图书馆智能服务方式[J]. 办公自动化,2013(24).

公共图书馆数字阅读与服务研究

黄　浩(湖南图书馆)

当今社会是信息化社会,有人说只要你掌握了信息,你就拥有了整个地球。当今社会也是网络化社会,世界各国人民的沟通不再受到时间、地域的限制。当今网络迅速发展和新媒体技术大量涌现,数字阅读正以其便利、高速、价格低廉、传播速度快等优点,悄悄地改变着人们的阅读习惯。在文化体制改革的大趋势下,数字阅读作为公共图书馆新兴起的服务手段,受到了越来越多的重视。公共图书馆作为全民阅读的前沿阵地,应保障广大人民群众享受最基本的文化权益。在当今数字阅读浪潮中公共图书馆如何转换思维、引导数字阅读与纸质的传统阅读相结合,建立一个无障碍的、开放性的,富有本地特色的阅读空间,充分满足人们对获取信息知识的多元化和个性化的需求,积极提升全民文化的素质,应引起足够的重视。

1　数字阅读的兴起及发展状况

数字阅读的兴起得益于电脑、便捷式网络阅读器、平板电脑、手机等数字载体的出现。当数字手机、平板电脑、便携式阅读器等移动设备成为人们阅读的载体后,基于电子墨水的电子阅读器出现了。因为电脑、平板电脑、手机等阅读方式,电子光线极其刺眼,容易使读者瞳孔长期处于放大状态,特别容易使小孩成为近视眼,电子墨水阅读器在一定程度上保护了读者的眼睛。2007 年 11 月,美国亚马逊公司发布了 Kindle 电子书阅读器,其在全球快速的发展使得电子阅读器成为新兴产业,大量电子阅读配套产业蓬勃发展起来,新电子阅读产品不断出现,电子阅读方式也渐渐被更多人所认可,所以有人将 2007 年称为电子书阅读器元年。

2010 年 4 月,苹果公司推出自己的平板电脑 iPad,在短时间里引发了购买狂潮,不到 2 个月时间销量突破 200 万台。iPad 影响数字阅读领域是因其有一个内置应用程序,名为 iBooks,苹果公司在 iBooks 中,提供了几万册拥有版权的各类书籍、期刊给使用者。用户可以通过 iBooks store 挑选各种喜爱的书籍进行下载,下载的书籍会在用户的 iBooks 书架上显示,点击书籍即可阅读,并支持离线阅读。iPad 还集合影视、声音、动画、地图、教育等各种强大的应用软件,这是传统纸质文献所不能提供的体验。

这一切都应该归功于科学技术的不断进步,当人们还用传统文献阅读的时候,觉得可阅读的资源太少了,当人们开始在电脑面前阅读海量资源的时候,觉得正襟危坐的感觉并不是阅读的感觉,相对于能捧在手里自由阅读少了随意性,于是电子阅读器出现了。这些产品的出现,也是生产力发展和高新技术发展的必然结果,人们的阅读习惯正随着技术的变革而发生着深刻的变化。

2 数字阅读的利与弊

2.1 数字阅读的利

2.1.1 阅读效果“图”“文”“声”三者兼具,更形象生动,更具吸引力

电子阅读器作为新兴技术发展的产物,拥有先进的设计思想和理念。在外形上以传统纸质书籍为模板,更在功能上突破了传统纸质书籍的限制,可以通过“图”“文”“声”等立体的阅读方式,给读者用户带来焕然一新的阅读感受。使阅读从过去的认真思考变成了娱乐化、互动化、活泼化,兴趣化的体验,还因其拥有听读、图片浏览、视频播放等功能,在相当程度上为弱势群体(视障者与儿童)带来便利。

2.2.2 电子书的保存更简便,便于存储,几乎不占用空间

电子阅读器因其设计精致小巧、技术先进,厚度和重量通常只相当于一本薄书,但是却拥有强大的内存,一般可以存储相当于1万多册书籍的数据量。可以想象,1万多册书籍,我们需要一个很大的阅览室才能够排放得下,但是仅仅一个小小的电子阅读器就能将1万多册书装载完,几乎不占用空间。同时,通过 Wi-Fi、3G 或 4G 网络,用户能够从互联网上下载数字格式的图书、漫画、报纸、影音与杂志等并时刻进行更新,可以完全区别于传统阅读的体验。

2.2.3 查找方便,不需要浪费大量时间在无意义的查找上

每位来图书馆的读者曾经或现在都有这样一种经历,想找一本只有开架区才有的书籍,经常寻找很长时间而不可得。查找功能,这是电子阅读器的基本功能,只要输入书籍的关键题名或字段,你想要寻找的书籍很快就会出现在你眼前,甚至不需要一分钟时间,十分的方便快捷。

2.2 数字阅读的弊

2.2.1 内容与版权问题

电子阅读器是数字阅读的载体,但是内容却是数字阅读的核心,直接决定着未来数字阅读的发展。在网络化、信息化的大数据时代,无比海量的数字资源里,却存在着垃圾信息过多、重复零散信息庞杂的问题,能被读者使用的优质资源还是十分有限的,这也是公共图书馆在数字阅读方面的建设重点。

版权问题也时刻影响着数字阅读的发展。随着数字阅读需求量的激增,各大数字产商和出版社因版权问题而产生的法律纠纷也呈逐年上升的趋势。权威报告指出,目前国内出版社只拥有不超过三成的清晰数字版权内容。关于版权问题,希望政府、相关单位等能统筹兼顾,尽快制定相应的法律法规和解决措施,为数字阅读发展扫清障碍。

2.2.2 相比纸质书籍,伤害眼睛,对视力的损伤更大

相比纸质书籍,电子阅读器因其屏幕明亮、鲜艳、分辨率高,引起使用者的瞳孔长期扩大,容易使使用者产生视觉疲劳,长期使用对视力具有一定损伤,研究表明长期使用电子阅读器对小孩的眼睛损害明显。虽然后期出现基于纸质书籍为模板的电子墨水阅读器,但是对于改善用眼环境的作用还是有限。

2.2.3 阅读深度的问题

我们有时又称数字阅读为快读或浅阅读，这是指一种浅层次的、简单轻松甚至以娱乐为目的的阅读形式，读者可以直接通过阅读标题即可知道相应内容。与其对应的深度阅读，它是以使读者提高学术水平、思想境界、理论基础等的一种深层次的思考性阅读。数字阅读应用主要集中在新闻、邮件、论坛、博客、社交等。而深度阅读克服了浅阅读知识平面化的缺陷，促进了读者与书籍之间的相互理解。

3 数字阅读对图书馆的影响

"假如我们再不提供数字资源，人们可能会不再使用图书馆。"这是美国波士顿公共图书馆信息技术负责人迈克尔·科尔福德告诉《纽约时报》记者的话。虽然数字阅读率成逐年上升趋势，但是大部分的读者并不是通过在图书馆来完成数字阅读的。图书馆应该在数字化浪潮中，进行大刀阔斧的改革，以防止被边缘化。

3.1 数字阅读对图书馆服务的影响

以往读者必须通过图书馆来获得相应的信息知识，但是数字时代的到来，使得图书馆功能被大幅地削弱。传统图书馆由于时间和人力的限制，不能提供24小时服务，区域上也只能服务一个有限的范围。随着生活节奏的加快、数字产品的兴起，更多的读者追求快捷、方便、无障碍的信息服务，这就使得图书馆传统意义上的服务不再受青睐。公共图书馆作为阅读服务的窗口，应该积极探索数字阅读的管理和服务模式，特别是针对读者的需求，在丰富数字阅读内容、扩大数字阅读影响力上下工夫，使更多的读者了解并懂得数字阅读的方法，扩大受众面，提升全面的文化素质。

3.2 数字阅读对图书馆资源利用率的影响

目前我国大部分图书馆都建有本地数字资源，包括购买、自建以及合作的。但是研究发现，大部分图书馆的数字资源组成相对简单，种类同化严重。这就使得图书馆应该对现有的数字资源进行改造，建设具有地方特色，迎合当地民众阅读习惯和兴趣的数字资源。

3.3 数字阅读对图书馆保存人类文化职能的影响

保存人类文化遗产，这是图书馆出现伊始就承担的一项基本使命。随着数字阅读的兴起，图书馆为适应时代的潮流就不可避免地需要大量的数字资源，无论是购买，还是自建或是将本馆纸质资源转化为数字资源，这都是有别于传统印刷书籍，需要公共图书馆统筹规划，有条不紊地搭建一个利于数字资源长期保存的平台。调查发现，公共图书馆普遍存在数字资源保存格式不统一，相互不兼容，出版主题多样化，数字资源版权管理混乱等问题，这些都给数字资源在公共图书馆的保存增加了难度。公共图书馆对于数字资源保存不仅需要从技术、管理、法律等多方面来考虑，还需要协调各出版社、软件开发商、数字资源提供商等机构，确保数字资源的永久安全保存。

4 以数字阅读为抓手积极开拓图书馆的服务

4.1 数字阅读引导

阅读具有很强的时代特性，随着科学技术的发展，我们快速步入了数字阅读时代。其和传统纸质文献阅读一样，只是阅读载体有所区别，我们阅读的主要是文献承载的内容。数字阅读因其具有很强的分散性、随意性，所以公共图书馆作为数字阅读的提供者，有责任和义务深层次、多角度地组织和揭示信息内容，用读者容易使用的方式展示馆藏资源，让读者便捷地使用所需内容。

目前公共图书馆所开展的阅读引导工作基本都是处于单向的服务模式中，关注的重点还是在文献馆藏而不是读者需求，没有形成与读者交流沟通和意见反馈的机制。所以，我们有必要打破这种模式，不仅需要建设自己本身的特色馆藏文献资源，还要积极地通过和读者的沟通互动来调整自己的服务模式。

我们可以利用新媒体技术来提升图书馆的阅读引导服务。比如通过博客、微博、微信等向读者推荐信息并和读者进行互动交流。图书馆还可以建立书评数据库，允许读者对图书进行书评撰写，可以把读过的好书推荐给其他读者。图书馆可以按照读书借阅率或评论率开展“图书阅读排行榜”，让更多的读者成为推荐优秀图书的主体。图书馆采取积极的数字阅读引导服务模式，有利于了解读者的阅读需求，激发读者的参与积极性，对提升整个图书馆的阅读效率和品味作用非常明显。

4.2 丰富数字馆藏资源

无论是传统阅读还是数字阅读，阅读的核心是承载的内容。因公共图书馆长期处于经费不足、技术障碍等状况，导致馆藏数字资源种类偏少、更新速度慢、本地特色资源难以搭建，很难满足读者在任何时间、任何地点的无障碍、无限制文化需求，所以我们要改变那种重“藏”轻“用”的思想，更加注重数字阅读的多元化、个性化、休闲化等特点，将有限的经费用在刀刃上。

4.2.1 外购数字资源

图书馆应该充分调研、借鉴先进单位的工作经验，立足本馆实际情况，统筹规划，加大数字资源的采购力度。目前在国内图书馆主要的大型数字资源供应商有：超星、CNKI、维普期刊、龙源期刊等，图书馆选择其购入丰富的电子图书、电子期刊、专业期刊数据库等，并保证数字资源的持续性和完整性。

4.2.2 加快自建数据资源建设

随着数字技术的日趋完善，有必要加快图书馆内地方特色文献资源的整合，建立数据库的工作，以反映网络环境下具有知识价值的传统文学。特色数据库是一种专业数据库的深加工，使读者服务更加全面和深化。公共图书馆自建数据库应立足当地经济发展和读者阅读需求，收集、筛选、组织、加工、发布相关的具有地方特色的数字资源，开发出具有强大特色功能的数据库。自建数据库可以使本地分散的特色文献资源形成有序化、集成化、更新常态化的系统，更利于本地特色资源的保护，防止本地文化的流失，提高读者利用率。

4.2.3 整合数字资源

网络信息资源纷杂繁多,而提取有价值的信息犹如大海捞针。图书馆作为收集、存储、整理文献的专业机构,应该有目的、有筛选、有重点、有计划地对网络信息资源进行收集、分类、整理等工作,方便人们轻松地获取信息资源。另外,为了避免成为信息孤岛,图书馆资源有必要与网络资源进行有效整合,这也是延伸数字阅读服务、宣传特色馆藏的必然选择。

4.3 加强数字阅读的推广

每年各图书馆都开展了全民阅读推广活动,但是都仅限于对传统纸质文献进行推广。随着数字阅读的兴起,我们有必要加强对数字阅读的推广。自 2010 年起我国开始实施数字图书馆推广工程并逐步形成覆盖全国的数字图书馆服务体系,为满足人民群众在新的网络环境和信息环境下快速增长的精神文化需求迈出了坚实的一步。这是公共图书馆的福音,也是国家重视数字阅读的体现。公共图书馆不仅要抓住此契机,大力建设具有地方特色的本馆数字化服务,更要重视并加强图书馆数字阅读的宣传推广。结合公共图书馆的特点,提供多元化、专业化、个性化的双向交互式知识文化服务,通过数字阅读服务来扩大影响,通过多种手段加大数字阅读服务的宣传推广,引导社会公众更多更好地利用数字图书馆的资源和服务,满足人民群众最基本的文化权益。

5 结语

作为公共文化服务的前沿阵地,公共图书馆在文化体制改革中不仅需要制度的改革,更应该针对传统服务手段、传统服务方向、传统服务对象、传统服务资源进行深度的改革。这样,才能保证公共文化服务的质量,保证国民文化素质的提高,保证公共文化服务的发展始终拥有鲜活的生命力。

参考文献

[1]张健生. 电子书阅读终端与图书馆数字阅读[J]. 图书馆学刊,2012(9).
[2]常向阳. 基于数字阅读的图书馆服务[J]. 图书馆论坛,2013(2).
[3]杨志刚,李慧. 开展数字阅读 提升图书馆内容服务[J]. 图书馆论坛,2011(2).
[4]邓瑞涛. 数字阅读环境下的图书馆云服务[J]. 图书馆学刊,2012(8).
[5]李亚军,何凤毅. 数字阅读与图书馆创新服务[J]. 图书情报工作,2011(S1).
[6]晁行国. 数字阅读与图书馆服务[J]. 图书馆学刊,2013(10).
[7]张兴. 数字阅读与图书馆服务创新[J]. 科技情报开发与经济,2011(32).

泛在知识环境下的数字图书馆创新服务*

吴 静 杨 凡(国家图书馆)

1 泛在知识环境催生泛在图书馆

随着IT技术发展,知识经济时代到来,用户的需求日益深化,多元E环境形成,社会信息将逐渐向着多语言、多文化、多媒体的全球化泛在知识环境发展。“泛在知识环境”的到来,使图书馆打破传统图书馆和数字图书馆服务的界限,以用户为中心,利用丰富、异构的信息资源为用户提供移动的、无所不在的信息服务成为可能。

“泛在图书馆”的概念2004年由Neal Kaske在《泛在图书馆在这里》中提出[1],基本理念就是图书馆在任何时刻任何地点都是可存取的。泛在图书馆不能简单地被认为是跟数字图书馆或者物理图书馆相似的一种具象的图书馆,其侧重于服务理念和服务方式,其本质就是图书馆的泛在服务。泛在图书馆比传统图书馆有着更开放的服务空间、更灵活的服务手段和服务机制、更开阔的服务场所、更丰富更人性化的服务内容和服务功能[2],其将成为未来图书馆存在的重要形态和发展模式。

2 泛在知识环境下图书馆用户新需求

从传统图书馆发展到当前的数字图书馆模式,存在着复制传统图书馆功能、束缚信息资源系统和以图书馆为中心的内在局限。泛在知识环境为图书馆的发展带来了新机会,图书馆借助泛在环境的构建需要进一步转型,激活潜在读者,以用户的需求为中心,利用信息技术为用户创造更多的服务机制,为图书馆建设谋求更大的发展空间。用户对服务需求特点主要集中在以下几点。

2.1 服务多样性和开放性

泛在知识环境中,用户的信息需求更加多样和宽泛。用户的需求不止局限于一个图书馆,还扩大到其他图书馆、教育机构、出版社、研究机构、网络信息服务提供商以及通过互联网提供服务的媒体和其他信息机构。他们的沟通形式可以是用户和专家、用户和用户、信息咨询服务和用户活动之间的信息交换等。因此,图书馆有必要提供更加多样性和开放性的服务,可以打破时间和空间的限制,实现“用户需要的地方,就有图书馆的服务”。另外,图书馆不仅有传统的文献传递服务,也可以提供知识参考决策、知识交流、知识组织和知识管理等其他服务模式,以帮助用户理解、应用和创造知识,形成动态的个性化的知识空间。

* 本文为国家科技支撑计划课题“文化资源服务平台解决方案及标准研究”(2012BAH01F01)研究成果。

2.2 移动无线服务

泛在知识环境把用户从电脑桌前真正地解放出来。随着移动技术的发展,更多便携移动设备的使用,用户希望借助他们的智能电话、平板电脑、PDA、MP3 等移动设备进入图书馆的学习空间。同时,用户希望通过无线网络可以随时随地获得图书馆的信息服务。在泛在环境中,图书馆和用户的关系越亲密,就越有利于用户知识的传授、交流和沟通。

2.3 人性化服务

在泛在知识环境下,用户对图书馆的人性化服务需求更明显。图书馆应该遵循以"用户的真实需求为中心"来提供相应服务,帮助用户提升使用图书馆资源的能力,如指导用户在 Web 端建立自己的人性化检索表,培训用户提升其信息处理加工能力。此外,图书馆能根据用户的研究学科、专业,项目和课题,提供相应信息资源的收集、组织、存储、传输和使用,使得信息服务学科化、知识化和系统化,服务界面更友好。

2.4 主动服务

3G 时代,用户可以共享无处不在的移动服务。通过智能手持设备,用户能够与网络平台进行信息双向交流。图书馆可以根据用户的需求提供短信、电话、查询等简单服务,又可以根据用户的个性、特点,建立用户信息数据库,通过数据挖掘发现用户潜在的需求,收集信息资源,积极主动即时地为用户提供信息服务[3]。

3 图书馆泛在服务创新模式

泛在图书馆的核心理念和实现基础都是服务的泛在化,目的是使图书馆的服务迎合用户的需求并引导其积极参与,满足用户随时随地的知识信息服务需要。国内外图书馆为此在服务模式上进行了一系列积极有益的探索和尝试,并取得了一定成果[4]。

3.1 图书馆联盟

图书馆联盟是实现资源和服务共享、走向泛在图书馆的一种积极有力的服务形式。

表 1 国外著名图书馆联盟概况

名称	成立时间	合作伙伴	资源数量	资源类型	宗旨
Google 图书馆计划	2004.12	21 家图书馆(截至 2012 年)	2000 多万册(截至 2012 年)	图书	与出版商和图书馆合作,将数字化图书提供网络服务,以实现信息的全球共享与利用
欧洲图书馆项目 Europeana	2006.9	涉及 100 多家欧洲图书馆、博物馆、档案馆等	1400 万件(截至 2010 年 11 月)	图书、地图、绘画、照片、电影和音乐等	该项目由欧洲委员会(the European Commission)资助,以促进欧洲文化遗产的在线获取为主旨,通过互联网保存和传播欧洲 2000 多年的人文历史,实现"一站式"全方位信息服务

续表

名称	成立时间	合作伙伴	资源数量	资源类型	宗旨
开放内容联盟 Open Content Alliance	2005.10	全球范围内的一些文化、科技、非营利、及政府组织共同合作组成的联盟	–	书籍、图片、声音、影片等	致力于建立起一个永久的、多语种的、数字化文本和多媒体的全球内容开放存取的数字档案馆

表 2 国内著名图书馆联盟概况

名称	成立时间	牵头单位	联盟类型	资金来源	合作项目
CALIS	1999 年	教育部	全国性高校图书馆联盟	1. 政府拨款 2. 成员缴费 3. 服务收费	文献查询、文献传递、数据库建设、专业人员培训、服务费用结算、文献资源采购协调和系统以外的协调协作、联机合作编目、馆际互借、提供统一检索平台、技术服务等
NSTL	2000 年	科技部、财政部等	全国性各类图书馆联盟	1. 政府拨款 2. 成员缴费 3. 服务收费	文献检索与文献传递服务、网络版全文数据库、期刊分类目次浏览、联机公共目录查询、文献题录数据库检索、专题信息服务、专家咨询服务、网络信息导航
CASHL	2004 年	教育部	全国性联盟	1. 政府拨款 2. 成员缴费 3. 服务收费	联合编目、资源共享、公共数据查询、联合采购、、技术职务、交流和培训、网上咨询等

3.2 自助服务

图书馆为用户提供的简单便捷舒适的自我服务，突出用户的个性化。

表 3 国内外自助图书馆服务模式

国家	美国	加拿大	中国
服务模式	主要采用基于网络的“自助式”查询模式。	用电子机械处理出借事宜。3 周内看不完所借图书，可以续借，前后共可续借 3 次。通过电话或网络即可办理	馆内自助服务设备，图书馆网站、自助服务平台、手机、固定电话、24 小时移动书车等[5]

3.3 学术搜索引擎服务

学术搜索可以帮助用户快速的寻找学术资料，使用户在工作生活中随时随地搜索知识、获取信息。

表 4　三种学术搜索引擎对比分析

学术搜索引擎	Google Scholar	CNKI 知识搜索	文津搜索
文献来源，学科规模	包括了世界上出版的绝大多数的学术期刊。文献资源来自学术著作出版商、专业性社团、预印本、各大学及其他学术组织的经同行评论的摘要、图书、论文等。	现有专业学术文献近 4000 多万篇，内容涵盖自然科学、人文社会科学、工程技术、农业、哲学、医学等各个领域，以学术、技术、政策指导、高等科普及教育类期刊为主，包括学术期刊、硕博论文、会议论文、报纸文献、专利标准等文献类型	2 亿条元数据，能够为读者提供 260 万种图书、6 亿页全文资料等
检索类型	专家评审文件、论文、书籍、预印本、摘要、技术报告	文献、期刊、博硕士学位论文、会议、报纸、年鉴、统计数据、工具书、专利、标准	图书、古文献、论文、期刊报纸、多媒体、缩微文献、文档、词条 8 种文献类型
布尔逻辑	支持	不支持，但可通过适当使用空格来提供准确度	支持
二级检索	支持	支持	支持
高级检索	支持	支持	支持
语言	支持中英文	支持中英文	支持中英文
原文获取[6]	通过检索结果提供的链接跳转到数据库出版商或者原文版权所有者的网页	在数据库支持的范围内，通过点击进入原文的链接界面获取到全文	支持，以丰富的国家图书馆数字馆藏为支撑
结果排序[7]	按相关性进行排序	可选择按主题、发表时间、被引次数、和下载次数这几种方式进行排序	提供相关性、题名、作者、出版单位、出版日期等几种排序方式

3.4　特殊图书馆服务情况

通过建设盲人数字图书馆和残疾人数字图书馆等特殊图书馆为特殊人群提供图书馆泛在服务，让他们享受到无差别的文化服务。

表 5　国内外特殊图书馆服务情况

	项目名称	开始时间	服务方式	建设成果
国外服务情况	由美国国会图书馆领导的为残疾人服务的国际图书馆网络	1999 年	提供合成语音软件让盲人在线“听”书，同时还提供盲文书籍下载服务	2009 年，该项目大约有 1500 个用户和 3800 个题名，并在不断增加

续表

	项目名称	开始时间	服务方式	建设成果
国外服务情况	韩国 LG 上南图书馆[8]	2005 年	服务体系主要通过网络服务、手机服务和电话服务构成	
	巴拉圭“盲人阅读”网站	2007 年	登录网站后可足不出户用耳朵“听”书。采用 JAWS 读屏软件,将文字转化成声音,帮助盲人“浏览”网页或“阅读”电子版图书。对传统的印刷读物,可先扫描到电脑里,再通过 JAWS 软件朗读出来。读者可将喜爱的文学作品刻录成 CD,或下载到 MP3 中,反复收听。还可通过电子邮件交换各自扫描、保存的电子图书,或交流读书心得	全世界第一家专门为盲人免费服务的西班牙语数字图书馆。网站开通时,收录了 2.2 万本电子图书,除西班牙语外,还有意大利语、德语和法语等语种书籍
国内服务情况	中国盲人数字图书馆网站[9]	2008 年	实现网络平台与到馆服务平台的无缝对接	中国首个国家级依据无障碍化国际标准建成的图书馆网站
	中国残疾人数字图书馆网站	2011 年	残疾人数字图书馆的首批书目为 1000 册国家图书馆推荐的精品图书。入选图书均已进行过“无障碍”在线阅读处理	在“中国盲人数字图书馆”建设基础上特别增选了“阅读中国”、方正电子书等中文图书数据库和中外文期刊数据库等

3.5 移动图书馆服务

用户通过移动终端设备(如智能手机、平板电脑)以无线接入方式接收图书馆提供的服务。这是最能体现图书馆提供泛在服务的一种模式。

表 6 国内外主要公共馆移动图书馆服务方式

图书馆	服务方式			获取渠道
	SMS	WAP	其他	
英国国家图书馆	–	–	APP 应用(Treasure、19 世纪历史合集)	网页新闻
新加坡国家图书馆	√	√	二维码、APP 应用、移动阅读器借阅(iPad、Kindle、TumbleBooks Play-aways)	http://m.nlb.gov.sg News&Events > Announcements
中国国家图书馆	2007 短/彩信	2008	APP 应用、仿真路径导航、手持阅读器、二维码	http://wap.nlc.gov.cn 首页 > 专题 > 新媒体服务
上海图书馆	2005	2009	二维码、移动阅读、APP 应用	http://m.library.sh.cn 首页 > 手机图书馆
浙江省图书馆	2005	2012	–	http://wap.zjelib.cn/

3.6 数字电视图书馆服务

图书馆利用数字电视的交互功能,开发相应接口,用户通过电视遥控器就可以享受到数字图书馆的便利服务。

表7 我国数字电视图书馆服务开展情况[10]

名称	服务内容	名称	服务内容
国家图书馆	文津讲坛、书刊推荐、馆藏精品、经典相册、少儿有声读物等栏目	上海图书馆	新闻中心、我的图书馆、娱乐手册、好彩连连等栏目
天津图书馆	文化信息、新书通报、天津老照片、名人故居等8个专题	深圳图书馆	电影、戏曲、舞台艺术、文物鉴赏、图书信息等
长春图书馆	城市热读系列讲座、馆情概况、预约预借服务、光盘点播服务、E卡通服务、新书通报、支付服务	杭州图书馆	图书检索、个人空间、心随阅动、视听专区、数字杂志、活动预告等栏目
青岛市图书馆	艺术知识、社会文化、历史地理、古代文学等图文信息;芭蕾、京剧等视频图像	常州市图书馆	开设了5个图文类栏目和3个视频类栏目
佛山市图书馆	各种艺术门类,文化知识讲座		

4 图书馆泛在化发展方向

泛在知识环境具有无所不在性,因此主动为用户提供交互、主动、开放、即时、智能化的泛在服务就成为未来图书馆发展的目标。通过对国内外泛在图书馆的建设实例和理论研究,图书馆向着泛在化转型可以尝试以下几点。

4.1 加强信息资源建设,丰富资源服务品种

使用开放存取:开放存取信息服务是由国际科技界、学术界、出版界和信息传播界为推动科研成果利用网络自由传播而发起的运动,是不同于传统的学术传播的一种全新机制。开放存取的优势在于覆盖了整个行业最全最新的学术信息,科技含量高,并且还免费。这样图书馆可以不再依赖于传统出版机构来访问资源,可以提供最新的、综合性、高科技的信息资源满足用户的需求。

提高网络资源的开发和利用:网络信息资源是用户需求的一个重要方面。一方面,图书馆提供资源的引导和检索;另一方面,根据用户的需要,针对网络资源开发系统,建立基于用户的个性化需求的主题信息。在这些基础上,图书馆可以建立一个开放的网络信息共享平台,以实体或者虚拟的方式深入进用户的工作、生活和学习环境中,为用户提供不受时间和空间限制的个性化和系统化的网络资源服务,比如群组活动、学习和经验交流、消息推送、专家指导等。

4.2 提供知识发现机制

图书馆应创造有利条件发展知识的发现、组织和提供。在泛在知识环境下,用户的信息需求呈现出了个性化、多元化等特点,因此要充分运用知识组织、数据挖掘、知识发现、数据融合、智能搜索等技术和工具,形成面向需求、适应变化、快速反应的灵活深入的知识发现机制。

4.3 提升信息咨询服务深度与广度

泛在环境下,读者对图书馆提供的信息咨询的深度和广度有了更高的要求,他们希望获得系统专业的信息。用户通过移动智能设备、计算机等工具向图书馆咨询信息,图书馆馆员在获得用户的需求后,通过自己的专业知识背景和搜索能力为用户提供即时的个性化的解决方案。在服务的广度上,图书馆不应局限于图书馆工作时间和到馆用户,应该实现哪里有用户需求哪里就有图书馆服务,真正实现图书馆服务的泛在化。

4.4 基于用户需求的个性化和系统化服务

泛在知识环境加深了图书馆与用户的双向互动,这让图书馆可以直接地了解用户需求,并对用户特定的任务和具体问题提供相关的信息和知识服务。泛在图书馆服务的目的是打破传统服务的限制,不仅要增加图书馆信息共享和资源检索能力,也要提升用户满意度,促进用户使用图书馆能力。面对个性化的服务需求,图书馆可以利用数据挖掘、知识发现、知识管理等技术从大量的原始数据和信息中发掘隐藏的知识来帮助用户解决问题,同时通过与用户沟通和协作,挖掘用户真实需求和潜在需求,为用户建立一个专业化、个性化、系统化的畅通的信息供应渠道。

参考文献

[1]李莉. 泛在图书馆的新型信息服务模式[J]. 高校图书馆工作,2011,31(141).

[2]张瑜. 美国泛在图书馆服务研究[D]. 武汉:华中师范大学,2011.

[3]龙朝阳,王灵. 基于3G的图书馆信息服务模式初探[J]. 图书馆论坛,2008(6).

[4]LI L . Building the Ubiquitous Library in the 21st Century[EB/OL]. [2009-01-10]. http://www.ifla.org/IV/ifla72/PaPers/1402LIZen.pdf.

[5]田原. 我国大陆地区自助图书馆发展现状调查及问题分析[J]. 图书馆建设,2012(12).

[6][7]陈鹤阳. 中文学术搜索引擎的比较研究[J]. 图书馆学研究,2009(10).

[8]张剑,徐刘靖. 韩国LG上南数字语音图书馆的建设经验与启示[J]. 图书馆学研究,2011(1).

[9]李春明,陈力,张炜. 中国残疾人数字图书馆建设展望[J]. 图书馆建设,2010(11).

[10]申彦舒. 国内泛在图书馆建设现状调查研究[J]. 四川图书馆学报,2013(5).

数据挖掘在数字图书馆中的应用研究

刘 玫(山东省乳山市图书馆)

1 前言

随着科学技术不断发展、进步,图书馆也逐渐走向自动化与数字化。数据挖掘就是在这个时代应运而生的,如今,它已经在金融业、销售业、建筑业等行业取得了许多成功,为这些领域的更快更好发展立下了汗马功劳。就目前而言,数字图书馆数量不断增长,所以数字图书馆的数据挖掘技术就具有极大的意义。数据挖掘技术在数字图书馆中的应用,将为数字图书馆在图书资源组织管理、服务质量的提升与服务方式的扩展等方面提供有力的技术支持。

2 研究背景及意义

数据挖掘是在数据存储库中的自动挖掘,能挖掘出潜在的信息与数据。就目前看来,数据挖掘技术已经得到空前的发展,应用于生活中的各个领域,如金融、商务、电信等,同时它的发展和普及带动了数据挖掘软件的开发。数字图书馆随着多媒体和计算机网络技术的不断发展也成为图书馆建设的必然趋势。图书馆馆藏极其丰富,门类较为齐全,载体的样式也是多种多样,内容更是覆盖不同的学科,是一个包括印刷、电子、网络等不同形式的体系。一个图书馆系统每天都会产生巨大的流通数据,图书馆的有效数据和冗长数据都极其庞大、繁杂,而从中获取有效数据这项工作是一个巨大的工程,所以传统数据图书馆的管理模式亟待解决。现代的图书馆发展是要借助于一些强有力的数据采集、处理工具的帮助,将其应用到管理中,能为图书馆的工作提供技术和决策多方面的支持。现在图书馆多实行一卡通制和一站式自动化管理模式,但图书馆的信息资源日益丰富,每天的事物数据飞速增长,传统的图书馆管理已经难以应对。图书采购工作的决策会影响到读者的需求和资金的利用,一般采购人员无法分清楚主次问题,或者在采购时会带着强烈的个人取向,使得资源信息不够合理、科学,传统的图书采购不能从图书事务数据中挖掘学科走势、读者需求。

另外,图书馆业务在信息化管理之后,每日产生大量事务数据,但传统图书馆的数据处理显然难以满足,只能对数据进行简单的汇总和查询,这无疑会使得信息资源的利用率极低,有效信息的获取会变得复杂且耗时长。传统图书馆的馆藏布局大多数是按照中国图书馆分类法进行的,这会造成不同学科、关联性强的图书分散在不同的地方,不利于读者的阅读,降低图书的利用率。而且,它对每天产生的读者借阅、查询信息不能充分利用,通过对历史数据的挖掘,会得到一些隐藏的信息规律,这些规律有助于实现图书资源的主动推荐,这会大大提高资源的利用率。

所以传统的数据处理已经无法满足现代的图书馆管理,也无法适应数字图书馆的发展,通过介入数据挖掘技术并将其广泛应用,能大大提高数字图书馆的现代化管理水平,为科学决策提供可行性。

3 数据挖掘

3.1 概述

数据挖掘这个技术是近几年来从计算机科学研究中发展出来的。它是指从大量的数据中进行隐藏信息的提取或挖掘。信息载体或信息存储上都可以应用数据挖掘技术,它能实现管理的便利与高效。数据挖掘的过程包括准备数据、数据采集、显示结果与解释这三个部分。采集过程中,要有一个对数据进行循环精练的过程,这个过程是离不开工作人员的操作的。数据挖掘技术大大降低了从大型数据库中挖掘出有用信息的难度,采集人员并不需要有很强的数据分析和数据统计的能力。数据挖掘与知识挖掘是存在一定联系的,同时也是有一些差别的。通常认为数据挖掘是知识挖掘过程的一个基本过程,它采用特定算法把数据从数据库中采集出来,最后再经过系统解释与翻译功能将其变换成用户能够理解的信息。另外,数据挖掘的过程是随机发生的,用户预先不能知道结果;信息检索的初衷是帮助用户从大量数据中挖掘出满足其查询条件的信息,而数据挖掘是把文档内隐藏的知识提取出来。所以从某种程度而言,这两个系统是相互关联的,彼此相互作用的。因此可以利用数据挖掘的研究结果来提高信息检索的效率与准确度,优化检索结果的显示,使信息检索系统更优良、更全面。

3.2 数据挖掘的功能特性

(1)聚类:聚类就是把所有数据个体根据它们所具有的相同特点归纳在一起,形成一组具有特定属性的数据群组,同种类聚类就是把同一种类的数据放在一起,不同类聚类则是把不同种类的数据放在一起,这样就能反映出同种事物的共同属性与不同事物间的差异属性。通过这种方式,数据库中的数据就会被划分成许多有特定属性的子集。

(2)关联分析:它反映了各数据单元间关联的信息,如果一组数据多项属性都存在关联,那么其中某一项的属性就可根据其他一些属性来判断分析。

(3)概念描述:概念描述就是对某类对象的本质进行探讨分析,并总结这类对象的相关特点,概念描述分成区别描述与特征描述这两种描述类型,前者是针对不同类对象间的差别,后者是针对某类对象的相同特征进行描述的,然后再形成一个类的特征性描述,并且通常只涉及这种对象中全部对象的共同特性。

(4)预测趋势与行为:数据挖掘系统一般是以时间为参考依据的,是用从过去或当前的大型数据库中自动挖掘的未知信息来预测以后的信息。

(5)偏差检测:数据库中的数据也会发生错误,从数据库中检测这些错误是非常重要的,因为错误中也包括许多隐藏的信息。

4 数字图书馆的定义

如今对数字图书馆的定义有很多,总体概括起来,数字图书馆就是依靠计算机互联网络、信息检索、图书分类、管理等技术，把图书整理、保存、保护、数字信息收集与使用等功能融于一体的综合智能数字信息管理与服务中心，这里包含了计算机网络、人工智能、数据库、图书情报学等最新技术。数字图书馆是基于尽最大可能满足用户的所有需要，方便用户使用的宗旨，向用户提供能够满足特定需求的优质服务，同时它又能够培养用户个性，引导用户的需求，这种方式大大促进了现代图书馆的发展，促进人类文明的进步。现在国内外数字图书馆的数量有显著增加的趋势，而且对信息服务系统的研究也越来越深入，这使得信息服务的应用也更加广泛。

5 数据挖掘在数字图书馆中的应用现状

从 20 世纪后期开始，国际图书馆便开始研究数据挖掘技术在图书馆中的应用了，并且相关专家也开始提出数据挖掘技术的应用理论及方法，但当时的数据挖掘在图书馆领域的应用极少，而且没有较高质量的研究成果。但现在数据挖掘技术在数字图书馆的应用逐渐宽广起来，国内图书馆开始引入基于数据库的自动化管理系统且数据量剧增。但目前图书馆的技术力量较薄弱，一般只能依据系统自带的分析功能进行数据查询、统计等一些较为简单的操作，而不能对问题进行深层次的分析研究，一些简单的分析其效果也是极为不佳的。也正因为这样，一些研究人员开始尝试应用数据挖掘技术来解决这些问题从而达到服务质量的突破。关于数据挖掘在数字图书馆的应用的研究逐渐增加，发表的论文成线性增长的趋势。

通过对国内外的学者公开发表的关于图书馆数据挖掘技术的应用的论文进行深度的分析了解，可知在最近的十几年里，它是不断发展的，从只能对数据进行表面的、孤立的操作变为如今的全方面的系统操作。所以，数据挖掘技术在数字图书馆的应用中会有一个极好的前景。

6 数据挖掘在数字图书馆中的应用

数字图书馆对不同区域、不同属性的数字信息资源进行整合从而达到用户共享的效果。它主要是通过数字技术将信息进行整合处理从而使得用户方便浏览。根据处理对象的属性进行划分，可以把数字图书馆数据挖掘基本分为这样三类：结构挖掘、内容挖掘与用户使用记录挖掘。结构挖掘是从 Web 文档的结构下手，除文档中的超链接结构，更对文档内部结构以及目录路径结构进行挖掘。但是对于用户使用记录挖掘，即是在一些服务器上对用户注册信息购买记录等数据进行挖掘，从而进行数据的利用。数字图书馆是多方面的数字信息资源系统，将不同载体、地域等的数字化信息资源通过网络化的方式进行连接从而实现资源的共享，打破地域、载体的差异。数字图书馆通过计算机技术的使用，对数据、知识进行细致的处理并有序地组织，再利用数字技术进行信息资源的组织，储存海量信息，并且用户可以通过网络来便捷操作，获取信息服务。

从某种程度上说，数字化图书馆是可以突破文献单元的局限，并以知识单元的形式进行信息挖掘。随着数字图书馆数量的逐渐增多，关于数据挖掘和知识发现研究方面的应用价值也就越来越大。

6.1 进行结构挖掘

数字图书馆的结构挖掘是从网络的组织、链接等中进行有用知识的发现,然后再对页面的结构模式分析,对页面进行分类又或者对页面优化,进而对网页的质量进行评价并优化检索方式、指导网络的建设。对数字图书馆等结构挖掘主要是通过网页的链接和组织结构发现图书馆页面的结构模式并且对此进行分类和聚类并加以分析,这样可以更好地对网络建设提供指导以及通过超链接等方式分析各学术未来的发展。

6.2 进行内容挖掘

对相关数据内容进行挖掘时,要提前对数字图书馆的信息模式进行识别并充分分析理解,再从中找到有意义的可应用的数据、知识。内容挖掘主要包含如下几点,首先是组织文献数据。先利用机器来学习技术和文档数据,然后通过对数字图书馆内文件的组织分类,将其分为若干个组,但每组数据、知识的相似度要极大,不同组的相似度要极其的小,再用文本聚类技术进行分组,要充分区分好各个组所涉及的内容。在客户应用的时候,只需要在搜索引擎中输入关键词,客户在短时间内就能获取自己想要的数据,而且误差率也较低,并且衍生的相关信息往往对客户的使用也有极大的帮助。这样就可以大大缩短用户搜索所需时间,提高搜索效率,用更短的时间来找到更加准确的内容。其次是对特征的自动提取和描述。这是针对数字图书馆庞大的信息量,在为客户提供检索服务时,采用先进的技术对数据进行合理的描述,一般是通过简洁易懂的语言进行数据的有效描述,将其特征清晰表达出来,可以由一个内容分析器分析并且提取相关的内容特征,提取特征后才能更加准确快速地实现信息定位。特征选择具有自动化,它会用内容分析器进行对内容的理解,从而进行相关的分析操作,并从中抽取一些客户要求的有用的信息,并将其进行标示组织,当客户用该信息进行检索时,就能很快地完成匹配并进行信息定位、查找。再次是自动采集整理专题信息。从文本中对关键词进行抽取,并用简介的方式进行解释,帮助客户在不浏览全文的前提下就能了解文档的总体内容。这主要是通过对图书馆内的海量信息进行了解,并且能够从中挖掘到一些有规律的信息反映给用户,从而使得用户无需浏览大量无用信息,能够自动捕捉、提取概要信息。然后就是文档自动分类,这是根据文档的内容和属性进行的,将许多文档归类到一个类别中,并构造分类模型从而将位置文档映射到其他的类别空间中。最后是自动采集、整理专题信息,主要是进行对无用的数据的过滤操作,并实现智能抽取、生成概要等操作。在大量的原始数据中,要将一些能反映其中规律的数据反馈给用户。对不同领域分别进行信息分析、捕捉、整理,得到需要的信息,在利用相关模型算法,对搜索路径进行计算并根据逻辑式得出搜索关键词,对不同的信息进行捕捉。

6.3 进行用户使用记录挖掘

数字图书馆讲究的是一个整体,为统一信息提供一个共有的平台,即使是不同的用户群体之间也可以信息共享,通过对访问、使用信息的挖掘与分析,从而进行模型算法的操作,提高个性化服务和用户知识自动化服务质量。由数字图书馆的海量访问信息中归纳出图书馆用户的访问规律信息,运用关联性法则与聚类法则,将不同类型用户需求进行分类总结,提供针对服务,从而提高浏览速度优化用户体验。同时还应当鼓励用户建立自己的 Web 站点从而使图书馆更好地了解到使用数字图书馆的用户的需求意向,更能由此推析出未来发展趋势,进而研究出其行为规律。根据数字图书馆的访问信息,文档的超链接等来对用户进行分析,从而预测、了解用户的兴趣,并利用关联性、聚类方法区分不同的用户群体,再进行个人的信息定制服务,更智能地帮助用户进行搜索与处理操作。

7 结语

通过将数据挖掘技术引入数字图书馆这一举措,能够大大提高数字图书馆的信息资源量,优化图书馆的信息服务的质量,用户可以更方便、更多地获取想要的知识,同时图书馆的业务范围也将得到大幅度扩展,为图书馆带来巨大的经济与社会效益,达到双赢的效果。但数据挖掘终究是一种新兴的智能科技产物,它的发展还是有很多挑战与难题需要面对。如何将数据挖掘系统更好地应用到数字图书馆中还需要进一步的探讨与研究。

参考文献

[1]周文云.数据挖掘在数字图书馆个性化服务中的研究与应用[J].军民两用技术与产品,2012(1).
[2]田瑞雪.国内图书馆数据挖掘技术应用研究述评[J].科技信息,2014(1).
[3]付红伟,卢春,周杨.数据挖掘技术及其在数字图书馆中的应用[J].软件导刊,2013(1).

大数据时代对图书馆管理与服务的影响

邓　鹃　邓　飞(华中师范大学)

1　大数据时代对生活、管理和思维的巨大变革

大数据开启了一次重大的时代转型。就像望远镜能够让我们感知宇宙,显微镜让我们能够观测微生物一样,大数据正在改变我们的生活以及理解世界的方式,成为新发明和新服务的源泉。

如今,数据已经成为一种商业资本,一项重要的经济投入,可以创造新的经济利益。事实上,一旦把思维转变过来,数据就可以巧妙地被用来激发新产品和新服务。在经济方面,大数据开始发挥超越前期阶段的作用,随着信息量的增大,信息处理能力的增强,处理方法和应用方式也一再发生着变革。

这仅仅是一个开始,大数据时代对我们的生活,以及与世界的交流方式提出了挑战。社会需要放弃它对因果关系的渴求而转而关注相关关系;放弃对精确小样本统计量的计算而关注高效的大样本输出的结果。也就是说,只需知道是什么而不需知道为什么。这就推翻了自古以来的惯例,改变了我们以往做决策和理解世界的基本方法。第一个转变是,在大数据时代,我们可以分析更多的数据,有时甚至可以处理和某个特别现象相关的所有数据,而不再依赖于随机抽样;第二个转变是,研究的数据如此之多,以至于我们不再单一地追求精确度[1]。

大数据的科学价值和社会价值正是体现在这里。一方面,对大数据的掌握程度可以转化为经济价值的来源。另一方面,大数据已经撼动了世界的方方面面,从商业科技到医疗、政府、教育、经济、人文以及社会其他的各个领域。

图书馆的大数据包含以下几个方面:一是多种类型的海量资源及庞大的用户数据;二是图书馆的生产数据和业务数据在数字资源生命周期内在各个业务系统间的高速流转的数据体系;三是通过图书馆海量数据满足用户的知识需求和个性化服务需求的价值体现[2]。

图书馆迎接大数据时代的挑战和变革产生了以下一些问题[3-5]:我们应对海量的用户资源和庞大的用户数据,硬件和技术的准备是否足够?丰富的数字资源能否相互融合关联?实时产生的用户数据能否揭示问题、产生效益,并同相关的业务流程关联起来,积极有效地指导工作?图书馆如何运用海量数据满足用户的知识需求和提供个性化服务?这些问题都值得认真思考,一步一步地解决。下面让我们来看看大数据时代对传统图书馆服务的影响。

2　大数据时代对图书馆管理的影响

大数据时代是一个机遇与危机并存的时代,更是一个整合、变革、发展、再整合的时代,在高校数字化和信息化的洪流中,如何建设统一整合的数据库,如何很好地共享信息,优化

教学、科研、管理、后勤等流程，一直是高校梦寐以求的节约管理成本、优化资源结构、推进信息化建设的发展规划。而大数据在高校的应用，是更进一步的信息化的变革，需要应用更好的统计方法、更强大的计算设备，面对更加纷繁的数据。而合理应用这些数据的目的，则是能够在更短的时间内，投入更少的人力物力资源，解决和协调更多方面的问题和矛盾，采取的措施也将更加合理与人性化。

2.1 借阅预测，推荐

传统的借阅和阅览流程，只能单一地统计每日的学生人数、每天的借阅总量和还书总量，能够知道每天借出的具体书目、每周借阅率高的图书排行。这其中实际上还有很多信息是未知的，很多的信息也埋藏在每天行色匆匆的人群中。对于已有的数据，由于缺乏系统的统计和整理，或者需要耗费过多的人力来将数据导出、统计分析，而将数据挖掘的工作搁浅，或者难以排上议事日程。如果学校能够搭建统一的数据系统平台，整合各类数据库，建立统一的数据规范模式，那么大数据的应用是指日可待的。在录入了所有的学生或者教师的统计学变量[如年级、学院、专业方向、性别、本科生(研究生和教师)]后，就可以在大数据分析和大数据预测中起到标签的作用。能够为每个学生定制学习的计划、必读的书目，罗列师兄师姐所读过的所有认为有助于专业学习、开阔视野的读物，推送到个人，方便大家有选择性地阅读。对于教师来说，本行业的读物推荐，也是很具参考价值，要做到这一点，建议高校图书馆之间能够共享一部分数据，这样才方便推荐本领域最新的、研究比较前沿或者具备参考价值的读物或者著作。

2.2 人流分析与预测

在图书馆的网页上公开使用高峰期，建议大家错峰使用。并且根据往年同期的人流量数据和每年的招生规模参考在校人数预测这个时间段、下个时间段图书馆的使用情况，为学生找到一定时间内适合前往的研究区域，错开高峰期和过大的人流量。在人满为患的时期建议大家在借阅到自己满意的书籍后转移到教学楼等其他地方学习，避免拥堵。

在图书馆的电子导航屏上也可以同步发放这些信息，方便学生决定使用图书馆或者去寻找更安静适合学习的地方。

2.3 纸本资源的购置导向

对于图书的选择，读者历来是“萝卜白菜，各有所爱”。对于纸质资源的建构，数据自然告知了我们很多的信息，比如当今学生的喜好、借阅频率高的书籍、阅览次数比较高的书籍(借阅表示读者有兴趣系统的学习了解，而阅览往往预示着泛读和同类之间的比较)。对于流通率高的、受欢迎的、供不应求的书籍有必要适当地增加副本数。阅读使用少的、少有人问津的书籍也需要采购和保藏。毕竟，在图书馆“借、阅、藏、学、研”的职能中，“藏”终将是重要的一环，能够全面地记录时代的发展变迁，搜集科技和人文领域的财富。这一点不是以大数据分析的结果为导向的，而是需要充分发挥馆员的主观能动性、创造性，运用积累的经验来很好地完成纸质资源的购置。

2.4 数字资源按照实际使用量收费、评价

目前，数字资源的采购和使用流程问题重重，许多图书馆界人士也满怀忧虑。很大的原

因就是图书馆同数据库公司之间的交流信息不对称,在整个数据资源的购置和使用的过程中,图书馆都处于不知情和劣势的地位,很多具体细节还是疑问,比如:图书馆每年数据库的使用量真的是数据库公司所提供的数据吗?不同数据库公司之间的期刊,有重复的资源吗?数据库使用费用的定价,有何依据?仅仅开通提供使用权,为何产生如此巨大的费用?数据库公司利用数据的唯一性高收费合理吗?数据库每年为学校能够创造多少科研价值?

针对以上的一系列问题,我们需要量化的、具体的统计结果。比如,我校师生对各个数据库的下载、浏览及使用,需要运用到我们自己的数据和统计方法。当我们处理好整体的数据之后,才能够很好地同商家协商需求、服务、定价等有关事项,选择我们需要的资源、服务,将价格协商至合理的区间内。

2.5 大学生学习生活整体规划表

最可行的方向是将学生课余时间的行为做一个简单的分析,通过分析的结果给出能够改进的方向和下一步的数据挖掘工作。比如,帮助大学生建立更好的生活学习时间表;为后勤服务部门提供更好的服务方向;简化师生事务性流程,避免重复工作;对于有着不良时间管理能力的学生群体,通过数据分析出其不合理的方面,针对具体问题进行干预性指导。比如从来不进图书馆的学生群体、长期不吃早饭的学生群体,都是有可能沉迷于网络游戏中,或者有其他的不良情绪的影响——例如失恋、学业或生活适应困难、自我管理能力低下、拖延症等。图书馆可以及时地发现这些不良的倾向,对危机人群进行一定的干预,将调查结果和解决方案发布到网页上供有需要的学生参考,也可以建立起来互助群体鼓励有相似问题或者完全不同问题的学生间相互交流,取长补短。

通过这些措施和方法,最终可以起到加强交流、推进个人社会化和人格发展以及心理疏导的作用,可谓一举多得。

2.6 兴趣相投小组

这种组织是一个积极向上健康的学习型组织,旨在扩大读者社会科学领域的知识面。通过借阅的相似度可以将有同样兴趣范围的人群聚集在一起,分成社会科学小组、文学小组、通俗读物小组、天文学小组、法律小组、人类学小组、疾病康复学小组等,甚至还可以细分到具体领域。方便有共同兴趣的人群就自己感兴趣的方面进行学习、交流、互相讨论。这样不仅容易长时间保持兴趣,更容易扩大知识面,还可以交到朋友,丰富了校园生活。

3 图书馆应该采取的措施

3.1 数字资源建设

在大数据时代,数字资源包含各类电子图书、电子期刊、电子报纸、数据库、音视频资源、网络资源等;资源的来源既包括传统文献的数字化,也包括了各种类型的原生数字资源,还包括其他异地存储为我所用的虚拟馆藏及大量网络资源。根据本馆的资源现状,本着统一规划、统一布局和统一管理的原则,分阶段、有计划的资源整合被提上了议事日程。整合的过程应该以用户需要为导向,采取多种方式进行多层次整合,使整合后的资源更好地满足用户的个性化需要。对于特色资源,应进行有序组织,形成完整的知识网络。整合的技术宜借鉴国内外先进经验，在有前瞻性的基础上保障馆藏资源整合工作的可持续性和可扩展性。

3.2 阅读推广

每个高校都有自己独特的风格和历史传承。它们或偏重于人文，或偏重于艺术，或者在科技工程学科独树一帜，或者长于法律和政治，或者文化底蕴浓厚、历史传承悠久，或者新兴科技发达、尖端技术领先。所以每年都可以选出10本最具本校风格的读物，达到大家都知晓、大家都通读的程度，这样不仅个人可以陶冶人文情操，增加阅读量、话题和流行元素，整个大学的人文底蕴也能够油然而生，气质博雅。

3.3 数据分析

对于能够改进图书馆业务流程和服务的工作，图书馆都应该利用现有的数据做出完整的统计分析，由数据得出结论，由馆员给出分析报告和建议。报告的出具，不仅是数据计算的范畴，还需要我们的馆员经过长时间积累的工作经验以及同学生交流的体会。

借阅预测和推荐、座位预约系统的人流分析，可以每个月都在网站上给出一份，对图书馆的使用产生指导作用。纸质和数字资源的使用报告，可以每半年出具一份，能够很好地用于同行交流，避免盲目性的购置，增加资源购置的正确导向性，能够融合全校师生的使用信息，了解最真实的读者对资源的需求、使用情况。同时，根据数字资源的使用情况，还可以很好地同数据库公司谈判，改善定价、计费、采购方式和使用方式的一系列问题，做到有理有据。对于因为相似的借阅浏览记录而形成的兴趣小组，我们也可以在一定程度上跟踪他们的发展和成长，定期去了解、访谈，跟进他们的学习情况和心理状态，留存报告作为日后开展活动的依据。亦可将其办成图书馆“热爱读书，共进共勉”成长小组的特色活动，为将来的全民阅读在形式和组织方式上奠定根基。

3.4 协同相关部门，提出指导建议

以上的分析报告，都在图书馆的业务和服务范畴之内。我们也可以联合学校其他部门的数据，做一些分析预测研究，发挥图书馆在学校教育管理中更加积极主动的作用。如：网络成瘾群体预测、干预，心理健康问题预测、疏导，正确的消费购物观点引导，高效的时间管理方式引导等。相信这些举措可以将传统图书馆的被动服务方式——等待读者来借阅浏览，变成主动服务，将我们的工作同读者的日常生活、情感和认知联系起来，使他们将这里当成自己的精神家园，发展良好的人际关系，改变不良的生活习惯，得到更加贴心的服务，为走向社会打下良好的精神基础和人文底蕴。

同时，图书馆自身将会承担更大的社会责任和义务，更好地帮助到学生、学校推进管理制度，服务举措，做到以人为本。找到管理的漏洞和新的服务方向，使我们的图书馆向着更好，更积极的方向发展，获得读者更多的认可和喜爱。

4 结语

图书馆的发展已经经历了传统借阅时代、信息化开启时代、数字图书馆时代，现在即将迈入大数据时代。同时社会也在信息化的浪潮中经历着巨大的变革，我们作为图书馆人将

如何面对这个变革，做好充分的准备呢？我想我们应该在数据和信息冲击的情形下好好思考和细化我们的服务，加强我们的管理，简化业务流程。虽然数字将一切变得简单与一目了然，我们仍然不应该掉以轻心。我们的服务对象是人，有着不同的思想感情和不同的需求，只有我们多研究、多思考、多同读者交流，才能结合数据的工具更好地为他们服务，促进我们与读者的共同成长，达到“教书育人、服务育人和管理育人”的理想目标，充分发挥图书馆这一人类共同精神家园的价值和使命。

参考文献

[1]迈尔－舍恩伯格，库克耶. 大数据时代[M]. 杭州：浙江人民出版社，2013.

[2]魏大威. 大数据时代的国家数字图书馆建设[R]. 北京：国家图书馆现代技术学术研讨会，2014.

[3]刘琼. 大数据环境下图书馆面临的影响与挑战[J]. 理论观察，2013(8).

[4]张兴旺. 图书馆大数据体系构建的学术环境和战略思考[J]. 情报资料工作，2013(2).

[5]姜山，王刚. 大数据对图书馆的启示[J]. 图书馆工作研究，2013(4).

大数据时代军校数字图书馆智慧服务创新

翟东航　张继军　张　娜　段慧娇(空军航空大学图书馆)

大数据时代,随着2012年军队院校图书馆信息管理系统(Military Academic Library Information System,简称MALIS)建设的启动,军队院校数字图书馆的核心竞争力由过去的文献资源转变成用户资源,统一平台建设后文献资源的联建共享,使得用户数及其服务效益成为衡量图书馆竞争力的重要指标,对用户数据、包括用户的类别、特征、专业领域、信息行为等数据的挖掘、分析和整合等,将成为军队院校数字图书馆"智慧服务"的重要内容。

1　大数据背景下军校数字图书馆读者服务的新机遇

1.1　MALIS建设为军校数字图书馆带来海量大数据

随着2013年12月MALIS一期工程的主体研制任务的完成,业务管理分系统和资源建设分系统分别进入了试用阶段,在国防大学图书馆、军事科学院图书馆、空军指挥学院图书馆等10家单位试用整体情况良好。根据研发计划和总部机关的要求,MALIS系统建设拟于2014年7月进行全面验收。以MALIS建设为契机,军校图书馆正经历由"知识服务"到"智慧服务"的跨越,已经具有了明显的大数据时代特征。在MALIS运行中,除了各类馆藏资源产生的联合书目录数据等结构化数据信息外,还包括日常各类读者服务活动产生的用户信息等非结构化数据信息,而且这些数据每时每刻都在递增。比如,读者在图书馆网站浏览记录、读者在网站进行咨询记录等,复杂数据的存储和应用将成为大数据时代军校数字图书馆工作的重点。

对这些大量生成的复杂数据和增量数据,军校图书馆应引起足够重视,要及时建立大数据战略角色定位,结合本校图书馆主要服务学科、主要服务专业、馆藏特色、军兵种特色等因素,建立分层、分级实施策略,从而协调构建大数据知识服务纲要,探索大数据体系构建模型、业务模型、知识服务模型及技术模型,将其作为一种信息资源存贮和进一步的利用。

1.2　MALIS为大数据在军校数字图书馆的应用提供了"智慧服务"集成平台

MALIS平台能实现馆藏书刊库、原生文献数据库、联采数据库、其他引进数据库,以及军网WEB资源的统一检索。登录国防大学图书馆网站,可以发现这样的统一检索功能可以帮助用户同时在各种自建资源、引进资源如原生资源数据库、军事期刊、军事图书、万方、维普、超星、书生、方正、人大报刊资料、CNKI、INSPEC、Elsevier中同时得到多个数据库结果,这种整合检索体现在统一的资源选择方式、统一的检索方式、统一的结果显示方式。统一检索系统与其他系统(包括统一用户认证系统、门户系统、资源调度系统、馆际互借系统等)进行集成,共同构建MALIS新一代的数字图书馆的特征。

"数据海量、信息缺乏"是很多人在数据大集中之后面临的尴尬问题,大数据时代图书馆的服务创新将体现在重视大量的用户数据与信息、探索大数据分析及相关服务、利用大量的复杂数据分析技术与工具、提高图书馆服务的智能化程度。大数据为军校图书馆知识服务带来了发展机遇,“智慧服务”将取代“信息服务”和“知识服务”成为大数据时代图书馆信息服务的新模式。

1.3 MALIS 中大数据应用给军校数字图书馆读者服务带来的帮助

军校图书馆对于大数据而言,既是大数据的使用者或受益者,也是大数据的提供者或开发者及大数据的运营者或维护者。当前几乎所有大数据技术及产生的相关服务都可以在图书情报领域得到应用,特别是能够给我们带来读者服务中“智慧服务”的帮助:

1.3.1 实现图书馆用户流失分析及价值分析

OCLC 曾有一份研究报告指出,多元化阅读时代,各类图书馆的用户流失异常严重,大数据技术不仅可以通过数据了解用户、行为、意愿、业务需求、知识应用能力及知识服务等需求,更可以利用数据对用户的科研创新合作过程及合作交互型知识服务过程进行分析和预测,为用户提供高于传统信息服务、知识服务水平的智慧服务[1]。

1.3.2 建立智慧服务引擎及提供个性化读者服务

如何利用大数据技术构建数字图书馆的新型智慧服务引擎,将会是未来 MALIS 建设中信息技术研究的主要内容。基于大数据的智慧服务引擎可以包括资源及学术搜索引擎、资源及服务推荐引擎、知识服务社区实体(包括用户及资源)行为智能分析引擎、用户知识需求预测引擎,以及多维度信息资源获取、组织、分析及决策引擎等[2]。在 MALIS 平台中,可以利用大数据分析技术来分析军网用户电子资源的阅读习惯和喜好,应特别重视对读者个人身份“借阅记录”等结构化数据的存储和记录,以及对大量的读者信息行为、搜索方式、阅读行为痕迹等半结构化、非结构化数据的搜集存储,通过分析读者显性行为和挖掘隐性行为,构建个性化读者行为模型,为读者提供个性化服务[3]。

2 军校数字图书馆智慧服务创新探索

以“联建共享”为思路创建的军队院校图书馆信息管理系统,为读者提供的将是智能、泛在、协同的服务,基于大数据的军校图书馆创新智慧服务模式,可以表现为以下三种形式:嵌入式学科知识服务、联合数字参考咨询服务(以下统称 CDRS)、个人学术空间服务。

2.1 嵌入式学科知识服务

2.1.1 知识网络服务

在 MALIS 的基础上,依托大数据可以建立军事文献资源知识网,将来自于不同资源库、不同类型的文献通过链接点组成知识网络。可以链接的相关文献包括共引、同被引文献,读者推荐文献,相似文献,同导师、相关作者、相关机构文献等,继而建立以学者为中心的知识关联网络。通过分析海量文献数据的特点,自动甄别出某个学科领域的目标学者,获取目标学者的学术出版物、与其紧密关联的合作者、期刊会议等信息,根据发文、研究领域、工作单位自动推送学者,帮助读者快速发现学者关系网,传播搜索频率高的的学者的学术影响力;还可以实时跟踪知名学者动态,第一时间获得学者的中外文发文动态,项目申报动态以及合作动态;并能够与学者在线交流,快速找到感兴趣的学者,与他们在线交流,探讨学术问题[4]。

各院校图书馆还应结合本校重点学科建设和重点班次教学，组织力量成立学科信息服务小组，依托联建共享的 MALIS 嵌入式学科知识服务平台，挖掘、组织学科信息资源，采取信息推送、综述报告、科技查新、信息咨询、课题跟踪等多种方式，嵌入专题教学和课题研究，构建以用户为中心的嵌入式学科服务模式，使联合参考咨询服务参考馆员、联合参考咨询服务学科专家直接嵌入学科建设之中，为教学科研和人才培养提供有力的信息支撑。

2.1.2　本院校科研评价服务

根据本院校承担的科研项目、成果产出情况、参与的研究人员数等，与全国范围内同行、同类机构的科研能力进行对比，给出院校科研能力在全国中的对比统计报告。自动搜集和分类管理本院校承担的科研项目，跟踪项目研究进展，实时对比同行、同类项目的成果产出情况。可以按下级部门、项目来源进行统计。根据单位名称及曾用名称，自动推送学术文献总库中收录的本院校作者发表的所有文献，可按不同文献资源类型分类。自动推送本院校在学术文献总库中发文的所有学者，并对其发表的文献和被引用、下载情况进行统计分析。

总之，继续深入研究成员馆学科信息服务模块，探索 MALIS 与目前各院校使用的网络教学系统、教学支持系统及数字化教学资源系统进行深度整合，才能实现具有军队院校特色的嵌入式学科信息服务体系。

2.2　联合数字参考咨询服务

大数据具有来源多元化、海量、芜杂等特性，已经超出了传统 CDRS 知识整合的范围，即咨询馆员、CDRS 组织、加盟馆、读者各自持有的知识整合，而要面对广泛的数据生成与处理带来的冲击与挑战[5]。

为满足我国新时期军事训练和军事建设，特别是信息化建设的需求，MALIS 依托军训网，在“全军院校一个馆”建设思想的指导下，构建了由全军各个院校图书馆参加的、具有实际服务能力的、可持续发展的数字图书馆分布式联合虚拟参考咨询服务体系，与本地服务与分布式联合服务相结合，建立可持续发展、多馆协作咨询的规则和模式。

联合参考咨询系统主要实现交互方式、系统角色、超级管理员、机构管理员、专家管理、网站用户等功能。在复杂多变的数据环境中，围绕着读者的某一咨询问题，CDRS 知识整合首先对所需数据源的数据进行抽取和集成，从中提取出关系和实体，经过关联和聚合之后采用统一定义的结构来存储这些数据，在数据集成和提取时需要对数据进行清洗，厘清模式和数据的关系（大数据环境下的数据呈现为先有数据再有模式，且模式是在不断的动态演化之中），保证数据质量及可信性。CDRS 知识整合持有的数据大部分散布于不同的成员馆数据管理系统中。

2.3　个人学术空间服务

开放存取环境下，军校学术科研人员所依存的学术信息环境发生了深刻的变化，学术科研活动逐渐转移到数字化网络平台上，学术科研人员的科研信息行为模式和科研信息需求也发生了显著的变化。随着可获取和拥有的数字学术资源的不断增加，学术科研人员也面临着因“信息超载”所带来的“信息焦虑”、因疏于信息组织和管理而带来的“个人信息管理困境”问题[6]。

数字图书馆上的个人学术空间是以用户为中心、用户可操作的、用户专属的信息获取、存储和利用的通道,是用户驱动的个性化集成定制系统。目的是根据用户的需求特征,通过用户定制和推送功能,为用户提供个性化的信息服务,减少信息过载对用户造成的困扰。MALIS在建设个人学术空间过程中,可以参考CNKI的部分建设理念,设计以下几个模块:(1)个性化定制,包括RSS订阅和订阅更新提醒等。其中RSS订阅包括本月最新图书、RSS定制本月最新数据库、RSS定制新刊通报等。(2)我的借阅,包括个人借阅信息和借阅提醒,其中借阅信息包括借阅信息浏览、预约、预借、续借等功能;借阅提醒包括个性化提醒,如预约到书、委托到书、超期欠款、超期催还。(3)文档库,包括文档摘录插件、文档保存管理、文档导入导出和文档阅读管理等。(4)知识源,主要提供学习研究资源线索。(5)我的博客,主要包括写作博客、网摘助手和标签云图等[7]。

3 在提供智慧服务中可能预见的问题

在MALIS的调研论证和建设推进中,军校数字图书馆的创新服务模式也可能遇到一些共性的问题,图书馆历来是新信息技术的研究和应用"重镇"之一,对于大数据应用也不例外。大数据为图书馆发展带来了良好契机以及图书馆利用大数据实现服务体系创新的可行性,应在二期乃至以后的建设中制定好图书馆在MALIS应用大数据实现联建共享过程中可能遇到问题的应对策略。

3.1 注意建用结合

要把握好"建""用"结合的问题,除了统一建设标准外,更主要的是整个的建设过程中,图书馆馆员要全程参与,与院校教保处、产品提供商切实做好建设意见的跟踪、反馈、协调工作,避免参与度较低的问题。

3.2 确保长期投入

要意识到MALIS联建共享开展智慧服务是一项长期系统的工程,需要不间断的持续经费投入保障其良性运行,各院校馆应积极争取上级部门的支持,保障经费长期投入,保障资金及时到位,保证项目优质运行。

3.3 加强研发信息沟通交流

MALIS在军网上开通了专项服务网站,公开了全部的研发和监管信息。各成员馆的新想法、新需求、新建议应主动及时地形成对上和平行沟通,例如成员馆对研发、培训工作的意见建议,应及时全面地向研发组反馈,要避免出现一两次联系不上领导就自行放下的情况,以免影响领导机关对研发管控信息的全面把握。

3.4 增加实证研究

各院校图书馆在建设使用过程中,应增加实证研究和定量分析,分析本校读者实际需求的案例,及时总结经验,实现不同兵种院校间的交流。要对大数据视角下的图书馆定位有一个明确的认识;对图书馆利用大数据的方式、技术实现、服务模式的改进和创新、大数据的应用策略等问题进一步深入地研究，在条件许可的情况下积极开展军校图书馆 MALIS 应用大数据策略的实证研究。

总之，MALIS 建设过程中大数据的联建共享，各院校馆要注重以强军目标为统揽，以院校教学、部队训练和机关决策的信息需求为牵引，以基础环境、信息资源、共享服务建设为重点，坚持一体化设计、集约化建设、规范化服务，持续投入、滚动发展、开放共享，构建具有时代特色的军队院校图书馆联建共享保障体系，如此，才能为全军用户提供高水平、高质量、高效率的智慧服务。

参考文献

[1]郭振桥，王新玲. 论大数据在未来图书馆服务中的应用[J]. 内蒙古科技与经济，2013(8).

[2]鲍翠梅. 面向大数据时代的图书馆知识服务[J]. 现代情报，2012(10).

[3]陈臣. 一种大数据时代基于读者体验视角的数字图书馆个性化搜索引擎[J]. 四川图书馆学报，2013(6).

[4]廖志江. 知识发现及数字图书馆知识服务平台建设研究[J]. 情报科学，2012(12).

[5]程荣芳. 优化我国联合参考咨询知识库的策略研究[J]. 图书馆学会，2011(12).

[6]杨海燕. 大数据时代的图书馆服务浅析[J]. 图书与情报，2012(4).

[7]樊伟红，李晨晖，张兴旺，等. 图书馆需要怎样的"大数据"[J]. 图书馆杂志，2012(11).

数字图书馆移动资源整合和服务创新*

——构建图书馆移动阅读新模式

张 甦 杨 征 蔡 颖 谢 丰(国家图书馆)

1 引言

近年来,随着移动互联网技术的快速发展,相关软硬件设备在不断加速升级,移动用户数量也在与日俱增。智能手机、平板电脑等移动终端设备的出现,引发了一种新兴的阅读方式——网络阅读[1]。网络阅读是一种有别于传统纸张阅读的新型阅读方式,图书文献资料存储在服务器上,通过网络传输,下载到各类移动终端上进行阅读,大大突破了原来阅读的界限。移动互联网的迅速发展、手机网民规模的不断扩大以及网络阅读的普及,都预示着图书馆需要不断发展新媒体技术,扩展传统服务模式和内容。图书馆为了顺应时代的需求,已经从只提供纸质文献阅读的传统服务,发展到可以利用手机进行业务办理、信息获取、图书阅览等多种信息服务为一体的移动资源服务模式。图书馆正在利用移动互联网环境拓展阅读服务,创新数字时代移动阅读服务的新模式。

移动阅读服务作为图书馆传统服务的延伸,需要更注重读者的使用体验,更加了解读者的阅读需求,为其设计构建属于自己的个性化信息服务以及提供便利的信息获取服务。移动阅读作为图书馆新兴的服务模式,已经逐渐成为人们普遍接受的一种形式,尤其是近几年,数字图书馆突飞猛进的发展,也对移动阅读的方式和资源获取途径提出了新的需求,如何在海量数据环境下深度挖掘和整合移动资源、开发个性化功能也成为图书馆服务创新的一个新的课题[2]。

为了满足读者更加多元化的需求,图书馆在不断地探索与发展移动阅读服务,构建更加丰富和便捷的个性化服务模式。图书馆需要以读者为核心,在海量数据环境下,对移动资源进行深度挖掘和整合,开发创新性服务功能,构建图书馆移动阅读新模式。

2 图书馆移动阅读服务现状分析

2.1 移动阅读服务的形成

2005 年,上海图书馆率先启动了手机图书馆服务。随后,苏州市图书馆和厦门市图书馆也相继开通了手机短信和 WAP 服务,图书馆手机服务逐渐展开。而当时手机服务主要针对办理图书馆业务、读者个人信息查询、搜索图书馆馆藏资源、查看图书馆活动信息等服务内容,在经过近十年互联网和手机多元化的发展以后,人们的阅读方式和习惯、信息和知识的

* 本文为国家科技支撑计划课题“文化资源服务平台解决方案及标准研究”(2012BAH01F01)研究成果。

获取途径以及生活方式都发生了巨大的变化[3]。伴随着文化传播和获取方式的改变,文化创造模式也有不小的突破。在强调以个性化发展的今天,公众不再是被动地接受信息,而是运用自己的方式和途径参与信息传播,实现了人机交互的特性,并且在参与的过程中不断产生新的需求。图书馆过去的移动服务显得局促和被动,服务模式和资源种类都不能满足现代人的需求,因此图书馆开始了对移动阅读服务的探索与发展。

2.2 移动阅读服务的发展条件

移动互联网技术的推出、带宽的增大、无线通讯速度的加快,给图书馆发展移动阅读服务提供了有利条件。在过去,图书馆界对移动阅读服务模式缺失归结于技术发展的落后、信息量少和网络费用高,因此过去很少有图书馆能提供电子书在线阅读服务,也没有构建专门的阅读平台,导致电子书阅读没有被广大民众认知,民众没有形成移动阅读的习惯。而如今,移动互联网发展迅猛,移动通信技术已经十分成熟,图书馆有条件、也有实力构建以阅读为主的手机平台;近几年我国数字出版产业规模不断扩大,数字资源的制作和发布水平不断升高,大量的图书、期刊和报纸在发行纸质版的同时,同步发行网络版供读者线上阅览,网络数字资源的极大丰富,为读者进行移动阅读提供了必要和充分的基础条件[4];无线通讯技术的普及使读者无需担心流量费过高的问题,读者来到图书馆可以利用手机连接图书馆无线网,也能像笔记本电脑一样访问图书馆的文献和视频资源以及访问互联网查询资料,用户通过无线网络便可以实现图书馆电子书资源的免费阅读。

2.3 移动阅读内容选择

根据《中国手机阅读市场用户调查报告 2010》显示,读者更容易接受“图片 + 文字”的方式。据 2013 年 4 月 12 日发布的《2012—2013 中国手机阅读市场年度报告》显示,在 2012 年中国手机阅读用户阅读内容方面,有 66.9% 的用户经常阅读小说文学,58.6% 的用户经常阅读新闻资讯,28.9% 的用户经常浏览博客论坛[5]。调查还显示,66.2% 的用户通过纯文字形式进行阅读,但也有 41.0% 的用户通过图文阅读。在中国手机阅读用户年龄分布上,18—35 岁的青壮年群体是手机阅读市场的主力军,其原因与这个年龄段人群的手机利用程度和阅读习惯有关。具体而言,18—25 岁的人群多喜欢阅读小说,而 25—35 岁的人群则多关注新闻资讯;对手机阅读用户付费内容意愿调查发现,2012 年中国手机阅读用户在手机阅读需要付费的情况下,主要愿意为小说文学、新闻资讯和学习教育付费,所占比重分别为 47.0% 、30.5% 和 27.5%[6]。图书馆建立的手机阅读的服务平台可根据读者对移动阅读内容的需求引进资源,这样读者在手机上阅读的电子书选择性更大,能够吸引更多用户使用移动阅读服务。

3 大数据环境下移动服务发展趋势

庞大的数据信息为数字图书馆提供了丰富的移动资源,但是对于信息的挖掘和整合提出了更高的要求[7]。大数据的环境下,数字图书馆资源服务的问题驱动性更为显著,这也是大数据环境下数据价值的最直接体现。有效整合移动资源,融入问题解决过程,实现有效知识共享,这些都对图书馆的服务层次和服务内容提出了较高的要求,图书馆不再只是被动地为用户检索、搜集、提供信息，而是要参与和融入到用户的问题环境，从协助用户构建问题，到最终提供切实可行的解决问题的方案这一全过程，这是资源加工、创新的复杂过程，需要顺应大数据时代的信息数据特点，借助信息技术的快速发展，不断探索适合移动转化、创新和增值的模式，从而实现有效的资源共享。

4 数字图书馆移动资源整合

4.1 个性化导读功能

随着电子图书资源、信息数量的急剧增加，图书馆手机阅读平台上的图书种类不断扩充，使数字图书馆就像装满知识的海洋，深邃而广阔，使读者不知如何下手。这时个性化导读服务可以指引读者获得自己最需要的服务和资源，使资源得到最有效的利用。

针对不同的群体，图书馆需提供不同的个性化导读。对于科研技术人群，图书馆应对最新研究动态和最新研究成果进行跟踪，组织各种与之相关的信息资源并以最快的速度传递给他们。然而对于学生群体，应为其提供与专业有关的各种网上数据及其网上数据库和网址的检索方法，提供更加专业化、个性化服务。图书馆应对具有学科特色、人文特色、地域特色的资源建立专题索引、文摘、综述并进行导航，为他们查阅资料节省时间，提供具有特色的综合性导读服务。

4.2 专题服务功能

图书馆移动阅读服务应构建出能够满足读者个性化需求的功能服务，专题服务就是其中一项。专题服务就是将类型多样化的海量资源以专题形式进行组织整合，可以面向拥有多种操作系统的智能手机、平板电脑等移动终端的用户提供个性化、知识化、社区化的移动服务，能够完善图书馆信息组织服务，是十分实用与便捷的一项服务。

以国家图书馆推出的手机门户专题资源服务为例，专题以国内、馆内大事件及重要节日为制作的主要素材，搜集整理大量馆藏资源内容，从大众焦点、中国传统文化等多领域、多角度来揭示专题的内容。专题使更多的用户更加方便地获取国家图书馆的资源及知识服务，更好地满足用户对感兴趣的话题在广度上与深度上的信息需求。

2013 年由国家图书馆主办，全国各地 110 余家公共图书馆共同参与的“数字图书馆移动阅读平台”正式上线，为身处全国各地的读者免费提供电子阅读服务。该平台特别设置了图书专题阅读服务，将电子图书资源进行深度挖掘，将类型多样化的海量资源以专题形式进行组织整合、加工，并配以专题引言，设计专题封面，最终形成具有丰富多样主题思想的一系列专题，丰富平台内容和展示形式，真正实现了全民阅读，读者足不出户也可以畅读好书。

图书馆的移动专题服务的构建不但可以丰富图书的展示内容，使之更加丰富、新颖、多样化，而且还可以通过在专题内容上推陈出新，吸引读者的注意力，不断提供个性化阅读服务，满足读者信息化时代对于图书信息服务的需求。

5 数字图书馆移动服务创新

5.1 期刊导览功能

期刊具有篇幅短小、报道及时、内容广泛等特点,适合在手机等移动设备上阅读。图书馆通过引进大量的期刊,满足移动阅读资源种类的多样性[8]。在期刊中,心理健康类、择业求职类、恋爱婚姻类、生活保健类、人文历史地理类等刊物,比较受读者欢迎。图书馆应挑选读者最感兴趣的期刊进行引进,在移动服务平台上提供这些期刊的基本信息与文章目录,供读者参考,并分门别类地组织呈现。图书馆可以与数据库提供商协作,通过 WAP 服务,完成移动互联网环境下电子期刊资源的检索与阅读,实现期刊全文移动阅读。

5.2 社区、辅助阅读功能

图书馆除了提供基本的移动服务外,还可以构建用户个性化信息服务,提供读书交流、互动的服务模式。书评是一种很好的阅读交流和阅读推广方式,读者以切身体会评论图书的内容、价值及对自己的影响,更加具有说服力和感染力[9]。图书馆提供书评服务,体现了移动服务所特有的互动性服务。图书馆移动阅读服务除了可以提供书评的撰写,也可以设计推荐和分享的功能,读者可以把喜欢的图书的名称和网址通过短信推荐给好友,也可以把这些书分享到人人网、新浪微博、腾讯微博等一些主流社交网络平台。数字图书馆移动服务的平台同样需要设置留言功能,保存读者对图书馆移动服务的意见和建议,与读者形成了良性的互动,把读者的想法用在完善健全移动阅读服务资源和功能上,为读者提供更好的服务。

6 图书馆完善移动阅读服务的举措

图书馆提供的移动阅读服务,并不仅仅依赖于功能和技术的发展,更需要做好的是对阅读资源和服务模式的不断完善,并且要以读者的需求为完善服务的主要依据。

做好读者需求调查,根据调查结果提供个性化的移动阅读服务。移动阅读服务内容具有个性化和针对性,图书馆需要做好读者调查工作,根据读者阅读偏好、信息需求和心理倾向,有针对性地向读者提供符合个性需求的移动阅读服务。并且读者可以根据自己的兴趣爱好对图书阅览进行设置,如书架、书签、我的视音频资源等,还可以接收图书馆阅读服务通知。

做好宣传工作,加强与读者的互动,及时反馈相关问题和意见。读者通过对图书的评价、推荐、分享和留言,参与到阅读服务推广活动中,图书馆工作人员需要对读者的意见和建议进行及时回复;做好宣传工作,让读者充分了解数字图书馆移动阅读服务的模式和内容,对移动阅读高效性和便利性进行充分的介绍,让读者积极参与其中。

加强资源建设和管理。资源建设是图书馆能够长期开展移动阅读服务的基本保证,图书馆需要开发出更多适合移动阅读的信息资源,包括文本资料、电子图书、电子报刊、视音频资料等,要求内容丰富、组织有序、更新及时。能够开发与建设出满足不同资源类型的资源库,供读者在线查询、浏览,甚至可以提供下载阅读。

促进阅读资源的共建共享。应积极联系全国各地公共图书馆,努力促进移动图书馆阅读资源的共建共享,满足全国用户的移动阅读需求。

7 结语

近年来,移动阅读的形式突破了原本固定位置的阅读方式,不需要再依靠电脑和网络等设备环境才能阅读数字资源和获取信息服务。图书馆也因此拓展了服务模式,继续发挥其文化导航者的社会作用。图书馆早已从传统的纸本图书借还服务,发展到现如今的多种服务方式并行,让用户没有地域时间的限制,随时随地随身阅读的服务模式。满足了现代快节奏的生活方式,提高了馆藏资源利用价值,也带动了电子书、手持阅读器的发展,有着极大的社会价值和经济价值。移动阅读作为图书馆传统服务的延伸,更注重用户的使用体验,更了解用户的阅读需求,为用户设计构建了属于自己的个性化信息服务,提供便利的信息获取服务。

今后,图书馆移动阅读服务应着力于完善服务形式、提高运营效果和丰富图书资源。在服务形式上,移动阅读服务要为读者提供更加便利的获取图书资源的服务;在移动阅读服务运营方面,为防止用户的流失,要在资源组织上和用户信息挖掘上做好工作,为用户提供个性化信息服务,采用优惠措施和宣传推广扩大用户群,围绕用户生命周期和图书内容,有针对性地提供不同服务;在资源内容上,图书馆要与更多的第三方资源商进行合作,引进更多的优质资源,以满足各类读者的阅读需求。图书馆应继续为更大范围的用户提供移动阅读服务,实现全民移动阅读新风尚。

参考文献

[1]刘杨.3G环境下移动数字图书馆服务平台构建研究[D].哈尔滨:黑龙江大学,2011.
[2]刘杨.移动数字图书馆现状及发展研究[J].现代情报,2011(6).
[3]王灿荣.M-Learning开创高校图书馆移动服务的新时代[J].图书馆学刊,2009(5).
[4]丰江帆,朱冠宇.基于TD-SCDMA的移动数字图书馆研究[J].图书馆学研究,2009(12).
[5]马晓亭.移动计算环境下的移动数字图书馆[J].电信快报,2010(6).
[6]陈路明.国外移动图书馆实践进展[J].情报科学,2009(11).
[7]朱海峰.数字化图书馆的发展——无线图书馆[J].图书馆理论与实践,2002(6).
[8]吴志攀.移动阅读与图书馆的未来——“移动读者的图书馆”[J].大学图书馆学报,2004(1).
[9]扬晋升.图书馆如何利用手机短信息增值业务开展服务[J].图书馆建设,2004(1).